小林陽太郎

「性善説」の経営者

樺島弘文 著
Hirofumi Kabashima

プレジデント社

小林陽太郎「性善説」の経営者［目次］

プロローグ　引退スピーチの日

山本社長は若き日、小林に辞表を出した　12
「僕はスーパーな存在ではない」　16
「ダントツ」商品を求めて　19
あえて「性善説」でいこう　21
「正しい判断」と「賢い判断」　24

第1章　「人間」小林陽太郎

富士写真フイルムから富士ゼロックスへ　30
ウォートンスクールでの二年間　32
若き良きアメリカ　34
「ひでえ会社に来たもんだ」　38

最も尊敬する経営者はジョー・ウィルソン　43
「家族付き合い」をする会社　49
ウィルソンの背中を追いかけて　53
アイロン掛けは小林本人が　56
洗礼名はアンソニー　60
ゴルフは安全・確実・有利をモットーに　64
プロゴルファー松井へのアドバイス　67
「人の話を聞くようにしなさい」　70

第2章　ビューティフルキャンペーンの衝撃

経済至上主義に対するアンチテーゼ　74
大阪万博に合わせた『紙上万博』　76
五分で決まったキャンペーン　78
真っ先に若者が反応した　83
ゼロックスがなくなっても、ビューティフルは残る　86

第3章　「一番の仕事」はＴＱＣ

「一枚一〇円」のコピー市場を拓く　90
石油ショックで、会社存亡の危機に　93
トップダウンによるＴＱＣを　98
「半年やって駄目だったら、諦めます」　102
「格好つけるために、やるんじゃない」　106
際限のない「なぜなぜ問答」　110
まるで軍隊のようだ　114
「ＴＱＣの鬼」朝香鐵一という人物　117
ダントツ商品「３５００」を開発へ　123
縦・横のマネジメント　127
「３５００」に残された課題　130
なぜ「３５００」は世界商品にならなかったのか　134
営業マンたちはＴＱＣに強く反発した　139
科学的営業手法のキーとなったのは　144
「デミング賞への挑戦」がもたらしたもの　149

最も根源的な「なぜ」に答える　152
企業にも品質がある　157
厳しさを増す「QC診断」　158
デミング賞受審直前の「事件」　162
「一年延ばしたら、二度と挑戦できなくなる」　166
デミング賞受賞後の「空白の五年間」　169
消えた日本品質管理賞へのチャレンジ　174

第4章　販売会社は何をもたらしたのか

販売台数シェア低下に危機感　180
地方の優良企業と組んで販売会社を　183
販売会社構想にアメリカが難色　187
販売会社の社長を誰にするのか　191
スタンダードゼロックスを一億円売った男　192
出るも地獄、残るも地獄　195
販売先第一号は愛犬病院　199
阿久悠と演歌の勉強中　202

第5章　ニューワークウェイは正しかったか

形骸化したTQC　208
「Why」から「Why not」へ　213
「滅私奉公」ではなく「活私奉公」を　218
第一回「とぉくなーど」の波紋　222
ニューワークウェイが生んだもの　225
パソコン事業はなぜ、花開かなかったのか　229
「あなたが社長」事業の厳しい行く末　234
斬新な人事制度を矢継ぎ早に実施　236
ボランティア休暇も尻すぼみ　242
「よい会社」構想を世に問う　247
「おもしろさ」が「甘さ」を生んだ　250
マーケット・インからソサエティ・インへ　254
横浜みなとみらいでの試み　259

第6章　小林は後継社長たちに何を託したのか

「文脈を捉え、場を作る」リーダー　264
「初めて話した時、安心さを感じた」　268
富士ゼロックスの三つの課題　272
後継社長に「収益改善」の重荷が　274
「三倍売れ」営業の猛者が社長に　279
「モノ」売りから「コト」売りへ　282
構造改革で初のリストラ　286
社長とCEO　291
アメリカ・ゼロックスが経営危機に　293
「七五％株主」富士写真フイルムのプレッシャー　298
電話で「社長を引き受けて欲しい」　302
意中の人物を社長にしなかった訳とは　306
「本格的に全部に手をつけないといけない」　311
地域の販売会社を完全子会社化　315
バランスシートには表れない「無形資産」　320

富士フイルム古森社長の豪腕　325
「ガリガリやる」会社と「おっとりしている」会社　329
富士ゼロックス初の技術系出身社長　332
技術者が社長になるメリット　336
技術者を営業に回す　338
「売ってなんぼ」の営業観を変える　341
ピタリの品質　344

第7章　「企業の社会的責任」とは何か

なぜ経済同友会に力を注いだのか　350
「よい会社構想」はCSRそのもの　354
牛尾同友会が提唱した「市場主義宣言」　356
小林は「パブリックマインド」を訴えた　361
『「市場主義宣言」を超えて』の波紋　363
「市場の進化」とは何か　368
激論！「社会派」小林vs「市場派」宮内　373
「論敵」宮内を社外取締役に　378

利益は、人間にとっての健康と同じ　381

第8章　「再アジア化」論と中国

日本を代表する国際派経済人として　388
「再アジア化」提唱の真意　391
中国共産党の最高理論家と「君子の交わり」　396
日中の「戦略的互恵関係」を提案　402
国際的な「人縁」を大切にする　406

第9章　アスペンの夢

古典を基にして「対話」を行う　410
リベラル・アーツ軽視が日本を駄目にした　413
若き小林がアスペンで受けた衝撃　416
モデレーターを誰にするのか　421
初島でトライアルコースを実施　426
「小林さんが言うのならやりましょう」　428

アスペンの目的はリーダーシップ養成 432
「正しい判断」を求め続ける意思 435

あとがき 440
主な取材協力者 443
主な参考文献 444
小林陽太郎氏年譜 446

プロローグ 引退スピーチの日

山本社長は若き日、小林に辞表を出した

その日、東京は朝から曇り空が続き、午後に入って小雨まじりの肌寒い天気となった。六本木交差点からほど近い東京ミッドタウンの一角、富士ゼロックス本社があるミッドタウン・ウェストの二階会議室は、ダークスーツ姿の男たちで埋め尽くされていた。一週間後に富士ゼロックスの経営から身を引く相談役最高顧問の小林陽太郎が、これから引退スピーチを行うのだ。

小林は、一九七八年一月に四四歳で社長に就任して以来、二〇〇九年三月末に相談役最高顧問を退任するまで、実に三一年以上の長きにわたり富士ゼロックスの経営トップを務めてきた。その間、売上げは一〇〇〇億円から一兆円へ、社員数は七〇〇〇名から四万名へと大きく成長させている。

一方で、経済同友会の代表幹事、日米財界人会議の日本側議長、日米欧委員会（現・三極委員会）のアジア太平洋議長、新日中友好21世紀委員会の日本側座長を務めるなど、国際派経済人として、財界活動や国際交流で数々の功績を残してきた。

二〇〇九年三月二五日、引退スピーチが行われる会場には、富士ゼロックスの取締役、

執行役員、監査役、シニアマネージャー、販売会社社長、関連会社社長ら一三〇名が顔を揃えている。まず、社長の山本忠人が、感謝の言葉を述べるために壇上へ上がり、いくぶん緊張気味に口を開いた。

「小林相談役は、創業以来、さまざまな困難を克服しながら、富士ゼロックスを大きく育ててくれました。本当に長い間ありがとうございました」

一言ひとこと噛み締めるように話す山本は、涙をこらえているようにも見えた。

「私は開発の出身で、商品が出し抜かれて営業に迷惑をかけたり、開発が遅れて心配をかけたりしました。その度に、相談役から温かい言葉で叱咤激励を受けました。その叱咤激励を胸に、これからも励んでいこうと思います」

こう語った山本の胸には、小林との思い出が去来していたのかも知れない。

話は二〇年前に遡る。一九八八年九月に名古屋で開かれた第五回「とぉくなーど」で、開発担当の山本は営業から吊るし上げを喰っていた。「とぉくなーど」とは、小林をはじめとした経営陣から若手の社員まで、多い時には二〇〇名が一堂に会して、自由に話し合う場のことである。

その場で、山本は営業サイドからカラー複写機の開発の遅れを指弾され、「他社からOEMで調達してはどうか」とまで言われた。競合他社は既にカラー複写機の販売を開始しており、富士ゼロックスの営業としては切羽詰まった問題になっていたのである。後に社長になる坂本正元が中部営業事業部長時代のことで、かなりきつい調子で、カラー複写機の早急な開発を迫った。

当時、海老名工場で開発部長だった山本は、返答に窮する。その挙げ句、かなり短い期間での完成を約束する羽目となった。この時、山本は小林から「山忠《やまちゅう》はサンドバッグだな」と言われたのを覚えている。今でも、小林は山本忠人のことを「やまちゅう」と呼ぶ。

山本の約束にも、営業はなかなか納得しなかった。収まらない営業の苦情を一通り聞き終えた小林は、最後にこう切り出した。

「君たちは山本君を信用していないのか。山本君が約束を守れなかったら、その時は自分たちの判断で、どこからでも買ってきて構わない」

冷静に言い放たれた小林の言葉に、営業は黙ったが、山本はむしろビビッたという。それから、ほどなくデジタルのカラー複写機が開発され、一九九二年にはヒット商品となった「A color（エーカラー）」が誕生する。

小林は当時のことを、こう振り返った。

「『とぉくなーど』みたいな場は、ガス抜きという機能もあるけれど、話を聞く方が逃げていたら、全然生きないんですよ。いろいろ意見を言ったけど、エクスキューズばかり聞かされると、何にもならない。その点、山忠は、逃げない。これは経営トップとして、特に重要な資質ですね」

それから時は経って、今度は一九九七年のことだ。常務になっていた山本は、その頃から海老名工場で開発の責任者を務めることとなる。山本が責任者になってすぐに気が付いたのは、次期主力機の開発が大きく遅れていることだった。既に次年度の予算にも組み込まれ、売上げにも大きな貢献が期待されていたエース商品。その開発が、知らぬ間に遅れに遅れ、発売時期を大幅に延期しなければならないことが判明したのだ。

山本はまず当時の社長の宮原明の元を訪れ、事情を説明した。その足で、会長だった小林に会いに行った。辞表を渡すためである。事情を聞き、辞表を読んだ小林は、「これは、一応預かっておく」と言った。怒った様子はなく、小林は穏やかな表情を浮かべたままだ。厳しい叱責を覚悟していた山本は、意外な感に打たれていた。

「君はこんなことを気にすることはない。心配するな。それよりも、一日も早く歩き出すように頑張ったらいいだろう」

山本の記憶には、こうした小林の励ましの言葉しか残っていない。辞表はその後、山本の元に返されてきた。今でも、山本はその辞表を大切にしまってある。

引退スピーチをしようとする小林を前に、山本の「叱咤激励を胸に」という言葉には実感が溢れていた。いや、この場にいる者たちは多かれ少なかれ小林の叱咤や激励を受けてきたはずである。会場には、静かな熱気のようなものが満ちていった。

「僕はスーパーな存在ではない」

壇上に上がった小林は、いつもどおりのダンディさだった。濃紺地に白いストライプが入ったスーツと、白無地のワイシャツに、これまた無地の紫のネクタイが映えている。胸には白いポケットチーフがのぞいていた。きれいに撫で付けられた髪。少しはにかんだような笑顔を見せている。

「ちょっとお別れというのは湿っぽいし、最終講義というほど偉くもありませんし」と切り出した小林は、「富士ゼロックスをキャリーして頂くみなさんにエールを送るつもりで」と話し始めた。

小林はこのスピーチで三つのことを、富士ゼロックスの中枢を担っている役員や幹部社員に訴えた。一つ目は「真の変革者たること」、二つ目は「富士ゼロックスに期待されていること」、三つ目が「富士ゼロックスらしさ」についてである。

一つ目の「真の変革者たること」とは、世界的な経営コンサルタント会社のマッキンゼー社が提唱したものだ。二〇年以上マッキンゼー社で企業研究を行ってきたジョン・R・カッツェンバックが『Real Change Leaders』（日本語訳『リアル・チェンジ・リーダー』講談社）という力作を著している。小林は、一人ひとりに説くように語りかけた。

「いかにスーパーな会長や社長がいても、企業というものは彼らだけでは成り立たない。常にトップを支える真の変革者たちが、組織のあらゆる階層、要所要所に必要だ。それは役員のレベルにもいる。部長のレベルにもいる。現場の課長レベルにもいるだろう。あるいは、新人のなかにもいるかも知れない。大切なのは、真の変革者の役目である」

小林は、企業にとって大切なことは「市場を知る」ということだと強調し、それはお客さまと競合相手をよく知ることだと説いた。そして、自分たちの力を正しく理解しなければならないと加えた。

「ところが、往々にして会長や社長は誤る。過大評価をしたり、過小評価をしたり。場合によっては、会長・社長に苦言を呈したり、あるいは逆に、『こんなちっぽけなことでいいんですか？　うちの会社にはこんな力がありますよ』と言うことも必要でしょう。それが真の変革者の役目であり、みなさんこそが真のチェンジ・リーダーズなのです。

今まで富士ゼロックスは、誰か特定の人の力やリーダーシップだけでできてきたわけではありません。また、これからも社長だけでできるわけではありません。当たり前ですけれども、富士ゼロックスの将来を考える上で、みなさんの頭のなかに入れておいて頂きたいと思います」

富士ゼロックスはこれまで、小林陽太郎という名経営者の強力なリーダーシップの下で、急成長してきたという印象を持たれがちだった。富士ゼロックスは、アメリカのゼロックス・コーポレーションと日本の富士写真フイルムの合弁企業として発足したにもかかわらず、小林を創業者と見なしてきた人も多い。それほど、富士ゼロックスにおいて、小林の存在は大きかったのだ。

ところが、本書のために行った小林へのインタビューのなかでは、それを否定するような言葉が何回も聞かれた。

「別に卑下するつもりはないんだけれど、僕はそんなスーパーな存在ではないし、創業者でもない。ただ会社が始まった頃からいるし、当時では希なＭＢＡを持っていたり、若くして日本や欧米の立派な経営者に会えて、多くのことを学ぶ機会に恵まれた。僕自身にオリジナルないろいろな考えがあるというよりも、人の話をよく聞いて、それを生かそうとしてきたわけです」

そうは言っても、富士ゼロックスの顔として、小林の強い存在感は歴代社長のなかでも一線を画している。

「それはいいことなのかな。過去のトップだった僕が、いつまでも影を落とす必要はないわけだから」

良くも悪くも、小林が引退した今、富士ゼロックスが大きな節目を迎えていることは間違いない。

「ダントツ」商品を求めて

小林が引退スピーチで強調した二点目は、「富士ゼロックスが顧客から何を期待されているか」という点だった。もう少し大きな目で見ると、ゼロックスグループが社会から何を期待されているかということである。

「ゼロックスは常に、『新しいもの』『違ったもの』を提案、提起することで、世の中をリードしていく。これが、今まで五〇年間近く、我われが非常に重く感じてきた期待でした。平たく言うと、『あんまり、そんじょそこらにあるものばかり、出してくれるなよ』、これがお客さまの声だと思います。

これは簡単なことではない。簡単ではないけれども、楽勝なことばかりであれば、我われがやる必要はない。チョイスがあれば、チャレンジングな方を選ぼうということです。

やる以上は、『ダントツ』が目標だと思ってもらいたい」

「ダントツ」というのは、他に比べて一頭地を抜いたレベルのことだ。小林が「ダントツ」と言う時、その念頭には「FX3500」がある。「3500」は一九七八年に発売され、大ヒットとなった複写機である。それまで富士ゼロックスはほとんど、アメリカのゼロックスが開発した商品を日本向けに改良して販売していた。「3500」は富士ゼロックスが自主開発に成功した商品である。

それだけではない。「3500」は当時の大型機と同レベルの性能を持った小型機で、しかも開発期間は従来の半分、生産コストも従来の半分という画期的なものだった。最初、商品企画をアメリカ側に打診した際に「クレイジー」と一笑に付された。実際に完成すると、今度は腰を抜かさんばかりに驚かれたという。

この「3500」の代名詞となったのが、「ダントツ」という日本語である。当時、アメリカのゼロックス・コーポレーションでも、「ダントツ」という言葉は、そのまま通用したくらいだ。しかし、「『3500』以降、ダントツの名に値するものは出ていない」と小林はインタビューのなかで語った。

「もちろん技術的には比べものにならないほど向上しています。でも、市場での競争関係を本質的に変えるような商品が出せているかというと、ちょっと足らないんじゃないかな」

　ここに小林の危機感はある。「そんじょそこらのものでは、富士ゼロックスのお客さまは満足させられない」以上、これからは徹底して新しいCS（Customer Satisfaction＝顧客満足）を掴みにいかなければならないと、引退スピーチでも強く訴えている。

「CSを追求するには、いろいろな新しい手法を駆使することもある。しかし、現場現場でフェイス・ツー・フェイスのお客さまとの接点を絶やさないということが、原点だと思います。これが原点で、ダントツが出てくる。ぜひ、これはみなさんにお願いしたい」

　小林は、二点目の話をそう締めくくった。

あえて「性善説」でいこう

　引退スピーチでの三点目は、「富士ゼロックスらしさ」についてだった。ここで小林は、企業理念について語り始める。

「富士ゼロックスの企業理念は、誰か特定の偉い人が作って、ずうっと末代までそれでやっていこうというスタイルではなく、組織を構成する圧倒的に多くの人がこれだと思えるものであるべきです。そうでなければ、時代時代で変えていこうということでしょう。もちろん、全てが黒から白に、赤から緑に変わるわけではありません。従来の良さというものは、伝承していくわけですけれども、それに縛られてはいけない」

小林の念頭にあるのは、一九七九年に制定した企業理念のことだろう。社長になった一九七八年に制定に着手し、翌年に発表したものである。

《富士ゼロックスは、社内外の信頼を基盤とし、
たゆまざる努力と革新によって、
卓越した価値を提供し、
人間社会の理解と調和の増進に寄与する。》

小林はこのなかに富士ゼロックスの富士ゼロックスたる所以、つまり「富士ゼロックスらしさ」の源があると考えている。

小林は慎重に言葉を選びながら、次のように継いだ。

「非常に普遍的な要素として、富士ゼロックスの今までの『らしさ』、外からもいろいろな形でポジティブに評価を頂いている『らしさ』の元には、相互信頼という要素がある。組織のなかでもそう、取引先ともそう、お客さまとの関係は特にそうです」

そして、こう言い切った。

「富士ゼロックスのカルチャーは性善説です。世の中それほど甘くはありませんと言われても、あえて性善説でいこう。相互信頼ということです」

性善説、相互信頼というのは、小林の生き方にも通じる。例えば、人に頼まれ事をされると、周囲が「そこまでやらなくても」と思うほど努力する。なかには、自身の利益のためだけの頼みと思われるものもあるが、周囲の心配をよそに、小林は親身に事に当たった。そのあたりの事情を知る者のなかには「小林さんは、人を信じすぎるのが、欠点と言えば欠点」と語る人もいるくらいだ。そうした忠言も小林の耳には入っていただろうが、性善説と相互信頼に対する信念は変わらなかった。

「富士ゼロックスらしさ」について、小林がもう一つ挙げたのは「絶えざる追求心」である。

「富士ゼロックスが期待されていることに絡みますが、何か新しいものを出してやろう、何か違うものを出してやろうということに対する絶えざる追求心です。最近、この辺が弱まってきたかなと思う人もいるかも知れません。答えを出すだけではなく、問いかける姿勢。これでいいのでしょうか。本当の問題は、これではないでしょうか。そういう形の問いかけをする企業姿勢、あるいは商品の姿勢、サービスの姿勢というものが、富士ゼロックスの非常に重要な特徴の一つであり続けてきていると思います」

絶えざる追求心とは、企業理念に謳った「たゆまざる努力と革新」のことである。それによって、「ダントツ」の商品、サービスを生み出し、世の中に問いかけて欲しい。これが、小林が後継たちに託した引退のメッセージだった。

予定を少し超えて、四〇分ほどのスピーチを終えた小林は、緊張気味の表情をたたえたままの社長の山本から大きな花束を受け取り、会場中央の通路をゆっくりと歩いて、退場していった。

「正しい判断」と「賢い判断」

小林が引退スピーチを行う一年九ヵ月前、山本忠人は富士ゼロックスの代表取締役社長に就任している。その折に、山本は小林から一つのことだけを言われた。

「富士ゼロックスの社員を大事にして、富士ゼロックスの歴史を大事にして、富士ゼロックスを正しい方向に導いて欲しい」

この言葉は、山本の胸に刻み込まれている。

小林は「四〇歳若い僕がいま出てきて、富士ゼロックスの舵取りのなかにポンと置かれたら、果たしてどうなるかは分からない」と、現在の経営の難しさを率直に認めている。

もちろん、半世紀近くも富士ゼロックスの舵取りをしてきて、「僕なりに役割は果たしてきた」という自負はある。一方で、創業からしばらくは日本経済自体が高度成長期にあったことや、優れた複写技術である「ゼログラフィー」を独占的に使用できたことなど、追い風のなかの船出だったことも、よく分かっている。

「そのなかで、一つの企業体、企業文化を作るということについて、非常にユニークだったんじゃないかという気がします」

後述するように、一九七〇年に取締役だった小林が主導して行った「モーレツからビューティフルへ」というビューティフルキャンペーンは、社会に大きなインパクトを与えた。なかでも、若者からの反響は想像を超え、富士ゼロックスを一躍人気企業へと押し上げた。

リクルートの志望企業ランキングで見ると、一九七二年卒で理系九位、文系二〇位台。一九七三年卒では、理系五位、文系一三位と、学生たちに人気が高まっている。

富士ゼロックスはおもしろそうな会社じゃないか——そう感じた若者が多かったということだろう。その後も、サテライトオフィス、ボランティア休職、ＣＳＲ（Corporate Social Responsibility＝企業の社会的責任）経営など、時代の先端をいく企業としてのイメージが定着していった。小林の言うように、新しい企業風土を持つユニークな会社として、富士ゼロックスは成長してきた。

ところが、最近の志望企業ランキングを見ると、二〇一一年卒では、理系二〇〇位以下、文系三〇〇位以下となっている。これは、何を意味しているのか。小林は、「志望ランキングは一種の人気投票だから、そんなにウエイトを置かなくてもいい」と断りながらも、少し曇った表情を浮かべた。

「企業のいろんな意味合いからすれば、一〇年、二〇年と経つうちに、富士ゼロックスも充実してきている。若者にとって魅力は増しているはずなのに、そうじゃなくなってきているというのは、一体どういうことなのか。企業が将来に向かっていく以上、将来に役割を期待されている若者から、どのように評価されているかということは重要です。極端に言うと、成果そのものは後の方が濃いにもかかわらず、若い人たちを含めた一般社会の富士ゼロックスに対する評価は、必ずしも一致していない」

企業は、その中身を充実させるとともに、将来を期待させるような何かを発信していくことが、大切なのは言うまでもない。小林は次のように懸念を述べた。

「三〇年前、四〇年前の若手が考えていた将来の富士ゼロックスは、どういうものだったのか。それと現在の富士ゼロックスを比べるとどうか。富士ゼロックスは、何をやり損なったのだろうか。あるいは、やるべきことでやれなかったことは何なのか。

僕は長い間、社長、会長を務めたが、その間にできた富士ゼロックス・カルチャーのようなものが、その後の時代において、社会から評価を受ける上で邪魔をしているようなことがないのか。そんなことを、時どき考えるんですよ」

富士ゼロックスが大きな曲がり角に来ていることは、小林自身が誰よりも感じていた。そうした思いを込めた上で、「社員と歴史を大事にして、正しい方向へ」向かうことを願っているのだ。

一見平凡にも思える願いだが、その意味するところは深くて重い。その深さと重さに筆者が気が付いたのは、取材を始めて一年近くが経ち、三〇名を超える関係者の話を聞き、小林へのインタビューも二〇時間に達しようとしてからだった。

小林の言う「正しさ」とは、何なのか。経営者として多くの判断をしてきた小林は、その度に「正しさ」を求めてきたように見える。時にそれは理想主義と揶揄された。だが、小林の下で働いてきた人たちの多くが、「小林さんは、ブレない」と語る。それは、小林のなかに変わらぬ判断基準があったことを示しているのではないか。

取材を進めていくうちに、判断には二種類あることに思い至った。「正しい判断」と「賢い判断」である。抽象的な言い方をすれば、「正しい判断」とは、「なぜ＝Why」を追求するもので、「賢い判断」とは「どのように＝How」を追求するものである。

経営で捉えるならば「正しい判断」とは「なぜ会社は存在するのか」を追求しようとするものであり、「賢い判断」とは「どのようにして会社を存在させるのか」を追求するものと言える。極論すれば、「正しい判断」は企業価値を高めようとする意思であり、「賢い判断」は利益を高めるための方策である。

むろん経営においては、「正しい判断」と「賢い判断」は車の両輪である。しかし、とかく「賢い判断」が重用される風潮にあって、小林は「正しい判断」を求め続けてきたのではないだろうか。

本書では、富士ゼロックスの経営トップとしての小林の足跡を辿り、その人間性に迫りながら、小林が求めた「正しい判断」とは何だったのかを、少しでもつまびらかにしていきたい。

第1章
「人間」小林陽太郎

人の話を謙虚に聞く、というのは
新しい違うアイディアに寛容である、オープンであることの証しです。

富士写真フイルムから富士ゼロックスへ

小林陽太郎が、富士ゼロックスに入社したのは、一九六三年九月二日のことである。三〇歳だった。富士ゼロックスが誕生したのは、その前年一九六二年の二月二〇日。富士写真フイルム（現・富士フイルムホールディングス）とイギリスのランク・ゼロックス（現・ゼロックス・リミテッド）が、株式を五〇％ずつ持って設立されている。

ランク・ゼロックスは、イギリスの映画製作などを手掛けていたランク社とアメリカのゼロックス・コーポレーションが、これも五〇％ずつ出資してできた合弁会社で、当時アジアの商圏を担当していた関係で、ゼロックス側の出資会社となったのだ。

富士ゼロックスは設立当初から、ゼロックス側が外国人の常駐役員を置かず、経営の実質は日本人の手で行われることになった。富士写真フイルムは初め、ゼロックス側とは技術提携だけを行い、その技術を導入しようとした。だが、ゼロックス側は合弁会社を設立して、技術はその合弁会社に提供する形を望んだ。

そうした経緯を経て、富士ゼロックスが誕生したのである。設立時の富士ゼロックスの社長は、富士写真フイルム社長の小林節太郎が兼務した。節太郎は小林陽太郎の父親である。小林は当時、まだ富士写真フイルムの社員だった。

富士写真フイルムは、富士ゼロックスを立ち上げるために、有能な人材を送り込む。兼務社長の節太郎に代わって、実質的に経営トップを担ったのは、専務に就いた庄野伸雄であった。庄野は、後に「七人の侍」と呼ばれた富士写真フイルムの幹部社員七名を富士ゼロックスに移籍させている。

小林は、これから一年遅れて、富士ゼロックスに移籍した。社員番号は一一番であった。富士フイルムホールディングスの現在の社長である古森重隆はその頃、社内で富士ゼロックスへの移籍が社内公募されていたことを覚えている。

当時、富士写真フイルムの本社は東京・銀座二丁目にあった。だが、古森が所属していた産業材料部は新しい部署だったので、近くの高速道路下のビルにオフィスを借りていた。その同じビルの同じフロアに富士ゼロックスも本社を構えた。だから、古森にとって、富士ゼロックスは誕生当初から馴染みのある会社である。しかし、古森はもちろん富士ゼロックスへの移籍には応募しなかった。

「僕が富士写真フイルムに入った一九六三年当時、陽太郎さんはまだうちにいました。富士ゼロックスは最初、ほとんどの幹部がわが社から行っています。社内公募もありました。僕は応募しなかったけれど。それは富士写真フイルムの方が、その頃は圧倒的に大きな会社で、優良企業であったから」

それは当然だろう。歴史もあり、規模も大きく、業績も良い富士写真フイルムから、まだ海のものとも山のものともつかない生まれたての富士ゼロックスに移る方が不思議だ。小林は、どうして富士ゼロックスへの移籍を決断したのだろうか。それまでの小林の足跡を辿ってみよう。

ウォートンスクールでの二年間

小林陽太郎は一九三三年四月二五日、ロンドンで生まれた。父の節太郎がその頃、岩井商店（後の日商岩井）の商社マンとして、イギリスに駐在していたからだ。もっとも、小林は生まれて半年ほどで帰国しているので、この時のロンドンの記憶はない。翌一九三四年一月に大日本セルロイドの写真フィルム部が独立して富士写真フイルムが創設される。ここに、節太郎は営業担当として呼ばれ、帰国することになったのだ。

生後半年で日本に戻った小林はその後、慶應義塾幼稚舎からエスカレーターで慶應義塾大学経済学部に進んだ。大学を卒業した一九五六年に、アメリカのペンシルベニア大学のウォートンスクールに留学し、ＭＢＡを取得している。当時、ＭＢＡを取得した日本人は珍しかった。

一九五六年と言えば、「もはや戦後ではない」という経済白書が出た年である。しかし、船旅でロサンゼルスに着いた小林は、アメリカの豊かさを目の前にして、圧倒された。大きく素敵な家が立ち並ぶ街並み、いくら食べても値段が変わらないバイキング――。肌で感じたアメリカの富だった。

ウォートンスクールでの二年の日々は、小林にとって充実したものとなる。

「日本では、僕も英語はできるつもりでいたんだけれど、実際、入学の面接でも『その英語力なら問題ない』と言われたし。だけど、授業に出て、最初に五冊くらいの本を読んでくるようにと言われて驚いた。一週間くらい期間があるのかなと思っていたら、なんと二日後までだった。これには、参った」

この「大量にこなす」という学習方法に慣れるまで、小林はしばらくかかったという。そのMBAの授業のなかで、小林は後々まで影響を受けることになる経営学者を知った。マーケティングの大家であるセオドア・レビットだ。

レビットは三〇年以上もハーバード大学で教授を務め、マーケティングを企業経営の中枢に押し上げた人物である。「ドリルを買いにきた人が欲しいのは、ドリルではなく穴である」という例を用いて、「経営者の使命は製品の生産にあるのではなく、顧客を創造できる価値を提供し、顧客満足を生み出すことにある」と説いたことは有名だ。
ウォートンスクールでも、レビットの論文は定番のテキストとして使われていた。「レビットは性に合った」とする小林は、スクール修了後もレビットの著作を読み続けた。

「ウォートンにいる頃に、一体ビジネスの目的は何なのかという議論をしました。非常に単純に利益を上げることなのか。利益は大事だけれども、それを通じて企業独自の貢献を社会に対して行うことなのか。

レビットは、利益創出だけが企業の目的とするのは狭すぎる。むしろ、利益創出を通じて社会に貢献することが重要と説いていました。僕もまさにそうだなと感じ、実際企業に入ればどうなるか分からないけれども、その考えを中心にやっていきたいという思いを、ウォートン時代にかなり強く持ったわけです」

後年、小林が唱えたステークホルダー経営にしても、ＣＳＲ（企業の社会的責任）経営にしても、その根っこはウォートン時代に芽生えたものだった。

若き良きアメリカ

留学時代、プライベートでは、小林は得意のテニスで友だちを広げ、またゴルフにも興じている。その間に、外国人学生クラブの会長を務めたりもした。忘れられない思い出としては、卒業間近に入院騒ぎとなったことが上げられる。

それまで小林は健康優良児で、病気らしい病気をしたことがなかった。ところが、ウォートンスクールの筆記の卒業試験を終えた頃、突発性自然気胸という病気に罹ったのである。

残るは口頭試問だけというある日、小林は友だちとゴルフを楽しんだ。プレー後、食事をして帰路に就いたが、ゴルフバッグを担いで歩いている途中、突然胸が重くなった。しかし、健康には自信があった小林は、そのまま寮に帰ることにする。友だちも「なんか変なものでも食べたんだろう。寝りゃ、すぐ治るよ」と気にかけない素振りだった。

ところが、翌朝になると、胸に重しが乗っているようで、起き上がることさえ難しかった。これは大変だと、小林はやっとの思いで、寮の隣にあった大学病院へ歩いて行った。そこで、医者に「お前の肺はパンクしている」と言われる。

肺に小さな穴が開いていたのだ。原因は不明。結核性のこともあるし、物理的なショックを受けてのこともある。トランペット奏者やガラス職人など、職業病的になることもある。医者の説明では、九〇％の人は一週間も静かに寝ていれば、肺が自然に膨らんで治るという。だが悪くすれば、再発することもある。

小林は一週間入院して、完治した。ただ、その間に予定されていた卒業のための口頭試問は受けられなかった。小林は、友だちを通じて教授に事情を伝えて、口頭試問の延期を申し出ていた。その友だちからは「お前、ツイてるぞ。教授が、筆記試験も済んでいるし、口頭試問は免除してくれると言ってるぞ」という返事があった。

退院後、小林は教授に挨拶に行った。口頭試問免除のお礼を述べるためだ。「特別なご配慮を頂きまして、ありがとうございます」と言う小林に、教授は「配慮って、なんだ？」と答えた。小林は、友だちに、かつがれたのかも知れない。その場で口頭試問が行われ、小林はなんとかそれを切り抜けた。

いろいろな経験をしたが、小林はウォートンスクールの二年間を振り返って、こう述べている。

「日本人いじめとか、そういうことは一つもなかった。のびのびと過ごせました。アメリカの良き時代でしたね。今と比べれば、いろんな意味で健全だったというか」

一九六〇年前後のアメリカは、活気に溢れ、新しい力が次々と台頭してきた時代だった。モノづくりでは他国を圧倒し、ずば抜けた経済力を誇っていた。そんななか、小林が在米中の一九五七年、ソビエトが世界初の人工衛星スプートニクを打ち上げる。ソビエトに先を越されたことに、アメリカ中がショックを受けた。いわゆるスプートニクショックだ。

小林は、ニューヨークタイムスの一面に、「スプートニクにやられた」というような見出しが躍っていたことを覚えている。危機感を覚えたアメリカは、それから教育、軍事、科学の各部門の改革に乗り出した。一九六一年に大統領に就任したジョン・F・ケネディは、人類を月面に立たせるアポロ計画を打ち出す。アメリカが一丸となって、一つの目標に向かっていく様子を、小林は帰国後も感じ取っていた。

ケネディは、アイルランド系アメリカ人として初の、そしてカトリック教徒として初の、何より四三歳という若さで二〇世紀生まれ初の、アメリカ大統領となる。新しいアメリカの象徴だった。

一方で、人種偏見に対する公民権運動が巻き起こっており、マーティン・ルーサー・キング牧師の非暴力抵抗運動が脚光を浴び始めていた。新しいアメリカの風が、そちらこちらで吹いていたのだ。

日本の民間外交の草分けである日本国際交流センター理事長の山本正は、国際舞台で活躍する小林を若い頃から間近に見続けてきた人物である。特に、日米欧委員会（現・三極委員会）の事務局長として、アジア太平洋委員会の委員長を一五年務める小林を支えてきた。その山本が、次のように語る。

「私も六〇年代の初めをアメリカで過ごしました。アメリカが世界のリーダーとして、いい意味で時代の先端を走っていた。それはアメリカとかヨーロッパとか言うんじゃなくて、キリスト教を背景とした理想主義というような面があって、それに小林さんも惹かれた面があるんじゃないでしょうか」

山本は、小林のアメリカ観の根底には、一九六〇年頃の若き良きアメリカ社会があるのではないかと指摘した。

「日米関係はその後、大きく変わっていきますが、その時どきで日本はどのような対応をすべきか。それを考える場合に、小林さんには『アメリカはこういう国だったんじゃないか』という軸があるように思います」

良きアメリカに対する共感――。小林が、アメリカの政治家や経済人から高く評価されている理由の一つが、ここにあるのだろう。

「ひでえ会社に来たもんだ」

アメリカ留学から帰った小林は、父親の節太郎が副社長を務めていた富士写真フイルムに入社する。一九五八年のことだ。それから五年を、富士写真フイルムで過ごす。最初の三年間は販売部業務課に在籍、後に輸出部に移っている。順調なサラリーマン生活だった。

その間、一九六〇年に節太郎は社長に就任した。

ゼロックス側と富士写真フイルムの間で、技術提携や合弁会社設立のための交渉が始まったのは、一九五七年六月のことである。ランク・ゼロックスと富士写真フイルムが株式を五〇%ずつ出し合って、富士ゼロックスを設立したのが一九六二年二月。交渉は実に四年半も続いたことになる。もっとも後半は、さまざまな規制をかける日本政府との交渉が大半だった。

小林が富士ゼロックスに移籍する直接のきっかけは、一九六〇年に帝国ホテルで催された小林の弟の結婚式で、合弁契約の調印に来日していたゼロックス・コーポレーション会長のソル・リノウィッツとランク・ゼロックス社長のトーマス・ローの二人に会ったことだ。

披露宴の最中、小林はリノウィッツとローの隣に座り、日本の風習などを解説した。式が終わって、二人に部屋に呼ばれた小林は、椅子に座るか座らないうちに「富士ゼロックスに来ないか」と切り出される。それから二年の間、小林は迷いに迷った末、移籍することを決めた。

これ以前からも、ゼロックス側は小林に目を付け、父親の節太郎に移籍を求める手紙などを出していたという。節太郎は、そのことを小林には一切告げず、自分の心のなかにしまっていた。小林は、移籍についてこう語っている。

「移籍について、父から移れと言われたことは一度もないし、自分で決めろということでしたね。ただ、長い企業人としての経験のなかでも、(ジョー・)ウィルソン(ゼロックス・コーポレーション社長)とリノウィッツとローの三人は人間的にも優れているし、あれほどの海外の経営者には会ったことがないと、何度も話していました。口数も少なく、人を褒めることも滅多にない父が、それほどまでに言うのだから、三人はかなりの人物だろうなと思いました。これが一番の決め手でした」

そして、「これは私の憶測ですが」と、小林は続けた。

「父は口には出しませんでしたが、私が小学校から大学までエスカレーターで慶應義塾に進んだことに不満があったと思います。中学は他を受験しろと言われたくらいでした。父は男の子、特に私のような長男は競争のなかで鍛えられるべきだと強く考えていたようです。ですから、出来上がった会社よりも、新しく作っていかなければならない会社で苦労させた方がいいと思ったのかも知れません」

実は、小林が富士ゼロックスに移籍した一九六三年九月二日は、結婚した日でもある。会社を移ることと、結婚することを同時に行ったのだ。小林は「たまたまの偶然」と言うが、相当大きな決断だったことは間違いない。

移籍した小林は、実質の経営トップだった庄野伸雄専務付になる。富士ゼロックスは販売会社としてスタートした。生産部門を持つのは、設立して九年経った一九七一年からである。小林が入社した当時は、富士写真フイルムやその系列会社の岩槻光機で作られた、ゼロックスの複写機の販売だけを行っていた。

入社早々、庄野から「営業の現場を見に行け」と言われた小林は、実際の営業所に行ってショックを受ける。

「これが会社か、と思いました。ひどいものだと。特に富士写真フイルムのように、出来上がった会社にいたので、そのあまりの違いに驚きました」

富士ゼロックスの営業には、機械を入れる契約を取るものと、入れた機械のメンテナンスを行うものと、二通りの部署があった。人員は、メンテナンスを行うサービスエンジニアの方が多かったが、彼らの様子を見た小林は、こう思ったと言う。

「例えれば、ミーティング一つを取ってみても、幼稚園で先生が並びましょうと声をかけても、子供たちがあっちに行ったりこっちに行ったりするのと同じような状態でした」

ショックは、営業現場だけでとどまらない。庄野に「営業幹部として募集した人たちに小論文を書いてもらった、目を通して欲しい」と頼まれ、小林は手渡された文章を読んだ。いや、読むに堪えず、眺めたといった方が正しい。

「いくら何だって、こんなものしか書けないのか。これが論文か。うちの会社には、こうした人たちしか来ないのか。こんな人たちに富士ゼロックスの将来を託すことになるのでは、大変だ」

MBAを取った小林からすると、かなりお粗末な内容に見えたのである。実際のところ「ひでえ会社に来たもんだ」というのが、小林の率直な感想だった。

ところが後年、こうした社員たちが大きく成長し、富士ゼロックス躍進の原動力となる。「一年ちょっとで、見違えるばかりでした。人はこんなに育つのかと。それぞれが個性的なパワーを発揮して、まさに富士ゼロックスを引っ張っているような印象がありました。MBAというような頭でっかちだった自分を恥じ入りました」

小林は、人を育てることに熱心な経営者だった。そのために、教育休職制度を導入したり、富士ゼロックス総合教育研究所を設立したり、「フォーラム20」のような研鑽の場に社員を送り込んだりした。後述するように、幹部ビジネスマンが一般教養を深め、リーダーシップを学ぶことを目的にした日本アスペン研究所も発足させている。富士ゼロックスという範疇にとどまらず、幅広く人間を育てることに力を注いできた。

人は育つ、育てられる——それが会社にとって、ひいては社会にとって、最も大きな成長の原動力になる。小林は、富士ゼロックス入社当時の経験を通して、こう確信した。それが、人を育てることに熱心に取り組む原点となった。

最も尊敬する経営者はジョー・ウィルソン

富士ゼロックスに移った三ヵ月後、小林と夫人の百代は、ロンドン赴任を命じられる。ランク・ゼロックスへの出向だった。このロンドンで、ゼロックス・コーポレーション社長のジョー・ウィルソンとの個人的な付き合いが始まる。ウィルソンは、小林が最も尊敬する経営者である。

「父は、僕なんか足元にも及ばない努力の人でした。全くバックグラウンドがないなかで、富士写真フイルムをあれだけ育てたのだから、父も立派な企業人だと思います。僕なんか真似できないところをたくさん持っていた。ただ、経営者として誰か一人を選べと言われたら、やっぱりウィルソンさんです。ウィルソンさんと知り合えて、本当に良かった」

後で見るように、経営者としての小林には、ウィルソンの背中を追いかけているところが多分にある。有り体に言えば、ウィルソンのような経営者になりたいと、小林は願っていたのだ。

そのウィルソンは、一九〇九年にニューヨーク州北部の片田舎、ロチェスターに生まれた。ロチェスター大学からハーバードのビジネススクールに進んだ。ウィルソンはMBA取得後、祖父が興したハロイド社に入る。

一九〇六年に設立されたハロイド社は写真用紙を扱う会社で、特に高品質の商品が人気だった。ロチェスターは、コダック社という写真工業界の巨人の本拠地である（コダック社は二〇一二年に経営破綻した）。規模の圧倒的に小さいハロイド社は、コダック社と厳しい競争を余儀なくされる。それでも、第二次大戦までは軍事需要もあって、ハロイド社の経営も順調だった。

しかし、戦後は苦戦が予想された。ハロイド社は新しい商品を開発するために、有望と思われる新技術を探し始める。そこで出会ったのが、チェスター・カールソンという技術者が発明した「ゼログラフィー」という乾式の複写技術だった。ゼログラフィーは、オハイオ州コロンバスのバッテル研究所において開発が続けられていたが、当時これに注目する企業はなく、研究資金に行き詰まっていた。

一九四五年、ウィルソンがCEOとなったハロイド社は、このゼログラフィーに目を付ける。そして、当時の純利益の二割に当たる二万五〇〇〇ドルを、毎年バッテル研究所に投資することを決めた。

ゼログラフィー技術を活かした初めての乾式複写機「モデルA（後のスタンダードゼロッ

クス)」が実用化されたのが一九四九年。ゼロックス躍進の鍵となった事務用小型複写機「914」が発売されたのは一九六〇年のことで、初めてゼログラフィーに投資してから、実に一五年の月日が流れている。

この間、ハロイド社は、写真用紙の会社からゼログラフィーの会社へと姿を変えていく。一九五八年にハロイド社は、ハロイド・ゼロックス社へ社名変更している。一九六一年には、さらにゼロックス・コーポレーションに変えた。この社名変更が、その変遷を如実に表している。

こう書けば、ハロイド社が順調に発展していったかのような印象を受けるかも知れないが、内実はかなり際どいものだった。ウィルソンのゼログラフィーに賭けた決断について、小林は次のように解説する。

「ゼログラフィーに確信がなかったとは言わないけれども、何かやらなければハロイド社は潰れるという確信の方が非常に強かったでしょう。ウィルソンが研究開発部長に連れられて、バッテル研究所にゼログラフィーを見に行く。それまでの感光紙とか感熱紙を使った複写と違い、静電気を利用して普通紙にコピーできるのを見て、成功すれば絶対ほかにないオンリーワンになれると、確信したと思います。

ただ成功できるかどうか。そこは賭けだったでしょう。ウィルソンという人は、新しいものを作ろうという強い意識を持っていた。新しいことをクリエイトする。ウィルソンは常にその意識を持って、自分と会社をドライブしていったと思います」

ウィルソンがよく引用した詩に、アメリカの国民的詩人ロバート・フロストの「行かなかった道（THE ROAD NOT TAKEN）」というものがある。この詩の最後は、次のように結ばれている。

Two roads diverged in a wood, and I?
I took the one less traveled by,
And that has made all the difference.

直訳すれば、次のようになる。

森の中で、道は二手に分かれている。そして私は――、
私は人があまり通ったことのない方の道を選んだ。
そのことが、すべてを変えたのである。

このフロストの詩は、創業から長く富士ゼロックスの精神的指標となった。今なお、この詩を愛唱する富士ゼロックス社員は少なくない。誰も行かない方の道を選ぶ。これが富士ゼロックスの目指すべき姿だと、小林もウィルソンへの敬愛とともに思い続けてきた。

「ウィルソンさんは、広い意味でやさしい人だった。強い芯のあるやさしさと言うか。熱弁家ではなく、大学教授のような静かな語り口だけれど、燃えるもの、固いもの、強いものを持っていると感じさせる。それを大きなやさしさで包んでいるような、代えがたい魅力があった。それが、どこから来ているのかと言うと、やはり教養です。教養というか良識ですね」

ウィルソンは、経営者然というよりは学究肌の人物だった。ウィルソンの伝記である『イノベーターは死なず』(チャールズ・エリス著・日本経済新聞出版社)によれば、ウィルソンは年齢や地位を問わず誰でも尊重し、相手の目を見ながら熱心に話を聞いたという。笑顔が素敵で、自信を持って静かに話す。「この人と一緒に働きたい」と思わせる魅力があった。小林は昔を懐かしむように話す。

「ウィルソンさんの次のCEOになるピーター・マッカローさんは、ハーバード・ビジネススクールの出身ですが、面接を受けて驚いたと述懐しています。ゼロックスというから、なにか新しいモダンなイメージを持って行ったら、自分を面接したマーケティング本部長は、オレンジの箱を重ねた机で仕事をしていた。ひでえところに来たなあと思ったらしい。だけど、やはりウィルソンさんに惹かれて、入社することになった」

「ウィルソンは思索家的で自己抑制的で有言実行タイプ、愛嬌があって、人にやる気を起こさせるのが上手だった」と、エリスは著書で記している。小林も、人の話には熱心に耳を傾けた。威厳は感じさせたが、威圧的ではなく、常に批判ではなくアドバイスをくれたと、小林を知る人は口を揃える。その態度は、ウィルソンを手本としたものだろう。

小林の自己抑圧的な姿勢は天性のものと見る人もいるが、それは違う。小林の後に富士ゼロックス社長となった宮原明は、ある会議での小林の姿が忘れられないと話した。

「会議の時に、長い説明があった。ふと見ると、隣に座っている小林会長が盛んにメモしているわけです。何を書いているんだろうと覗くと、なんと、hear hear 聴く、聞くと、いっぱい書き連ねているんですよ。ああ、この人は、早くコメントを言いたいのに我慢してるんだなと感じました。待て、聞け、聞け、聞けと、自分に言い聞かせて。自分で自戒自制しながら、それでも嫌な顔をするわけでもない。大変な人だと思いました」

小林は常々、「謙虚」であることの大切さを訴える。リーダーシップのキーは、謙虚さにあるとまで述べた。

「謙虚ということは、自分以外にもいいアイディアがあることを素直に認めることです。

人の話を謙虚に聞く、というのは新しい違うアイディアに寛容である、オープンであることの証しです。そこから、新しいものをクリエイトしていく創造性が出てくるわけです」

こうした考え方も、知らず知らずにウィルソンが小林に与えたものだろう。

「家族付き合い」をする会社

一九六三年一二月、ロンドンに赴任した小林は、そこで一年数ヵ月の新婚生活を送ることになった。ロンドンでは、何回かウィルソンに食事に誘われる。最初に招かれた時は、夫人の百代も一緒だった。英国ロイヤル・バレエ団の舞台で、ソ連出身の天才ダンサーであるルドルフ・ヌレエフとイギリスを代表するバレリーナのマーゴ・フォンテインの共演を堪能した後のことである。

アイビーという古いレストランで、小林と百代はウィルソンと食事を共にした。ウィルソンは「ここの名物のエスカルゴはどうですか」と勧めた。小林も百代も、エスカルゴというかたつむり料理があることは聞いていたが、それまで食べたことはなかった。

「かたつむりなんて、食べられないわ」と言う百代に、ウィルソンは穏やかな笑みを浮べて「日本で私が食べなければならなかったものは、何だと思う」と応えた。ウィルソンは、日本で苦労してイカやタコを食べていたのだ。

初めてエスカルゴを口にして、小林も百代もその美味しさにビックリする。と同時に、二人ともウィルソンのファンになってしまう。「ウィルソンは本当に素敵な人でした。奥様のペギーさんも静かなタイプで、整然としたやさしい方でした」と百代は述懐する。

これを皮切りに、小林とウィルソンは家族ぐるみの付き合いを始めるようになる。お互いの家に泊まったりすることも、しばしばだった。それは、ゼロックスという会社が持つ雰囲気でもあった。百代は以前のゼロックスをこう評する。

「ゼロックスという会社は、不思議なことにみんなが家族なの。アメリカに行っても、ヨーロッパに行っても、みんな家族。インドネシアやフィリピン、タイ、台湾なんかのジョイントベンチャーの人たちも、その精神を真似て、みんな家族のような付き合いをしてきたわ。だから、仕事が終わっても、今でも付き合いはある。

フロリダのパームビーチで、しょっちゅうコンベンションがありましたけど、コンベンションとは名ばかりで、夫婦そろって集まって。主人たちが会議している間は、夫人たちはレディースプログラムを楽しむという感じで、三、四日過ごしていました」

ゼロックス関係者に限らず、小林は海外の要人とプライベートな関係を築いてきた。そこには、ゼロックスで体験した「家族付き合い」が影響しているように見える。百代の感

国際会議に出席する若き日の小林陽太郎氏

じでは、そうしたゼロックスの家族付き合い的な雰囲気は一九九〇年頃まで続いていたようだ。その後は、「どんどん会社という感じ」に変わってきたという。

ウィルソンが亡くなったのは、一九七一年一一月二三日のことだった。当時ニューヨーク州知事をしていたネルソン・ロックフェラーの昼食会で、椅子から崩れ落ちるように倒れて、そのまま帰らぬ人となった。ウィルソンは心臓を患っており、三〇代から度々発作を起こし、入退院を繰り返していたのだ。

ウィルソンが亡くなったことを、小林はタイのバンコクで知った。何はともあれ、葬儀に出席したいと小林は、すぐにロチェスターに向かうことにした。ところが、当時はタイからアメリカへの直行便はなかった。一番早く着く便は、南回りのヨーロッパ経由でボストンに入り、そこで乗り換えてロチェスターに向かうものだった。

暑いバンコクのこと、小林は冬用の衣類を持ち合わせていない。友だちの夫から、厚手のレインコートだけを借りて、飛行機に飛び乗った。それでも、葬儀には一日、間に合わなかった。葬儀の翌日、雪の降りしきるなか、小林はロチェスターのウィルソンの自宅へと車を走らせた。その時に、運転していたのが、後年富士ゼロックス社長になる有馬利男だ。その年の六月から、ロチェスターに駐在していたのだ。有馬は、その時のことを鮮明に覚えている。

「雪深いなか、奥様のペギーさんを弔問されました。それから、ウィルソンさんのお墓まで、それこそ雪をかき分けるようにして、お参りされました。何というか、その様子を見ていて、小林さんはウィルソンファミリーと、心からつながっているんだなあと感じましたね。本当の国際的なお付き合いというものは、こういうものなんだと、しみじみ思いました」

一九六〇年代から一九七〇年代というゼロックスの飛躍期に、中心として存在していたジョー・ウィルソン。その六一歳という若すぎる死は、小林に大きな悲しみを与えた。

ウィルソンの背中を追いかけて

小林は、経営者としての姿勢を、ウィルソンから多く学んできた。

ウィルソンがCEOの時、ゼロックス・コーポレーションは国連を取り上げたドキュメント番組をスポンサードしている。その頃の国連は今ほど存在価値を認められておらず、アメリカの保守層には懐疑的な見方をする人たちが少なくなかった。そのため、このテレビ番組のスポンサーとなる企業はなかったのだ。

しかし、ウィルソンは敢然とスポンサードすることを決める。しかも、九〇分もの長い番組なのに、CMは最初に「ゼロックス社の提供でお送りします」、最後に「この番組はゼロックス社の資金提供によって放送されました」というたった二回しか入ってなかった。番組は、九〇分間続けて放映されたのだ。

国連が取り組んでいる仕事を真面目に取り上げたこの番組は、大きな反響を呼んだ。同時に、ゼロックス・コーポレーションは独創的で大胆な企業として、人びとの間で評判となる。しかし、この番組を快く思わない顧客のなかには、契約を取りやめるところも出てきた。

このことで、ウィルソンは株主総会で、厳しく糾弾される。その時のウィルソンの態度を、「逃げないで、堂々と自分の考えを述べ、株主たちを説得していきました」と、小林は高く評価している。

ウィルソンは株主総会で、次のように語った。

「確かに今の国連には不備なところがたくさんある。しかし、紛争が絶えない世界を何とかより平和にするためには、国連はないよりあった方がいい。我われは、国連をより良いものにしていくよう努力しなければならないのだ。申し訳ないけれども、ゼロックスでは株主を含めて狭い意味での利益のためだけではなく、より良い世界を作るために少しでも役に立ちたいと思っている。我われは無駄なお金を使っているわけじゃない。国連にもお金を使います。でも、株主のみなさんにも高い株価などで満足頂けているはずです」

このウィルソンの発言を、小林は株主総会の議事録で読んだというが、まるで昨日その場にいたように、よどみなく話した。そして、こう述べている。

「本来、企業が社会との関係でやるべきことは何なのか。しかも、誰も彼もがやっていることではなく、ゼロックスらしい、非常に高いレベルでの貢献をしていこうと、訴えるわけです。株主たちも徐々に、ウィルソン、あなたがそこまで言うのなら信頼しましょう、と変わってくる。株主総会の議事録を読ませてもらうと、感動的でしたね」

ウィルソンのこうした姿勢は、小林に大きな影響を与えている。

実は、富士ゼロックスは一九七五年にＮＥＴ（現・テレビ朝日）で、「ザ・スペシャル by XEROX」という番組を持った。夜の一一時から二時間というこの番組は六年間続き、その間に二二回放送されている。第一回は「きょうスエズ開く」で、それまで八年間閉鎖されていたスエズ運河の再開を、エジプトから衛星中継したものだった。

第二回は「ハーツ・アンド・マインズ」。これが反響を呼んだ。内容は、ベトナム戦争に関わった人たちを客観的に描いたもので、反戦色の濃い劇場用映画である。前年にアカデミー賞を受賞しているが、劇場で上映してもとても採算が取れるとは思われず、アメリカに送り返されそうになっていたものだった。小林は、このドキュメント映画の放映を決める。アメリカとの合弁企業が、アメリカ政府が遂行しているベトナム戦争を批判する番組を放映するのだから、驚きであった。小林の背中を押したのは、ウィルソンのかつての姿だったのではないだろうか。

「ハーツ・アンド・マインズ」は深夜の視聴率としては、異例の三％台を記録する。「ザ・スペシャル　by XEROX」はその後も、視聴率を追いかけることなく、良質で社会に問題提起するような番組を送り続けた。

また、富士ゼロックスが一九九〇年に始めた「ソーシャルサービス制度」も、「お手本はアメリカのゼロックスにあった」と、小林は語っている。ソーシャルサービス制度は、富士ゼロックスの社員が国や地方公共団体などで社会奉仕活動を行う場合、会社が認めれば六ヵ月以上二年以内の休職を許可し、その間も給与・ボーナスを支給するというものである。いわゆる「ボランティア休暇」として、大きな反響を呼んだ。

アメリカのゼロックス・コーポレーションでは、その二〇年以上も前から、同様の制度が取り入れられている。小林は、それを見習おうとしたのだ。ウィルソンは、「企業が社会の構成員として、そこから便宜を得ている以上、地域社会や国や人びとに対して責任がある」（前出『イノベーターは死なず』より）という信念を持っていた。また、国や地域への貢献は、必ず企業のためにもなると考えていた。小林は、経営者としてウィルソンの思想を受け継いだと言えるかも知れない。

アイロン掛けは小林本人が

滅多に怒らないことも、ウィルソンと小林は似ている。夫人の百代は苦笑まじりに、こう話した。

「家でも怒らない。息子には時どき厳しいことを言ったりするけれど、娘たちには好きにやらせっ放し。なんとか怒らせようと思って、いろんなことをやるんだけれども、そうね、怒らない。私だったら、怒鳴り散らして怒るような場合でも、怒りません。不思議だわ」

百代は、自分の性格は小林と正反対だと言う。小林は本来社交的ではなく、「仕方なく、私が出しゃばっちゃう」と話した。小林が出席する海外での会議、国際交流には、百代が随行することも多く、年間一〇〇日を海外で過ごすこともあった。また、各種パーティに出席するため「一日に、自宅と帝国ホテルを三往復したこともある」という。そんな百代は、小林の態度にいつもやきもきした。

「海外でのパーティでも、お世辞一つ言うわけじゃない。たまには、お世辞くらい言いなさいよ、と蹴飛ばすんだけれど。ゴルフでも、本当にナイスショットじゃないと、『ナイスショット』と言わないの。いいじゃない、下手な人もいるんだから、前に飛んだらナイスショットと言ってあげたら。そう話すんだけれども、ダメね」

もっとも、百代は小林のことを「本当に善意の人。表と裏が一ミリもない」と評した。家に帰っても、他人の悪口は言わない。かつては、会社から帰宅する車のなかから、「会社をこれから出るよ」「いま目黒の交差点」「うちの角を曲がったところ」と三回くらい自動車電話がかかってきた。

「食事なんかでも、一緒に食べないと私が寂しがるだろうなと、考える人なの。私なんて、たまには別の人とご飯を食べたいのに。そう言うと、困った顔をするのよ」

家庭での小林は、ビジネスシーンで見せる姿からは、想像もつかないところがある。

小林はいつも身だしなみに気を使っている。シワのないパリッとしたスーツ、プレスの効いたワイシャツに趣味の良いネクタイ、それに合わせたポケットチーフが常に胸元にのぞいている。小林のダンディさに異論を挟む人はいないはずだ。

さぞやアイロン掛けは大変だろう。もしかして、頻繁にクリーニングに出しているのか。実は、小林は若い頃から現在に至るまでも、自分のズボンなどは自分でアイロンを掛けている。

「父が自分のことは自分でやれという方針だったので、高校生くらいには、自分でプレスしてましたね。ズボンなんか掛けすぎて、ツルツルにしてしまったりね。洋服屋に行って、プロ用の重いアイロンを買ったりもしました」

家庭では、アイロン掛けは小林の仕事である。自分のものだけでなく、百代の服にもアイロンを掛ける。百代の友だちが家に遊びに来て、鼻歌まじりに小林がアイロンを掛けている姿を見て、「あれがリラクゼーションなのね」と言ったそうだ。百代は「だから、私は本当に楽よ」と話す。

「アイロンを掛けてくれるだけじゃなくて、私が着る服も選んでくれる。旅先のホテルで、スーツケースに荷物を詰めるのも全部やってくれるし。こまめなんでしょうね。私なんて脱いだ服は脱ぎっ放しでも平気なのに、主人はきちんとハンガーに掛けるタイプです」

最近でこそガウン姿で朝食を摂ることもあるが、家でもネクタイこそしないもののきちんとプレスされたシャツを着ている。

このところ、小林に新しい習慣が加わった。食事の後で皿洗いを始めたのだ。これまで小林は滅多にキッチンに入らなかった。「お湯も沸かさなかった。結婚するまでは、冷蔵庫の扉を開けることもしなかったんじゃない」と百代が言うくらい、キッチンからは遠ざかっていた。その小林が、自ら皿洗いを始めたのである。

きっかけは、ジョージ・シュルツだった。シュルツは、ロナルド・レーガン大統領時代に、国務長官を務めた人物である。小林はシュルツとまさに家族ぐるみの親交がある。シュルツの自宅に泊まった時、小林はシュルツが全ての皿洗いをするのを見かけた。これを見習って、小林も皿洗いをするようになったのである。

「本当に不思議な人。宇宙人じゃないかしらと思うこともあるわ」

百代は、そう笑った。結婚して五〇年近く、齢七〇歳を過ぎて、なお仲のいい夫婦である。

洗礼名はアンソニー

小林と百代の仲むつまじさは、昔から社内でも有名だった。

まだ富士ゼロックス本社が、東京・虎ノ門の富士ビルにあった頃の話である。小林の二代後の社長となった坂本正元は、土日もなしで仕事に追われていた。ロンドンから帰国した小林は企画部長となり、坂本はその下で「販売計画をはじめとして、一切合財なんでもやっていた」。

ある週末、坂本たちが富士ビルで仕事をしていると、昼時になって小林がひょっこり現れた。「いやあ、ごくろうさん。どうだ」と言って、バスケット一杯のパンを差し入れてくれた。そのパンの美味しかったことを、坂本は今でも覚えている。パンを置き、少しばかりの仕事を片付けると、小林は早々に立ち去った。ふっと坂本が窓から下を見ると、そこには百代の姿があった。

「ビルから出てきた陽太郎さんが、奥様と手をつないで車に乗り込むんですよ。いいねって、残っていたみんなで言い合ったものです。しかも、車がマツダのキャロルだった」

マツダキャロルは三六〇ccの軽自動車だったが、デザインはアメリカの大型車を思わせるものがあり、個性的でモダンな車として人気があった。実は、これは商店街の福引きで、特賞として引き当てたものだった。もちろん、小林もよく覚えている。

「当時は、原宿の小さなアパートに住んでいました。その商店街の特別売り出しの特賞がキャロルだった。なかなか特賞が出なくて、当たり券は入ってないんじゃないの、とか言われていたらしい」

百代が病気で臥せっているところに、クリーニング店の御用聞きが来て、家に残っていた抽選券を持って行った。そのなかに、特賞の当たり券があったのだ。

「それまで古いオースティンに乗っていたけれど、本当に当たり券があったということが知られるように使って欲しい、と言われて乗り換えました。騙されたつもりで乗ったが、これがいい車だった。全くノー故障。雪の日でも、一発でエンジンがかかる。それから三台くらいマツダに乗りました」

坂本は「奥様と手をつないでね。仲がいいということは、小林さんの生き様として印象深い。何と言うかな、あったかかったですね」と繰り返した。

「仕事ではこてんぱんにやられたけど。原宿のアパートには、よく押しかけて、酒を飲ましてもらいました。小林さんはあまり飲まれないけれど、そういう場にはよく付き合ってくれました。英語はできる、仕事はできる、頭はいい、ルックスは映画俳優。憧れの人でした」

今回の取材でも、坂本と同じように、小林を「憧れの人」と語った人は多かった。そこには、「内助の功」ならぬ「外助の功」を発揮してきた百代の魅力も加味されているに違いない。

百代が小林に与えた影響に、キリスト教への信仰がある。百代は、両親がカトリック教徒だったために、生まれながらの「ボーンカトリック」である。

結婚前、小林は百代に付いて、日曜日には教会に赴くようになった。「何がなんだか、よく分からなかった」小林だが、百代の真剣な様子を見て、キリスト教を知ろうと思い始める。クリスチャンで親交のあったセイコーエプソン初代社長の服部一郎から、知り合いの神父を紹介され、小林は一年ほどキリスト教について学んだ。

そして、結婚を機会に、小林もカトリックの洗礼を受ける。洗礼名は、アンソニー。以前から海外では「トニー」の愛称で呼ばれていたこともあって、アンソニーという洗礼名を受けたという。今でも知り合いの外国人には、トニーで通っている。百代も、普段は小林のことをトニーと呼ぶ。

結婚してしばらくは、二人で日曜日に教会に行くこともあったが、次第に多忙にかまけて足が遠のいたという。さほど熱心な信者ではなかったのかも知れない。小林も「ビジネスや経営に影響があったとは思いません」と語っている。だが、洗礼を受けてから少し感じ方が変わった部分もあった。

「なんというか、自分より非常に大きなものの存在というか。そういうものを明確とは言わないまでも、過去よりはっきりと意識するようにはなりました」

実は、小林の父である節太郎も洗礼を受けている。学生時代のことで、プロテスタントの洗礼だった。しかし、小林がそのことを知ったのは、節太郎が亡くなってからである。

「父が教会に行ったのを見たことがなかったし。葬式も仏式であげてしまったくらいで。僕がカトリックの洗礼を受けた時も、あまり関心がなさそうでした」

ただボーンカトリックである百代にとって、キリスト教はもっと身近にある。

「私にとって、神様は空気みたいなものなの。神様がそこにいてくださるのは当たり前みたいな。空気はなければ死んでしまうのに、普段は全然気が付かない。本当、不思議な存在。不遜と思われるかも知れませんけど、神様がいると、いろんなことに対して恐れがない。みんなバカだと言うんですけど、絶対に信じたらその人からは裏切られないと思っているわけ。本当は裏切られているのかも知れないけど、信じちゃう。あなたはラッキーなのよ、と言われればそれまでなんだけど」

そう話した百代は、こうつないだ。

「トニーは、もっとですね。信じたら裏切られないと思っている。だから、性善説の人」

ゴルフは安全・確実・有利をモットーに

小林は、中学生の頃には野球、高校・大学時代はテニス、社会に出てからはゴルフと、スポーツを愛好してきた。テニスはオーストラリアから来日したデビスカップ選手の練習相手を務めたほどだし、ゴルフはハンディ六までいった腕前である。単に「好き」というレベルを超えている。特に、ゴルフへの傾倒は並々ならぬものがあった。

一番成績が良かったのは、社長時代だと語る。その頃の手帳を引っ繰り返してみると、「しょっちゅう三〇台が出ている」。四〇代、五〇代と、ビジネスに公職にと忙しい日々のなかで、小林はゴルフにも熱中していた。多くの経済人とラウンドしていたから、小林にとってはむしろ仕事だったのかも知れない。

一九九八年から社長を務めた坂本正元は、一時は小林と腕前を競っていたという。

「でも、小林さんの方が上手かったです。スイングもきれいで。きれいということは、カッコイイということ。それで強いし。誰が見ても惚れちゃいますよ。全てが一流でした」

ところが、ゴルフをしている時にも、小林は気配りを欠かさなかった。自分は上手いけれども、そのやり方を人に押し付けることはしない。しかも、相手が財界人であろうと、目下の社員であろうと、友だちであろうと、態度を変えない。

小林は、一緒にラウンドしているメンバーのゴルフボールを、いつも探してあげていた。小林とゴルフを一緒にしたことのある人は異口同音に「他の人が打つ球筋をよく見ていて、こっちだよと自ら歩いて行って、ボールを探してくれます」と話す。その仕草は自然で嫌みがなく、「あっ、ここにあったよ」と気軽にやっている感じだという。社長の山本忠人は、かつて小林から「自分はどうでもいいから、まずお客さんのボールを探しなさい」と言われたそうだ。

北海道ゼロックス販売（現・富士ゼロックス北海道）の社長だった山本宏は、ある日のことを忘れられない。

「幹事がうっかりしたんでしょうかね、その日の小林さんの組は、小林さん以外の三人が三人とも下手くそだった。小林さんはいつもどおりメンバーの球を探して歩くんです。でも、下手くそだから右へ左へと大きく逸れてばかりで、追いかける小林さんは大変。ついに疲れて、ボールを探すのはやめてしまいました。でも、その代わりに、今度はボールを探すキャディに代わって、ゴルフカートを押し始めたんです」

小林は、キャディが忙しいようだと、相手のために自らグリーンで旗を持つこともある。

小林と四〇年来の付き合いがあるプロゴルファーの松井功によれば、「陽太郎さんは、一発勝負的なギャンブラー的なゴルフはしない」という。ちょっと無理して池越えを狙えばグリーンに乗るという場合でも、確実な方法を選ぶ。松井に言わせると「安全・確実・有利」なゴルフだ。もちろん、松井とラウンドする場合でも、「松井さん、ボール、ここにあるよ」と、いつもと態度は変わらない。

松井は「ゴルフには個性が表れる」と言う。例えば、ソニー元会長の出井伸之は「ドライバーが命のようなゴルフ」をする。ドライバーの距離には執着するが、残り五〇ヤードで四打も打つことがあった。

富士フイルムホールディングス社長の古森重隆は、「悪びれず、一打に賭けるようなゴルフ」だそうだ。「三メートルのパットだったとすると、狙って強めに打つ。オーバーしたら、とかあまり考えない。五メートル打ってしまって、二メートルオーバーしたとしても、二メートルオーバーしたところから、また考え直して打つタイプ」と松井は話す。

小林はここ二〇年くらい、ゴルフ道具に凝っている。プロの松井も舌を巻くくらいだ。自宅に工房を設けて、スペアパーツを買ってきては、自分でシャフトやグリップを入れ替えている。バランスも自分で調整する。ゴルフの最中に、小林が薄い鉛板を取り出して、ドライバーに貼り付け、「これで打ってみてよ」と言われた財界人もいる。

夫人の百代もゴルフ好きとあって、夫人の道具の調整も小林がやっている。百代は道具に頓着しない方だが、「試合の度に、いつも新しいクラブがバッグに入っていて、困っちゃう」と笑った。

プロゴルファー松井へのアドバイス

松井は三五年にわたって、富士ゼロックスカップの仕切り役を任されている。富士ゼロックスカップは、毎年一一月二三日に大阪で、一二月二三日には東京で開かれる。招待されるメンバーは、経済界の大物ばかり。お客さま二名に富士ゼロックスの役員が一名、女子プロ一名の四名が一組となり、二四組で執り行われる。松井は一九七六年の第一回から運営に協力してきた。

電通や博報堂といった代理店を使わず、富士ゼロックスの社員が接待を行う手作りの大会だ。しかし、メンバーは一流企業の会長や社長ばかり。小林の個人的人脈で集まってきた人たちという趣もある。初めて参加する人のなかには「これは何のコンペなの？」と驚く者もいるくらいだ。この富士ゼロックスカップを運営するなかで、松井は小林から多くのことを学んだと語る。

「プロゴルファーなんて自己中心的で、やりたい放題の人間ばかり。勝てればいい、と。一般の企業から比べれば、特殊な商売でしょう。小林さんをそばで見ていると、社員なんかにゼロックスはどうあるべきなのかというようなモラル教育をしている。それを聞いているだけで、勉強になりました。家内なんかにも『陽太郎さんがいなかったら、あなたなんか今ごろ世の中にいないんじゃないの』と言われているくらいです」

大会を運営するに当たって、松井は小林から言われていることがある。それは、お客さまを出迎えるに当たっては、日ごろ世話になっている富士ゼロックスの社員が自らタオルを渡し、椅子を引くようなサービスを行うことだ。それによって、本当の感謝の気持ちを伝えようというのだ。

一回だけ、スタッフの意見を取り入れて、ミニスカートをはいたコンパニオンを配したことがあった。この時は「松井さん、これは誰が考えたの?」と怒られた。過剰な接待はしない、けれども心のこもった行き届いたサービスをする。それが、小林の方針だった。

小林の真意を汲み取った松井は、さまざまなサービスを考えるようになる。例えば、最初にホールアウトした組から最後の組が上がるまで、二時間程度の時間差がある。この待ち時間に、足裏マッサージを受けられるようにしたり、絵描き二人を頼んで似顔絵コーナーを設けたりした。女子プロによる個人レッスンも好評だった。松井と懇意にしている青木功や小林浩美がサプライズ登場して、参加者の度肝を抜いたこともあった。

松井は大会の時に出される食事にも気を使う。料理は事前に試食した上に、写真に撮って小林に見せる。

「去年は中華だったから、今年は和食にしようとか。年配者が多いので、洋食は避けた方がいいとか。肉料理を出すのにも、小さめに切るとか。ワインだって、どこの会社が扱っているのか調べて、偏らないようにしています」

二時間くらいたっぷりと時間を取った食事の後は、立食式の談笑パーティに移る。これを四〇分ほどで切り上げて、夕方定刻どおりに参加者たちを送り出すまで、松井は気を抜く暇がない。時には、パーティの司会を務めることもある。専門の司会者に来てもらったこともあるが、やはり松井が話した方が参加者たちも喜ぶからだ。

こうした姿を知った青木からは「松井さんは俺に持っていない人脈と行動力と頭を持っている」と言われた。松井は「お前はゴルフで世界一になった。俺はビジネスで一番になりたかったんだ」と答えた。

実際、松井はこれまで何度も富士ゼロックスの営業を助けてきた。テレビ番組でレッスンした経営者に、自分が富士ゼロックスに世話になっていることを伝えて、「よろしくお願いします」と頼んだこともある。富士ゼロックスへの不満を聞きつけると、担当の役員や部長に耳打ちすることもあった。それもこれも、小林への感謝の表れだった。松井はしみじみと振り返る。

「これだけの方々に巡り合えて、人生を全うできたのも陽太郎さんのお陰です。親にも感謝しているが、陽太郎さんにはもっと感謝しています」

「人の話を聞くようにしなさい」

松井は二〇〇六年一月からPGA（日本プロゴルフ協会）の会長に就いた。この就任に際して、松井は小林に相談をしている。

話は、その二年前の二〇〇四年に遡る。一一月のPGAの総会を前に、松井は周囲から会長に就くよう持ちかけられた。翌二〇〇五年一月からPGA会長になって欲しいということだ。この話を受けて、松井は東京・赤坂にあった富士ゼロックス本社の小林の部屋を訪れた。

「PGAの会長になれと、みんなが選挙で推すと言ってるんですが」

そう話すと、小林は腕組みをしたまま何も言わなかった。そして三〇秒ほど考えると、こう言った。

「やめた方がいいでしょう。まだ早い。松井さんはまだ四〇〇〇、五〇〇〇の人を統括するだけの勉強をしていないでしょう。もう一年くらい理事で勉強した方がいい」

松井はこの年、会長を受けることをやめた。一年が過ぎ、二〇〇五年一一月の総会前、松井は再び周囲から会長に就くことを勧められ、今度もまた小林に相談する。すると小林は「今回は、いいと思う」とゴーサインを出した。ただし、松井は次のように諭されたという。

「人の話を聞くようにしなさい。悪い言い方をされて頭にくることがあっても、まずは『分かりました。そういうこともあるんですね』という言い方をした方がいい。それから『では、こうしたらどうですか』と、自分の意見を述べなさい。人の上に立つには、『何を言ってるんだ』と思っても、頭から相手のことを否定してはいけない。そんなことをしたら、会長は務まらないよ」

そんなふうに注意されたのは初めてだったと、松井は語っている。二〇〇六年からPGAの会長に就任した松井は、公約どおり組織・選挙改革、シニアツアー活性化、ティーチングプロ部門改革、日本ゴルフツアー機構との連携強化に取り組む。

一期三年が過ぎようとする二〇〇八年の終わり頃、松井は「もう一期やっていいですか？」と小林に相談した。財界や政界で松井の評判が良いことを耳にしていた小林は、

「そうだね。二期やらないといろいろな改革はできないだろう」と理解を示した。

二〇一一年いっぱいで二期六年の会長職を務めた松井は、年初に三期目の続投はしないことを公言した。ＰＧＡの定款では会長職は二期までと決まっており、松井も「定款を変えてまで、居座るようなことはしたくない」と考えていたからだ。

二期で辞めることを報告した折に、松井は小林から釘を刺されたという。

「よくやったなと、ねぎらいの言葉をかけてもらえました。ただ、このまま足で砂をかけるような辞め方はしちゃ駄目だよ、と。ちゃんと、次の人が上手くやれるように、勉強をできるようにして、自然に退いていかないといけないと言われました」

松井は、ＰＧＡが新しい公益法人として上手く離陸できるように、会長を退いても後見的に支えなさいと、小林に言われたと感じた。そして、松井は、その仕事を果たそうと考えている。

二〇年ほど前から、松井は自分の行いを律するようになった。以前のように、銀座や赤坂を飲み歩くとか、芸能人たちとつるんで遊ぶとかしなくなったのだ。その理由を尋ねると、松井は眼差しを細めて、こう答えた。

「自分の背中には、常に陽太郎さんの名前があるから」

第2章

ビューティフルキャンペーンの衝撃

広告というのは単なる営業手段ではなくて、
企業のメッセージとして評価されるべきものじゃないのか。

経済至上主義に対するアンチテーゼ

長身長髪でヒッピー風の若者が、銀座の目抜き通りを「BEAUTIFUL」と手書きした紙のプラカードを胸の前に掲げて、ただ歩いていく。最後に「モーレツからビューティフルへ」という一四文字が、画面に映し出された。

この一風変わったテレビCMが流れたのは、一九七〇年四月のことだ。若者は、ザ・フォーク・クルセダーズで人気のあった加藤和彦。三〇秒間の映像は、歩いていく加藤をワイドレンズで長回ししながら撮ったもので、見ている者に不思議な臨場感を感じさせた。提供したのは、富士ゼロックス。

これが大きな社会的反響を呼ぶことになった「ビューティフルキャンペーン」の第一陣である。翌五月からは、テレビCMのシリーズに加えて、新聞広告も始まった。新聞紙面一ページの六割という大きなスペースを使ったもので、こちらのシリーズも従来の広告とは、趣を大きく異にしている。

広告スペースのほとんどを青空が占め、その上に「空をビューティフルに。」というキャッチコピーが掲げられている。青空の下には「ビジネスをビューティフルに。」というコピーと、XEROXからの少しばかりのメッセージが添えられた。

この新聞広告のシリーズは、水すましを右上に配した「流れをビューティフルに。」、黒人と白人の顔を出した「Black is Beautiful. White is Beautiful.」、ワイシャツをバックに大きなネクタイをイラスト化した「花も実もあるビューティフル。」と、世の中に何かしらのメッセージを訴えるものだった。

この「ビューティフルキャンペーン」は、一九七一年三月まで一年ほど続く。仕掛け人は、電通で営業部長職にあった藤岡和賀夫だ。後に藤岡は、国鉄の「ディスカバージャパン」や「フルムーン」、資生堂の「南太平洋キャンペーン」、ワコールの「エーゲ海キャンペーン」などを次々と成功させて、広告プロデューサーとして名声を高めた。その藤岡が、ビューティフルキャンペーンのきっかけを振り返る。

「当時の空は、すっきり晴れていたんです。みんながモーレツ主義というものを信じていたんですから。今の方向でいけば、日本はどんどん栄えるし、経済成長一本槍でいい。それが豊かさや幸せを運んできてくれる。そういう時代でした。僕は、それがたまらなく嫌だった。街に出ると、エイエイオーというようなときの声が聞こえてくるようで、我慢できなかった。こんな時代がいつまでも続くはずはないと思ってました」

「ビューティフルキャンペーン」は、経済至上主義で突っ走る日本人に対して、もっと自分の生き方、働き方を見直しましょうと訴えたものだ。ただ仕事に没頭するだけでいいんでしょうか、ゆとりとか余裕を持って人生のあり方を考えてはどうですか、というメッセージである。それまで世の中を覆っていた「モーレツ」という価値観ではなく、人間らしい生き方をするために「ビューティフル」という新たな価値観を提案したものだった。

一九七〇年当時、日本は高度経済成長に酔いしれていた。六七年にはGNP（国民総生産）が世界第三位となり、翌六八年にはついに西ドイツを抜いて世界第二位となった。六七年の国民白書では、収入の増加に伴い「国民の半数以上が中流意識を持っている」ことが報告されている。

高度成長はサラリーマンを「企業戦士」に変え、「モーレツ」が美徳となった。自動車、カラーテレビ、クーラーが「新三種の神器」と呼ばれ、消費文化の花が咲いた。

大阪万博に合わせた『紙上万博』

高度成長した日本経済の象徴となったのが、大阪万博である。一九七〇年三月一四日から、大阪・千里で開かれた日本万国博覧会（EXPO'70）には、世界から七七ヵ国が参加し、一八三日間の会期中に六四二〇万人の入場者を数えた。富士ゼロックスの「ビューティフルキャンペーン」は、この大阪万博開催の翌月から始まったのだ。

実は、富士ゼロックスは「ビューティフルキャンペーン」の前に、一九七〇年三月三日から毎日新聞で「人間と文明」というシリーズ広告を始めている。これも仕掛け人は、藤岡だった。

「大阪万博のテーマは、人類の進歩と調和というものでした。でも、万博に集まってくるのは、機械とか道具ばかりで、肝心の世界中の人たちが今どのような考えを持っているのかが全然見えてこない。これじゃ、人類の進歩と調和は分からないんじゃないか。そこで僕が提案したのは、世界中の文明の利器を揃えるのは万博に任せて、こちらは世界の各分野の第一人者がどういう考えを持っているか、発表しようということでした。要するに、『紙上万博』というものです」

富士ゼロックス側の担当は、取締役になっていた小林陽太郎である。小林は、藤岡の提案をすぐに受け入れた。富士ゼロックスとしては、当時自社で万博にパビリオンを出すほどの力はないが、何か万博を機に社会にアピールしたいと考えていたからだ。媒体は、この企画に一番関心を寄せた毎日新聞を使うことに決める。

「人間と文明」シリーズは毎回、新聞紙上一ページを使い、上半分に世界の識者から寄稿してもらった原稿を載せ、下半分には日本の著名なイラストレーターたちの手による絵画を入れた。広告としては、右下隅に「XEROX」の文字と、短いメッセージが添えられただけである。

「人間と文明」シリーズは、火曜日の朝刊に半年間、二九回にわたって掲載された。第一回の寄稿者は進化経済学を樹立した米コロラド大学教授のケネス・E・ボールディング。イラストレーターは加納光於である。以後、「世界の英知」とも言うべき寄稿者が次々と登場し、気鋭のイラストレーターたちは競うようにしてオリジナリティ溢れる作品を掲げた。最終回は、イギリスの文明史家のアーノルド・トインビー、イラストは野田哲也だった。

識者からの原稿は英語で書かれてきたものを、四〇〇〇字の日本語に訳して掲載した。富士ゼロックスは、希望者に対しては、英語の原文原稿を無償で贈呈している。読者からの請求は、二〇万通を超えたという。これは「人間と文明」に対する反響の強さを物語っている。

五分で決まったキャンペーン

藤岡は「人間と文明」を準備中に、ビューティフルキャンペーンを思い立つ。

「犠牲になっているものが、いっぱいあるんじゃないのか。銀座の柳が枯れましたとか、隅田川に魚がいなくなりましたとか。公害という言葉も、その頃からようやく出てきた。このあたりで、踏みとどまって、モーレツを考え直した方がいいんじゃないか。だから『モーレツから○○へ』というフレーズはすぐに思い浮かんだけれど、○○がなかなか出てこなかった」

「ビューティフル」という言葉を考え付いた時、藤岡は体に震えがきたという。「自分の気持ちが、ブルブルッと揺すぶられた」のだ。興奮を抑えきれない藤岡は、「モーレツからビューティフルへ」という言葉を、誰彼となく伝えたい衝動にかられた。

しかし、藤岡は我慢した。いい思いつきは冷やさなければならない、と考えたからだ。精神的にハイになっている状態では、本当にいいかどうか冷静な判断はできない。藤岡は、一週間の冷却期間を設ける。そして、一週間経った後でも、「ビューティフル」は色あせなかった。

藤岡が、小林に「ビューティフルキャンペーン」のことを持ちかけたのは、車のなかだった。「人間と文明」の打ち合わせをするために、毎日新聞社に向かっている最中である。赤坂の富士ゼロックスを出発し、車は千鳥ヶ淵に近づいていた。藤岡は、ペーパーもなしに、「モーレツからビューティフルへ」という訴えかけを、社会に対して行いたいと、小林に申し出た。

「世の中はモーレツ、モーレツだけれども、それでいいんでしょうか。一直線の階段がないように、こんな時代がずうっと続くことはありません。この万博を機に、ちょっと反駁的だけれども、ビューティフルという言葉を、世の中に投げかけてみませんか」

藤岡の説明は、五分も続かなかった。その前に、小林が「それはおもしろいですね。やりましょう」と即決してしまったからだ。説得に手間がかかると覚悟していた藤岡は、肩透かしをくった格好である。「あれには、本当にびっくりした」と、その時のことを藤岡は振り返った。

藤岡は、以前から広告に対して新しい考え方を持っていた。「脱広告」である。次世代の広告という「Post-Advertising（ポスト・アドバタイジング）」ではない。従来の広告から切り離れるという意味で「De-Advertising（ディ・アドバタイジング）」と呼ぶべきものだった。

「それまで広告は、スポンサーである企業のことを良いと言うか、その商品が優れていることを訴えていました。企業としては、当たり前です。でも、それでは広告は企業や商品という主人に仕えている下僕ではないか。僕はそう感じたのです。広告はいったん外に出れば、文字であったり、絵であったり、音楽であったりするわけです。どこに仕えているということは抜きにして、何かをコミュニケーションしているものです」

つまり藤岡は、広告を「企業や商品をいい」とだけ言ってはすまされないもの、社会にとって価値のあることを言わなければならないものと考えたのである。

「いま何が価値があるのかということを、広告で打ち出してもいいんじゃないかと。コミュニケーションそのものが、社会に対して価値を打ち出していくような広告もあるんじゃないかと、そう僕は考えたわけです。だけど、当時はそんなものは、どこにも通らなかった」

一方で、小林も、広告は社会に対する企業のメッセージであるべきではないかと考えていた。とは言え、営業の現場からは、役に立つ広告をやってくれという声ばかりが届いてくる。富士ゼロックスの複写機は「性能がいいけど高い」というイメージが定着していた。営業マンたちが「高くありませんよ」という、言わば泥臭い広告を求めるのは、当然のことだった。広告宣伝を担当していた小林は、現場サイドが泥臭い宣伝を求める気持ちは十分に分かっていた。

「それは分かる、分かるけれども、広告というのは単なる営業手段ではなくて、企業のメッセージとして評価されるべきものじゃないのか。だから、僕は敢えて泥臭いことはやらないことにした。でも、富士ゼロックスの複写機は思われているほど高くありませんよ、と分かってもらうことも必要です。だから、いろんなことを考えている最中でした」

小林は藤岡と知り合って、「偉大なる味方ができた」と感じる。

「藤岡さんは、企業広告や商品広告が発するメッセージと並んで、広告そのものが商品であるという考え方をしてました。この人なら、腹を割って話ができる。我われのやりたいことを、我われのセンスを分かってもらえる。そう感じました。だから、藤岡さんが積極的に勧めてくれるものならば、基本的にはどんどん進めていこうと考えていました」

五分の決断の裏には、小林と藤岡の深い意思疎通があったのである。小林は、「ビューティフルキャンペーン」について、「社内のスタッフと話をするのも楽しかったし、電通のクリエイティブチームの面々と打ち合わせするのも楽しかった」と述懐した。

小林と藤岡は、キャンペーンに先立って、「モーレツ」の元祖である評論家の竹村健一の元を訪れている。分かりやすく言えば、仁義を切りに行ったのである。モーレツ主義を提唱していた竹村は、「ビューティフルキャンペーン」の話を聞いて、最初は困惑の色を見せたが、次第にビューティフルに関心を寄せていったという。その後、竹村もビューティフルを訴えるようになる。

真っ先に若者が反応した

広告によって、企業が自らのメッセージを社会に届ける。そのことによって、企業が評価され、その商品も買われるようになる。図式的に言えばこうなるが、「ビューティフルキャンペーン」を始めた当初、富士ゼロックス社内での反応は芳しいものではなかった。「ビューティフルキャンペーン」の企画を社内に出した時も、反対派の方が多かった。やっぱり直接的な商品広告を求める声は、強かったのだ。営業からは、「やめてくれ」という話も出た。小林が、こうした反対を押し切れたのは、実質経営トップだった庄野伸雄が任せてくれたからだ。

「庄野さんは技術系の人で、あまり社交術には長けてない。話し方もぶっきらぼうで。だけど、仕事は任せてくれた。悪い言い方をすれば、丸投げなんだけど、かなり思い切って任せるタイプでした。それが、人を育てたということはある。僕なんかも非常に仕事がやりやすかった。大いなる恩恵を蒙っています」

小林も「人に任せるタイプ」と評されている。その原体験は、庄野にあるのだろう。

庄野に任されて、小林は「ビューティフルキャンペーン」の実施に踏み切る。その始まりが、前述した加藤和彦が銀座を歩くテレビＣＭだ。小林自身も「まともな会社の役員や総務部長がご覧になったら、富士ゼロックスは何をやっとるんだと思われたでしょう」と言う代物だ。藤岡も第一回の放送の翌日、電通社内がウンでもスンでもない無反応だったことを覚えている。

「ビューティフルキャンペーン」は、規模としては小さなキャンペーンだった。テレビＣＭは夜の「ＪＮＮニュース」枠に、一日一回流しただけ。新聞広告も一〇種類の原稿を、朝日新聞と日本経済新聞に、九回ずつ掲載しただけである。誠に小さな抑制されたキャンペーンだった。にもかかわらず、このキャンペーンはさまざまな媒体で取り上げられ、世の中に知れ渡るようになる。

「ビューティフルキャンペーン」は爆発的にヒットしたものではない。少しずつ火が付いて、いつしか燎原の火のように広がっていったのである。その火付け役となったのは、若者だった。小林は言う。

「もう少し広い範囲でメッセージを受け止めてもらえると思っていましたが、実際に受けたのは若者なんです。あのキャンペーンによって、売上げがグッと伸びたというよりは、若者にダーッと人気が出た。富士ゼロックスへの志望者も急増して、できて一〇年も経たない会社が、親会社やお客さまの会社より志望ランキングで上にいってしまいました。明らかに、若者の方が、当時の社会の空気とか機運の変化を感じ取っていたということでしょう。だから、ビューティフルにピタッときて、敏感に反応したんだと思います」

富士ゼロックス社内でも、日を追うにつれ、「ビューティフルキャンペーン」に対する目は、好意的なものに変わっていった。一方、電通社内でも「『ビューティフルキャンペーン』をやったチームにぜひ入れて欲しい」という申し出が少なくなかったという。

「ビューティフルキャンペーン」は次第に、社会に衝撃を与えるものとなっていった。「モーレツからビューティフルへ」は、この年の流行語にもなる。商品も企業も宣伝しない広告は、広告業界に革命を起こしたのである。

何より、時代の変わり目を見通したことは、驚嘆に値する。一九七〇年を最後に二桁成長は止まり、日本社会は水俣病、イタイイタイ病、四日市ぜんそくなどの公害に向き合わざるを得なくなった。この年の三月には「よど号ハイジャック事件」、七月には「都内で初めて光化学スモッグ」、一一月には「ウーマンリブの第一回大会」や「三島由紀夫の割腹自殺」が起こっている。時代は、確実に変わり目を迎えていたのだ。

ゼロックスがなくなっても、ビューティフルは残る

「富士ゼロックスがなくなっても、『モーレツからビューティフルへ』は残りますよ」

この小林の言葉を、藤岡は今でも鮮明に覚えている。企業だから栄枯盛衰はあるかも知れない、けれども「ビューティフルキャンペーン」のことは人々の記憶から消えないということだ。実際、今となっては、スポンサーが富士ゼロックスであったことを忘れている人は多いが、「モーレツからビューティフルへ」という言葉そのものは人々の記憶にとどまっている。

「広告市場で、あれだけの形で社会的なメッセージを打ち出していったキャンペーンは、未だにないと思う」

こう語る小林は、「ビューティフルキャンペーン」を通して、企業と社会のあり方について、ある確信を掴んだようだった。それを藤岡は、こう解説している。

「企業が存立しているのは、社会という土壌があるから。土壌から養分を吸って木が大きくなるように、企業も社会があってそこから生まれ育っていく。自分だけが儲かればいい、自分だけが大きくなればいい、というのは違う。企業は自分の基盤となる社会の、その価

値を増やすために行動しなければならないんじゃないかな」

これは、近年よく言われているCSR（企業の社会的責任）に通じる。小林は一九七〇年代初頭には既に、「企業は社会に貢献するもの」という考えを持っていたということになるだろう。ここに小林の「正しい判断」の原点の一つがある。

キャンペーンから一〇年ほど経って、小林はこう振り返っている。

「ゼロックスの文化的役割を、〝モーレッツからビューティフルへ〟という提言のなかに集約的に表現したわけです。機械文明の進歩がすすむ中で私たち人間は、より創造的な、より人間的な分野に解放されなければならない、その架け橋にどうしたら富士ゼロックスがなれるのか、という観点に立って、一生懸命に考えた」（JMAニューズ一九八一年一二月号）

その後も、藤岡はさまざまな企画を、小林に提案している。前述した「ザ・スペシャル by XEROX」も、実現した企画の一つだ。藤岡の提案はほとんど入れられたが、同じ電通でも受け入れられなかった企画は多い。

「小林さんは、やるとなったら決断は早い。価値判断の早さと言っても、言葉が足りない。それ以前に、大きな素養・教養みたいなものがあって、その琴線に触れるかどうかみたいなところがあった。僕は立っている地平が同じというか、何となく分かり合えるところがあったので、琴線を鳴らすことができた。でも、いろんな人がプレゼンをするなかで、ダメな時はどんなに説得しても無理でしたね。一面、頑固と言うか、自分の信念に忠実と言うか」

そういう時の小林は、腕をグッと組んで、黙って話を聞いていた。「腕を組まれると、まずダメだった」と藤岡は話した。藤岡に限らず、「腕を組まれるのは、ノーのサイン」と何人もの関係者が、本書の取材インタビューで語っている。

小林と藤岡は、よほど琴線が触れ合ったのだろう。その発端となったのが、「人間と文明」シリーズや「ビューティフルキャンペーン」だった。小林は「ビューティフルキャンペーン」について、こう述べている。

「結果的に、このキャンペーンをできたこと自体が、その後社長、会長を務めていくなか、いろいろな場面で判断する上で、非常にいい経験になった」

「ビューティフルキャンペーン」から、小林は自分の価値観に対して大きな自信を得たのである。

第3章

「一番の仕事」はTQC

半年だけ、お付き合い下さい。
半年頑張っても可能性のかけらさえないというのなら諦めます。

「一枚一〇円」のコピー市場を拓く

富士ゼロックスは一九六二年二月に、ゼロックス複写機の販売会社として設立された。アメリカのゼロックス・コーポレーションが開発した複写機を、富士写真フイルムとその系列会社の岩槻光機がライセンス製造し、富士ゼロックスが販売するという仕組みである。

ゼロックス・コーポレーションは一九六〇年、「914」という事務用複写機の開発に成功している。これは世界初の普通紙複写機であり、コピーの質においても、従来の機種を大きく凌駕していた。まさに「複写機の革命」と言えるものだった。「914」はアメリカとヨーロッパで大ヒットし、ゼロックス・コーポレーションの躍進の原動力となった。日本でも一九六三年に岩槻光機で国産化が始まり、富士ゼロックスの初期の主力商品となる。

その頃の日本のコピー市場は、ジアゾ式と呼ばれる湿式の複写が主流だった。アンモニアの臭いのする湿ったコピー、いわゆる青焼きである。富士写真フイルムは既に転写用複写紙を用いた乾式の「ネオコピー」を発売していたが、これは操作が複雑でコストが高かったため、広くは普及しなかった。富士ゼロックスの「914」は、ボタン一つで簡単にコピーが取れ、しかも普通紙を用いた乾式であった。このＰＰＣ（普通紙複写機）は、日本でもコピー革命を起こすことになる。

さらに、富士ゼロックスは、販売方法でも革新的な制度を導入した。レンタル制である。競合他社の複写機が売り切りなのに対して、富士ゼロックスは、複写機そのものは貸すだけで、一枚一枚のコピーに対して料金を取ったのである。当時、日本ではレンタルそのものが珍しく、世間の耳目を集めた。

これは、ゼロックス・コーポレーションのやり方を踏襲したものだ。ゼロックスの複写機は、性能は良いものの、高価なことが問題だった。それを解決したのが、レンタル制である。ＣＥＯのジョー・ウィルソンが決断したもので、「一枚のコピーに、ニッケル貨一枚（五セント）」がキャッチフレーズであった。

富士ゼロックスも、高価な複写機それ自体を売り込むよりも、レンタル制を採用し、市場シェアを獲得しようとしたのである。悩みどころは、コピー料金を一枚いくらにするかだった。初めての試みだから、一体どのくらい複写機が置かれるのか、そこでどれだけのコピーが取られるのか、見当がつかなかったからである。

大雑把に言えば、当時一枚当たりのコストは、ジアゾ式が三～四円、「ネオコピー」が三〇～四〇円。市場としては、ジアゾ式の方が圧倒的に大きい。しかし、単価は安い。三〇〜四〇円の市場なら、富士ゼロックスも十分な利益を確保できるが、広がりは望めない。どのようなマーケティングを行うべきか迷っている時に、小林陽太郎はウィルソンから目を開かれる言葉を与えられたという。

「ゼロックスの複写機は操作も簡単で、失敗もない。ただ一枚三、四円の価格は考えられない。三〇、四〇円の市場なら、性能もコストも楽勝だけれども、市場が小さい。どのような販売計画を作り、それに基づいてどう経営計画を作ったらいいのか、頭の痛い問題でした。そんな時、ウィルソンさんが僕たちに言ったのです。『今ある市場をどう置き換えるかと考えていたら、絶対にゼロックスの市場はできない。我われは新しいゼロックスの市場をクリエイトしていくのだ。それがゼロックスの使命だ』。この言葉で、僕たちは新しい市場を創造していこうと、心が決まりました」

結局、富士ゼロックスは、一枚一〇円というコピー料金を設定する。当時、電話が一通話一〇円だったことを考慮したものだが、一〇円のコピー市場を新しく創造していくという決断だった。

従来の日本製複写機を大きく上回る性能と、レンタル制のため初期投資が少なくて済むことによる割安感が、顧客を捉え、富士ゼロックスは急成長を遂げる。アメリカで開発された複写機を日本に合うように仕様を変える作業（湿気対策やB４対応など）は必要だったが、富士ゼロックスは創業から一〇年ほどは、ゼロックス・コーポレーションの指示に沿って生産された複写機を販売していれば良かったのである。この間、富士ゼロックスの売上げは年率で平均五〇%の伸びを示した。富士ゼロックスは、日本のコピー市場を席巻していった。

石油ショックで、会社存亡の危機に

しかし、急成長の陰で、不安が忍び寄っていた。ゼロックスの複写機は、ゼログラフィーという技術を基礎にしていることは、先に述べたとおりである。ゼロックス・コーポレーションは、このゼログラフィーの各種特許を取得し、独占的に使用することで、優位な製品を世に送り出していた。そのゼログラフィーの基本特許が、一九六〇年代後半から順次期限切れとなり、七〇年には重要な特許はほぼ消滅する。

この頃から、競合会社であるリコーやキヤノン、小西六（現・コニカミノルタホールディングス）もPPC製品の開発生産に本腰を入れ始める。また、シャープや東芝などがPPC市場に参入してくるのも一九七〇年前後だ。

もちろん、富士ゼロックスも特許切れについては予め承知しており、市場調査をはじめとして対策には力を入れていた。「しかし」と小林は振り返った。

「当時としては、これ以上はないくらいのマーケットリサーチもしましたし、競合相手の情報も集めたつもりでした。十分に準備はしたつもりでしたが、いざフタを開けてみると、事態は違っていた。特に、競合他社さんは、こちらの予想を上回る製品を生み出してきました。私たちの準備は頭のなかだけで、現実とは食い違っていたということです」

それまで、ゼログラフィーの独占技術によって、特に高速機市場で圧倒的な強みを発揮し、「コピー市場の雄」と言われるほどに成長してきた富士ゼロックスは、競合他社を少し甘く見ていたということだろう。なにせ、一九六〇年代は、中型機の「９１４」やその後継機、それに続く小型機の「８１３」、さらに大型機の「２４００」が揃い、販売も順調に伸びていたからだ。競争相手を意識しない企業体質が出来上がっていたのである。

むしろ、生産が販売に追いつかない場面が出てきたことの方が、富士ゼロックスとしては懸念材料だった。それを解消するため、富士ゼロックスは一九七一年四月、富士写真フイルムから竹松工場を譲り受け、同時に岩槻光機を統合する。この製販合同によって、富士ゼロックスは販売会社から、生産から販売までの一貫体制を持つ会社に生まれ変わったのだ。翌七二年二月には、富士ゼロックスが自ら立ち上げた海老名工場が完成し、開発部門も充実する。

一九七〇年代初めまでは、競合他社の追い上げはあったものの、富士ゼロックスは順風満帆で進んでいた。ところが、一九七三年一〇月の石油ショックを機に、その様相は一変する。原油価格の高騰、それに伴うインフレーションは、富士ゼロックスを直撃した。

当時、営業本部長だった小林は、七四年一月から販売価格の値上げを決める。値上げ幅は八・八％。競合他社も同様の値上げに踏み切ったため、影響は比較的小さかった。七四年度の富士ゼロックスの解約台数は、前年比二七％増にとどまっている。

しかし、富士ゼロックスの場合、この値上げだけではコストの上昇分を吸収し切れなかった。販売拡大の成功要因となったレンタル制が、インフレーションのなかでは、逆に足かせに変わったのである。レンタル制は、機械の製造原価や販売経費などを長期的に回収するシステムである。急激なインフレーション経済の下では、既存の価格体系では対処できないという欠点があったのだ。

富士ゼロックスは七五年一月から、二度目の値上げを断行する。値上げ幅は、一〇％だった。予想外だったのは、競合他社が今回は値上げしなかったことだ。富士ゼロックスだけが行った二度目の値上げ。これが、富士ゼロックスの屋台骨を揺るがす事態を招く。小林は、当時の様子をこう語った。

「石油ショックで、企業はみんな懸命なコスト削減を行いました。そのなかで、複写機も、

『富士ゼロックスさんのものは、性能はいいけれど高いので、今回は一度返させてもらって、景気が良くなったら、また使わせてもらうよ』というお客さまが急増しました。こちらも、性能には自信を持っていたので、お客さまはまた帰ってくると思っていました」

ところが、石油ショックの波が収まっても、顧客は帰ってこなかった。七五年度の解約率は、前年比二〇七％、つまり前年の二倍以上の解約が発生したのだ。深刻だったのは、二年前に発売し、販売台数の四割以上を占めていた小型機「２２００」の解約が、前年の三倍近くに達していたことだった。

「うちのお客さまが、他社の機械に乗り換えてみたら、意外にいいと感じたのでしょう。きちんとコピーできるし、乾式でしかも安いと。そうなると、お客さまは帰ってきてくれません。天国から地獄へではないですけれど、あの時は会社が潰れるのではないかと思いました」

小林の危機感は大げさではない。レンタル商品は、顧客が要らないと言えば、明日にも返品され、その日から売上げが立たなくなる。次の時に機械を買ってくれないのとは違い、影響がすぐに出るのだ。

競合他社の追い上げが激しい中型・小型市場で、富士ゼロックスは窮地に追い込まれていく。大型機が主力の富士ゼロックスは、コピー枚数で見れば市場シェアの過半を取っていたが、複写機台数で見れば市場シェアは減少していた。

富士ゼロックス複写機の新規設置台数を見ると、七三年は一万七六〇〇台で市場シェアは五二％。七四年は一万五六九七台で四七％。七五年には急減して二六〇五台で、シェアは七％まで落ちている。この間の富士ゼロックスの既設置分も含めた台数市場シェアは、七三年が七一％、七四年が六四％、七五年が四九％とつるべ落としで下がっていった。

七五年の急激な落ち込みは、富士ゼロックスが二度目の値上げを行ったことに加え、リコーが同年二月に発売した「ＤＴ１２００」という卓上型の小型複写機が大ヒットしたことの影響によるものだ。

ちなみに、リコーは七一年一一月からＴＱＣ（Total Quality Control ＝全社的品質管理）を導入し、七六年一〇月にはＴＱＣの進歩に功績があったものに贈られる難関として知られるデミング賞を受賞している。「ＤＴ１２００」は、ＴＱＣを進めていく過程で生み出された製品だった。

富士ゼロックスは七四年度決算で、初めての減益を記録する。売上高こそ六九〇億円と前年比二七％増だったものの、経常利益は八一億円で六％減、当期利益は三〇億円で二八％減となった。そして翌七五年度になっても、前述のとおり解約は増え続け、台数シェアは激減していく。まるで底の見えない穴に落ちたような有り様だった。富士ゼロックスは今や、存亡の危機に立たされていた。

トップダウンによるTQCを

富士ゼロックスの社内に危機感が漂う一九七六年一月。後にNX（ニューゼロックス）運動推進室長として、TQC導入の事務局を担うことになる土屋元彦は、一つの提案書をまとめた。「企業体質改善に対する提言」と題され、本文は手書きで三ページ、それに参考資料が三〇ページほど付いていた。

内容は過激である。「当社体質上の問題点」として、以下の三点を挙げてあった。

①真の問題点を把握することなしに、対症療法的なプロジェクトが横行している。

②その結果、社内の計画は各部門ともに目標を達成し、成果があがっていることになっているにもかかわらず、シェア、利益とも低落傾向が強まっている。

③各人が他人の欠点と自分の良さばかりを主張し、相互に足の引っ張り合いをしている。

提言書は、こうした企業体質を改善するために、TQCの導入を強く求めていた。TQCの基本である科学的管理法による「問題解決のプロセス」を重視し、これによって社内協調の絆として、問題点の発見に取り組む姿勢を生み出すことが必要、と指摘している。

問題解決のプロセスとは、PDCAつまりPlan（テーマの選択と目標の設定）→Do（対策の検討と実施）→Check（改善効果の確認と標準化）→Action（残された課題と今後の進め方）を繰り返すことで、これにより問題の根本原因を発見し、問題の再発を防止しようとするものである。一般的には、QCストーリーとも呼ばれている。

このPDCAを各部署が取り入れることで、仕事の結果をデータで判断し、責任の所在を明確にして、他人に責任を転嫁することなしに問題解決を図る。それによって、部門間の協調も得られるというものだ。提言書の最後には、こうあった。

「TQC運動をトップみずからが先頭に立って、全社運動として展開するならば克服できるであろう。とくにトップのTQCとしては、その原点をトップによる診断に求めて、富士ゼロックスのウィークポイントの正しい把握から始めることが有力な手段となろう」

つまり、TQCはトップのリーダーシップによって行われるべきものであるということだ。土屋が強調したかったのは、この点にあった。

実は、富士ゼロックスは一九七二年から生産部門にQC（Quality Control＝品質管理）を導入している。当時専務だった庄野伸雄が推進したものだ。七一年に製販合同は成ったものの、富士写真フイルム傘下だった竹松工場、光学機械を得手としていた岩槻工場、サービスメンテナンス中心の富士ゼロックスと、三者三様の技術文化が共存していたのである。

庄野は「三部門で話が通じないんだ。特に、マネジメントの話が合わない」として、QCを導入することで部門間の意思疎通を円滑にできるようにと、土屋に指示した。

これを受けて、土屋は品質管理の講師陣を外部から招き、QCの導入を図ってきた。中心となったのは、東京大学教授の朝香鐵一。当時六〇歳少し手前で、技術・生産部門の全部課長に対する指導を担当した。他に、実験計画法の大家である青山学院大学教授の田口玄一が技術者たちへの、水産庁統計室長の鐵《くろがね》健司が生産現場への（のちに営業現場も）指導に当たった。少し遅れて、NASA（米国航空宇宙局）で信頼性管理法を学んで帰国したばかりの東京工業大学教授の真壁肇が、開発分野の指導に加わった。

いずれも、日本を代表するQCの指導者たちである。ただし、一九七二年から七五年までの三年間に、富士ゼロックスを指導したのは開発・生産の部門だけであり、全社的な品質管理活動つまりTQCへとは広まっていなかった。

七五年の暮れも押し詰まった頃、土屋は庄野に呼び出され、こう告げられる。

「土屋君、俺は来月で引退だよ。君、QCを頼むね」

普段は「君どう思う？　君の思うとおりやりなさいよ」としか言わない庄野に突然引退を告げられ、最後にQCそしてその先のTQCを進めるように指示されて、土屋は驚いた。

実際、翌七六年一月には、小林節太郎が会長に、庄野伸雄が副会長に退き、新しく社長には吉村壽雄が、副社長には小林陽太郎が就任する。

しかし、七五年一二月の時点では、土屋には新経営陣がどうなるのか分かっていなかった。ともかく、土屋はチーフ格で指導に当たってもらっていた朝香の元を訪れ、事情を話した。朝香は突き放すように、次のように言ったという。

「それじゃ、もういいじゃないか。富士ゼロックスはもういいんじゃないか、やめるよ」

慌てた土屋は、庄野の顔を思い浮かべて必死に頼み込んだ。その様子に、朝香も折れて、こう言った。

「次のトップが誰になるのか、君も分からないだろう。私も分からない。けれども、次のトップがやると言うのなら、私もやってもいいよ」

朝香は、開発・生産部門のQCだけではなく、富士ゼロックスにはトップダウンによる全社挙げてのTQCが必要だと感じていたのだ。土屋も同感だった。

七三年の石油ショックを境に、富士ゼロックスは創業以来の危機に陥っており、それを立て直すためには企業体質を改善する必要がある。それにはTQCを取り入れるしかない。しかも、経営トップが自ら陣頭指揮に立つことが不可欠だ。

そう考えた土屋が、精魂込めて書き上げたのが、先の「企業体質改善に対する提言」だった。三ページの提言に続く資料編の一番目には、リコー「DT1200」に関するものが付いていた。

「半年やって駄目だったら、諦めます」

土屋がしたためた「企業体質改善に対する提言」は、上司だった生産開発担当常務の平井篤を通じて、全役員に配布される。しかし、土屋の提案書を真剣に取り上げようとする役員は、ほとんどいなかった。ただ一人、副社長に昇進したばかりの小林陽太郎だけが、土屋を部屋に呼んで根掘り葉掘り問いただした。土屋は緊張のあまり、何を答えたのかさえ分からなかったという。ただ最後に「私は、朝香先生から三年間習ったことだけを書きました。ぜひ、朝香先生に会って下さい」と頼んだ。小林は気軽に「ああ、いいよ」と応じた。

ほどなく土屋は、東京・四谷の料亭白紙庵に懇談の席を設けた。小林が朝香と会うのは、この時が初めてである。朝香は、一緒にQCの指導をしていた鐵と真壁を伴って現れた。小林と土屋にしてみれば、「これからTQCに取り組みたいので、引き続きご指導をよろしく」とお願いする機会とばかりに考えていた。ところが、すぐに小林は当惑することになる。のっけから朝香は、こう切り出したのだ。

「こういう席を設けて頂いて誠にありがとう。今日は、副社長が見えるということで、いい機会ですから、今後の指導をお断りしたいと思っています」

朝香は、三年ほど富士ゼロックスの技術陣を指導してきたなかで、その問題点を挙げていった。問題点というよりも、不満と言った方がいいかも知れない。詰まるところ、朝香はこう訴えたのである。

今まで指導してきて、その進歩の遅さには呆れた。こんな頑固で素直でない会社は見たことがない。QCに経営トップは絡んでないし、上司は部下がなってない、部下は上司が分かってないと繰り返すばかり。こんな会社とは付き合えない——。

横で聞いていた土屋は「いやー、失敗だった。もう、ダメだ。小林さんに申し訳ない」と心の中で落胆した。ところが、朝香たちとの会食が終わった後、小林は土屋を呼び止め「明日、朝九時に私の部屋に来なさい」と言い渡したのである。

翌朝、部屋を訪れた土屋に、小林は「TQCはやるよ。やるには、どうしたらいいのか考えて欲しい」と告げた。土屋は即座に「朝香先生のところに、副社長が直接行って頼むしかありません」と答えた。小林の決断は早い。「ああ、行くよ」と言うと、その場でスケジュールを確認し、土屋に朝香へ電話させる。それまで、多忙な朝香の時間を押さえるのに四苦八苦していた土屋は、おっかなびっくりで電話した。

しかし、朝香の反応は「待ってました」というものだった。会合の予定も、小林に合わせてすんなりと決まる。こんなことは、それまでなかった。土屋は、その時に感じたことを、こう話す。

「きっと、朝香先生は経営トップの感度を試していたんだと思います。断られた翌朝、朝一番で電話が来るかどうか。そうした感度、やる気があるのか、どうか」

その後、小林は一人で朝香に会いに行った。小林としては、「ぜひ半年だけ、お付き合い下さい。半年頑張っても可能性のかけらさえないというのなら諦めます」と訴えるしかなかった。朝香は、そうした小林の態度を了とする。いや、朝香はむしろ喜んでいるように見えた。

朝香との会談で好感触を得た小林は、すぐに土屋を呼んで「やって下さい」と告げる。「ただし、TQCとは言わずに、ニューゼロックス（NX）運動にしよう」と付け加えた。小林は朝香の話を聞いて、TQCは生産部門の品質を向上させることだけが目的でなく、会社全体を新しい体質に生まれ変わらせようとするものだと感じたのだ。新しい富士ゼロックスを作る。そのためのTQCということだ。小林は早くも、TQCの本質を鋭く見抜いていたことになる。

TQCと言うと、どうしても品質管理をイメージしてしまう。新しい企業体質を作ろうという意味合いを訴えるために、小林は「NX運動」という呼び名を考えたのだ。小林の頭のなかには「ニューというのは少し陳腐だが、TQCは終わりのない極めるところのない改善活動であり、常に新しいものを目指すという意味でのニューでもある」という思いがあった。石油ショック以来、経営が苦境に立つなか、NX運動がついに産声を上げたのである。

今でも、「富士ゼロックスで成した仕事で、一番は何か」と問われれば、小林は「何と言ってもTQC」と答える。それくらい思いのこもった仕事だった。

ところが、今やそのTQCの大変さを身をもって経験した社員が少なくなっている。いや、中堅社員はおろか役員のなかでも一握りくらいのものだろう。

「今の若い人たちにTQC、デミング賞と言っても、私が社会に出た頃に日露戦争のことを聞いたのと同じような感覚だろう。話としてはおもしろいけれども、実感が湧かないと思う」

こう語る時の小林の表情には、今の富士ゼロックスへの危惧と少しばかりの無念さが滲んだ。

「格好つけるために、やるんじゃない」

ＮＸ運動は、正式には一九七六年五月、小林陽太郎名の副社長通達によって開始される。そのなかには、ＮＸ運動の合言葉として、①管理のサイクル（ＰＤＣＡ）を身につけよう。②５Ｗ１Ｈを活用しよう。③重点指向を行おう。④失敗や問題の再発を防止しよう。⑤事実（データ）でものを言おう。⑥生きた標準化を進めよう——が盛り込まれた。

同時に、ＮＸ運動の基本方針も発表されている。①顧客の期待に応える品質の提供 ②競争に勝つ販売力、技術力の強化 ③トータルコストダウンへの挑戦 ④創造的行動力の発揮——というものだ。

もっともらしい項目が並んでいるが、朝香は「決まっちゃったのなら、仕方ないか」と不満げだった。朝香にとって、ＴＱＣを行う目的は明確である。

「競争に勝つこと。格好つけるために、やるんじゃない」

この目的に一つの迷いもなかった。その朝香にしてみれば、先の基本方針は、生ぬるく感じられたのだ。

朝香の先の言葉は、小林の胸に澱のように沈殿していた。副社長の小林以下専務三人と常務二人は一九七六年七月、軽井沢で日本科学技術連盟が主催した五日間の「品質管理重役特別コース」に参加する。日本科学技術連盟は、品質管理の功績を讃えるデミング賞を運営している団体だ。

軽井沢から帰ってきた小林は「朝香先生が、方針がダメだという理由が分かった」と言って、東京・永田町の東京ヒルトンホテル（現・ザ・キャピトルホテル東急）で、三日間の役員合宿を開く。NX運動の目標を練り直すためだ。

なぜ売れないのか。なぜ利益が落ちてきているのか。原因は何だ。問題点はどこにある。まさにQCストーリーによる問題解決の手順に沿って、話は進められた。しかし、初日は、責任のなすり合いが続く。営業担当は「売れる商品がないからだ」と言う。開発担当からは「いいものを作っても、故障ばかりだ」、生産担当からは「現場は必死にやっている。もっと売る努力をして欲しい」という意見が出された。

事務局として立ち会っていた土屋は、ハラハラして役員たちの話し合いを聞いていた。責任のなすり合いが段々と影を潜め、建設的な意見が出始めたのは、二日目だったという。それらの意見を、土屋がカードに記し分類して、役員たちに見せる。そうしてまとまったのが、NX運動の四つの目標だ。

①市場ニーズに合致した新製品の早期開発

②徹底的重点指向による営業力強化
③源流に遡り全社一丸となったコスト合理化
④新しい基礎技術の積極的導入

なかでも、「新製品の開発」と「営業力の強化」は急務だった。

背景には、競合他社に追い上げられて、中小型機市場での落ち込みが激しいことがある。商品を大型機中心のゼロックス・コーポレーションに頼っているだけでは、富士ゼロックスは滅んでしまうという危機感が強く滲んでいた。

営業面では、それまで強い商品力にものを言わせた「個人プレー」がまかり通っていた。「KKD」方式と呼ばれるK（勘）とK（経験）とD（度胸）による営業だ。とにかく顧客になりそうなところに、複写機をデモンストレーションとして持ち込み、試しに使ってもらって、後は夜討ち朝駆けで成約を迫るという手法だ。

石油ショック前の一〇年間は、これで売上げはグングン伸びた。多額のインセンティブを稼いだ営業マンも少なくない。「ボーナスの紙袋が立った」とか、「札幌ラーメンを食べに行こうという話になって、本当に札幌に出かけた」という逸話が残されているくらいだ。

それが気が付くと、今や商品力でも営業力でも、一敗地にまみれようとしている。

一方で、小林は朝香から言われたことが、頭から離れなかった。

「私は、リコーさんの指導もしてきた。自分が知ってる限り、リコーさんも他の競合会社も、富士ゼロックスは雲の上の存在だと感じている。ちょっとやそっとでは勝てない。だから、泥臭い営業もいとわない。必死に喰らいついてきているんだ。富士ゼロックスが浮かれて格好だけをつけているということであれば危ない」

朝香の言わんとすることは、「富士ゼロックスは、コピー市場で『雲の上の存在』であり続けろ。それを目標に、努力せよ」ということだった。逆に言えば、「少しばかり他社より優れた商品やサービスを提供するくらいでは、富士ゼロックスは存在価値がない」という叱咤である。

朝香はよく「ダントツ」という言葉を使った。ただのトップではなく、頭一つ完全に抜け出したトップ。それが、ダントツの意味である。このダントツこそが、朝香が富士ゼロックスに求めたものだった。ダントツになるためには、ダントツの商品を開発して、ダントツの営業力で売りまくらなければならない。それを実現するためのTQCなのだ。

結論から言えば、富士ゼロックスはTQCを通して、「ダントツ商品」の「FX3500」を開発し、一方で販売のプロセスを管理する「科学的営業手法」を生み出した。しかし、それらの成果を手にするには、NX運動が始まって数年を要した。

NX運動が始まった一九七六年時点では、その効果に対する疑問の声も聞かれたし、なかでも営業マンたちにとってTQCは自分とは無縁の世界のことと感じられた。いや、無縁どころか、抵抗感や拒否感を抱く者がほとんどだった。そこは、小林も意識していた。

「社員のみんなを乗っけて、TQCをやっていけばなんとかなると思わせるには、結果を出さないといけないと思いました。TQCは正攻法的にステップを踏んでやり続ければ、いずれ成果は出る。だけど、富士ゼロックスの体質から見て、それでは続かない。結果を見えるようにしながら、引っ張っていかなくちゃならないと。TQCは会社を良くするだけじゃなくて、競争に勝つためにやるんだ。お客さまから『やっぱり富士ゼロックスの方がいいな』と言われるようなモノやサービスが提供できるようになることが大事で、しかもそれが一回で終わらず二回、三回と続いていくことを、目指したわけです」

際限のない「なぜなぜ問答」

NX運動は、指導に当たった朝香、鐵、真壁の三先生の指導会を軸に展開していく。指導会はほぼ月一回のペースで、朝香が役員と部課長クラスを、鐵が生産と営業の現場を、真壁が開発を担当した。

これらの指導会に特徴的だったのは、TQCの講義を行ったのではなくて、実際に起きている問題を取り上げ、共に解決策を追求したことである。ある指導会で、問題点が提起されると、その原因を探り対策方法を立てる。現場では一ヵ月間、その対策を実行する。翌月には、その対策の効果と新たな改善点が提起され、また実行に移される。この繰り返しだから、現場は休むことなく次々と改善を重ねていくことを求められた。

例えば、工場の場合。製品を一〇〇個作ったが、そのうち不良品が一五個あったとする。「なぜ」不良品が出たのか。一五個の不良品という事実を基に、その原因を探っていく。組み立てラインで従業員の熟練度にバラつきがあったとか、組み立て前の部品の段階で不具合があったとか、仕入れ先企業との意思疎通が上手くいっていないとか、さまざまな要因が浮かび上がる。それを、一つひとつ突き詰めていき、改善を図るのだ。

だが、一つ問題点を改善すると、次の問題点が浮かび上がってくる。不良品を限りなく少なくするために、「なぜ」が何回も繰り返されることになった。

片や、営業の場合。商品をたくさん売るために、アプローチする顧客を増やしたけれども、実際に買ってくれた顧客は増えなかったとする。「なぜ」なんだろう。一人の顧客へのアプローチ回数が少なかったのか、アプローチ先の選定が間違っていたのか、商品力の訴え方が弱かったのか。これも、考えられる原因は幾つもある。

それを一つひとつ改善していっては、また結果を検証して、さらに「なぜ」という原因を探し、また改善。このように、TQCでは「なぜなぜ問答」を際限なく繰り返すことが求められた。

朝香はよく「品質管理は健康管理と同じだ」と話した。

「人間ドックで病気を見つけて、治療するのと同じ。問題を見つけては、解決するのと同じだ。ただ、対症療法ばかりやっているのは、やぶ医者。薬ばっかり飲ませていたらダメだ。名医は病気の本当の原因を見抜く。そして、治療よりも、だんだんと予防へと移っていくんだ。TQCも、そうならないと」

なぜなぜ問答は、病気の真の原因を探るための手段である。真の原因を探り当てて、予防的な対処を施す。これが朝香の目指すTQCの姿だった。

また、朝香は徹底した「現場・現実・現物の三現主義」で、相手が役員であろうと、いい加減な答えや、事実に基づかない意見、そして見切り発車的な判断に対しては、厳しく叱責した。叱責というよりも、非難罵倒に近い。現場は、突然思いもしなかった指摘を受け、混乱したり、憤ったりした。

例えば、やり玉に挙がった一つが、企画部だ。三現主義の朝香は、机の上で鉛筆を舐めているような企画の仕事に対しては、特に手厳しかった。当時の企画部は、「大きな企画部」として総合企画、財務企画、事業企画、営業企画、商品企画と五つの課を配し、一〇

○人もの部員を擁していた。まさに、会社の中枢である。
企画部長だったのは、小林の後に社長に就く宮原明だった。宮原は「朝香先生は強烈なお人でした」と語った。

「ある時、君の企画の企画性はどうなんだ。計画の計画性は一体どうなってるのか。すぐに説明しろと、言われたんです。何か答えなければならないと思って、この企画の目標はこれこれで、会社の利益はこう上がる、というようなことを話しました。すると、根拠となる数字を見せろと言われる。言われても、そんな数字はありませんからね」

「企画の企画性と言われても……」と困惑している宮原に、朝香は追い討ちをかける。

「だいたい企画部と研究所というのは、煮ても焼いても喰えん。君が、この会社の源流なんだぞ。この会社が生きるか死ぬかは、お前にかかっているんだ。それが企画の企画性も説明できないでどうするんだ」

ほかにも、宮原は幾度も怒られたという。

「こういう企画をやった結果、これだけ利益が上がりました、と説明すると、『そんなものは会社がやったんだ。企画がやったなんて、おこがましい』と怒鳴られましたね。

それと、いつだか『君の職務分掌、役割を三行で書け』と命じられたこともあります。三行では難しい。けど、書いて持って行くと、『宮原、主語はどれだ。お前の文章には主語がない』という具合に怒られる。もう、その都度コテンパンにやられました」
朝香は、そうした「指導」を、上司や部下のいるなかで、どんどん行った。当然、企画部長の宮原が怒られている様子を、小林は見ている。

「小林も心配なはずですが、僕は何にも言われなかった。頑張れよとも言わない。ただ、シレッとしているだけです。その方が、むしろプレッシャーでしたが」

まるで軍隊のようだ

宮原の下で、企画課長を務めていた有馬利男も、社長を経て相談役になった今でも、当時の辛さを忘れてはいなかった。

「当時は若かったから、むかっ腹も立ちました。企画書は僕が書いて、それを部長がプレゼンする。それをコテンパンにやられるのですから。いろいろとみんなの前で発表させられたのですが、『この部の基本使命は何だ』とか、『ゴールはどのあたりにあるのか』と聞かれる。ゴールと現状のギャップの要因は何か、問題を引き起こしているシステムは何か、と。要因を直すと、また新たな問題が見えてくる。それをまた直していく。それの繰り返しでした。

でも、こうやって、企業の体質は変わっていくものかと思いましたね。問題を発生させている仕組みを直さないとダメ。そうしたことを徹底的に怒られて、しごかれたという感じがします」

朝香の指導ぶりは、役員に対しても徹底していた。ＰＤＣＡ（Plan→Do→Check→Action）を回せ（繰り返し行うこと）と指示されたある専務は苦笑まじりに、ＮＸ運動推進室長の土屋にこう話した。

「過去、現在、未来にわたって、ＰＤＣＡを回していったら、長くなっちゃって。巻物みたいにしたんだけれど、しまいには六畳の部屋からはみ出しちゃったよ」

また、経営首脳部の品質管理に対する考え方を文章にする時、朝香は役員一人ひとりに自分で書かせ、それを酷評した。それまで品質管理には関係がなかった経理担当の専務は、当然のこと他の役員たちの面前で、朝香の非難をまともに浴びる結果となった。

役員指導会のあと、役員たちは富士ゼロックス本社近くの日商岩井ビル最上階のレストランで、「お疲れさん会」の食事をすることを常としていた。土屋が役員たちをそのレストランに案内した際、先の非難された専務がエレベーターのボタンを押そうとしても指が震えて押せなかったという。それほど強いストレスを受けていたのだ。

宮原の次の社長となる坂本正元は、ＮＸ運動が始まって四年後、一九八〇年のデミング賞を受審する直前に、アメリカから帰国した。TQC一色に染まっている社内に、居場所がなかったという。

「日本に戻ってみると、デミング賞の審査を受ける一ヵ月か二ヵ月前で、みんなから『お前は隠れていろ』と言われました。朝香先生たちが現場に来てガンガンやっている時で、何も知らない私が変なことを言わないようにということでしょう。傍で見ていて、これはまるで軍隊だな、と思ったものです」

突然、NX運動の嵐のなかに立ち入ってしまった坂本としては、素直な感想なのだろう。

現社長の山本忠人は、NX運動が始まってほどなく、イギリス駐在から帰ってきた。帰国後、海老名工場勤務になるが、「TQCにはびっくりした。軍隊みたいで、好きになれなかった」と話した。

「先生に怒られて右往左往する上司を見て、最初これはレベルが低いなと感じました。いい上司で、僕たちをかばうわけです。部長がいじめられていると、僕がいじめられている気分になった」

だが、学びも多かった。

「僕は、アメリカのゼロックスが作った機械を、日本化するのが主な仕事でした。だから、カスタマーインなんて考えなかった。音がうるさくても、電力を喰っても、関係なかった。

ところが、競合他社はそうしたこちらの弱みを突いてシェアを取っている。

ＴＱＣで売れない原因を探っていくうちに、開発や設計の段階で、お客さまのニーズ、市場の要求をきちんと聞いていかなければならないことが分かりました」

ＴＱＣの基本はＰＤＣＡを回すことにある。それも、経営の各段階で行う。小さなケースは、ある製品について、その不良をなくすためにＰＤＣＡを回すことだ。大きなケースは、新製品を出すためのＰＤＣＡである。市場調査を徹底的に行い、設計し、生産して、世の中に送り出す。市場の反応を調べて、また設計・生産して、世に出す。この繰り返しだ。

山本はこのＰＤＣＡを知って、それまでのプロダクトアウト的な生産の欠陥に気が付く。そして、顧客を満足させる商品こそ、開発しなければならないと考え直したのだ。

現在、山本は社長として「顧客満足」の重要性を、口を酸っぱくして訴えている。その原体験は、ＴＱＣにあった。

「ＴＱＣの鬼」朝香鐵一という人物

時には厳しすぎると思われる朝香の指導の下、ＮＸ運動を展開した富士ゼロックスでは、役員は役員で、中堅は中堅で、若手は若手で、それぞれが苦闘していた。しかし、彼らは最後までNX運動をやり抜こうとした。何が、彼らを突き動かしていたのか。有馬は、こう話した。

「やはり小林社長の態度が大きかった。本当に自ら変えていくんだという姿勢を示されていた。あんなに格好いい人が、心から朝香先生に師事している。それが明らかなんです。僕なんか若気の至りで、むかついたり憤慨したりしていましたが、小林さんは違った。その姿を見ていると、これはちょっとただごとではないなと思いました」

同じような話は、宮原からも聞けた。軍隊のようだったと述べた坂本も山本も、小林のTQCに対する必死の姿勢は伝わってきたと振り返っている。

朝香でさえ、雑誌のインタビューに答えて、こう語っている。

「社内に特別スタッフをつくりますから、先生、そこでやってください、ということでは、私はお引き受けしないんです。しかし小林社長は、そこのところを非常によく理解して自ら先頭に立たれた。指導を始めてみると、小林社長は非常に卓越したセンスを持っていて、まあ、あっさりいえば、私はこの人に惚れ込んだんだ。この人がこれだけやる気でいるならば、と思ったんです」（プレジデント一九八一年四月号）

実際、土屋の記憶によれば、四年にわたって毎月開かれた朝香の指導会に、小林は一回も休むことなく出席した。指導会は毎回、午前一〇時に始まり夕方五時頃まで続く。その間、朝香は激しい口調で、参加者たちをやりこめた。小林は、その様子をじっと聞いていたという。

指導会が終わると、小林は土屋を伴って、朝香と赤坂日枝神社の境内にある山の茶屋で食事をするのを常としていた。名物のうなぎをつまみに、朝香は酒を飲みながら、変わらず叱責を続ける。もっとも、やり玉に挙げられるのは土屋だけだ。TQC絡みのことはもちろん酒の飲み方まで、土屋は怒られ続けた。

「例えば、私が酒の席で真面目くさって、仕事や指導会のことばかりを聞いていると、朝香先生は『お前は、本当に』と怒られました。『こういう席では、仕事の話が三分の一、文化の香りがするような話が三分の一、あとは下世話な話をしろ』という具合です。小林さんも、そうやって和式の付き合い方を勉強されたんじゃないでしょうか」

朝香は土屋を叱責することで、小林にいろいろなことを教えていたということだ。小林も朝香のことを「第二の父」と敬っていた。

「僕は若くして、四四歳で社長になりました。あまり構えたりするタイプじゃなかったと思うけれども、やっぱり相手が社長となれば、周りは言いにくいことも増える。朝香さんは、我われの耳に痛いようなことをバンバン言われる。うちの役員だけじゃなくて、僕も

『もう少し言い方があるんじゃないか』と思わなかったわけじゃないけど、あれだけダイレクトに苦言や提言をしてくれる人はいない。会社に対する苦言、提言は、富士ゼロックスに可能性があればこそのことでしょう。そして、会社に対する苦言、提言は、僕自身に対する苦言、提言と全く同じ意味です。そうしたことは、なかなか聞くことはできない」

小林は若いながら、朝香の歯に衣着せない苦言や批判を受け入れる度量を持っていた。その裏には、朝香への信頼感があった。

「朝香さんは、多くの企業を指導されていたし、人生経験も豊富。だから一面で『たぬき親父』みたいなところもあります。でも、朝香さんの素晴らしいところは、本当に率直なところ。人に対しても率直さを求めるけれども、ご自分も徹底的に率直であり続ける。だから時には、聞くに堪えない場面も出てきます。たぶん朝香さんは、その率直さは必ず分かってもらえると思っていたはずです。逆に、この率直さが受け入れられないのなら、さっさと諦めようという感じでやっていたのでしょう」

小林が今でもよく口にする朝香の思い出がある。第一回目の役員指導会でのことだ。その指導会は、朝香の「まず何が問題なのか話して欲しい」という問いで始まった。秘書さえいない役員だけの場。何人かの役員から、「日本のトップ企業に比べると、わが社は人材が乏しい。我われは分かっているのだが、中堅どころが今一つで」という意見が出された。それを聞いていた朝香は、怒ったように発言しだした。

「私は、トヨタさんも、コマツさんも、ブリヂストンさんも指導してきた。日本の優れた企業を見てきたが、富士ゼロックスの社員が他の会社に比べて劣っていることはない」

そう、はっきりと宣言した後で、朝香は次のように続けた。

「問題は、社員の能力がどれだけ発揮されているか、ということだ。トヨタさんの場合は、七〇%くらい発揮されている。富士ゼロックスは良くて三〇%だ。社員の質がいいとか悪いとかじゃない。その能力を発揮させてないだけだ。トヨタとの差を作っているのは、あなたがた役員の責任だ」

この第一回役員指導会は、小林に強烈な印象を残した。

「何を言ってるんだ、何も知らないで、と反発した者もいたでしょう。しかし、みんな心の底では、やられたと感じ入っていたはずです」

以後、小林のなかでは、NX運動は「人を育てる」運動としても捉えられるようになる。ダントツの新商品を開発する、科学的営業手法を確立することが、富士ゼロックスにとって極めて重要だったことは言うまでもない。だが、それと同じくらい、人材を育てたという成果も評価されていい。NX運動を通じて、富士ゼロックスの社員は、事実に基づいて現実の問題を把握し、改善点を掘り下げていくという行動を身に付けていったからだ。小林はNX運動の意味について、こう述べている。

「なぜこうなったのか、なぜこうならなかったのか、ではどうすればいいのか。それを考える人を育てていく、集団を作っていくという点で、TQCは絶対に避けて通れないものでした」

小林が、TQCを「一番の仕事だった」と述べる背景には、こうした思いがある。

さらに、TQCはその後の小林の考え方にも大きな影響を与えた。それは、「なぜ」を追求する姿勢に表れる。小林の判断の元となっているのは、この「なぜ＝Why」である。なぜ、これをやるのか。何のために、やるのか。目的そのものを問う姿勢だ。目的を上手く達成する方法、つまり「どのように＝How」の判断の前に、「なぜ」「何のために」を優先して判断するということだ。

どんどん「なぜ」「何のために」を追い求めていった結果、小林は「人はなぜ働くのか」「会社は何のためにあるのか」という問題に突き当たる。後で詳しく見るように、小林の答えは企業理念やCSR（企業の社会的責任）経営のなかに、色濃く反映されている。そして、それは小林が求める「正しい判断」の基準となった。その意味で、小林自身がTQCから多くのものを得てきたと言える。

ダントツ商品「３５００」を開発へ

「小さくてもライオン」

こうキャッチコピーが付けられた中型複写機「３５００」が発売されたのは、一九七八年五月のことだ。富士ゼロックスがＮＸ（ニューゼロックス）運動を進め、ＴＱＣ（全社的品質管理）を浸透させていくなかで、独自に開発した商品である。

発売されるや否や大ヒットし、翌七九年にはベストセラー商品となった。それまで富士ゼロックスの弱点だった中型機市場のシェアを伸ばすことに大きく貢献する。小型機並みのサイズなのに、性能は高速機並みであり、まさに「小さくてもライオン」というに相応しい製品だった。

「３５００」は、ＮＸ運動の大きな目標だった「ダントツ商品」開発の成果である。日本市場で競合他社を圧倒しただけでなく、世界のゼロックスグループへも輸出され、富士ゼロックスの技術力をゼロックス・コーポレーションにも認めさせるものとなった。この「３５００」は、富士ゼロックスがゼロックスグループにおける小型機の供給基地となる基礎を築いたと言える。小林陽太郎は「ダントツという意味で、『３５００』を超えるものはその後出ていない」と語っている。

一九七三年の石油ショックで台数シェアが激減した富士ゼロックスにとって、中小型機の開発は至上命題であった。イギリスのランク・ゼロックスとの共同開発が失敗に終わった後、七五年秋頃から新機種の独自開発の動きが強まる。その時に考えられたのは、一分間に二五枚というコピースピードを持つものだった。

しかし、翌七六年の春になって、リコーやキヤノンがそれを上回る性能の機種を開発中であることが判明する。しかも、発売時期は二年後の七八年初めと予想された。

富士ゼロックスの経営陣は驚愕した、と言っていい。改めて、競合他社の力を知り、開発予定だった新機種のスペックを見直す。この新機種が、開発コード「UCC」と呼ばれた「3500」である。

「3500」は、それまで四年かかっていた開発期間を二分の一の二年に、製造コストも従来の二分の一の四二万円（目標製造原価）に、性能は高速機並みの一分六〇枚のスピードに、という目標が設定された。期間二分の一、コスト二分の一だから、開発は今までの四倍のパフォーマンスを求められたことになる。しかも、小型機並みのサイズで、性能は高速機並み。発売は、七八年四月の予定とされた。

この計画を、アメリカのゼロックス・コーポレーションに説明したところ、「クレージーターゲット」「そんなの、できっこない」と断言される。アメリカ人だけでなく、誰が見ても、途方もない目標であった。しかし、この新機種を開発できなければ、富士ゼロックスは他社との競争に敗れ、その存在さえ危ういことになる。

「3500」開発の中心となったのは、海老名工場で設計部長を務めていた溝尾久だった。富士写真光機、岩槻光機を経て、一九七一年の製販合同で、富士ゼロックスに移籍してきた、機械系の技術者である。岩槻光機にいる時から、「4000」という高速複写機の生産を手掛けていた。

「4000」はゼロックス・コーポレーションが開発したもので、一時間に二〇〇〇枚(一分に三三枚)のコピー能力を持つ。ただし、日本特有のB判サイズに適応してなかったり、日本のように湿気の多い場所では不具合を生じたりと、日本市場向けに改善が必要だった。この「日本化」を実施し、市場に送り出したのが、溝尾である。

富士ゼロックスが日本化した「4000」は、B4サイズまで両面同時コピーができる画期的なものだったが、電源が二〇〇ボルトであることや、ドラムのクリーニングが弱くコピーにかぶり(白地が薄くグレーになる)が生じること、コピーの鮮明度が不十分などの欠点もあった。しかし、溝尾は「4000」をベースにすれば、不可能と思える「3500」の開発も何とかなるのでは、と考えていた。

「3500」開発に、正式にゴーサインが出たのは、一九七六年四月。その一ヵ月後、小林は副社長通達でNX運動の実施を伝えた。さらに七月からは、東京工業大学教授の真壁肇による開発部門へのTQCの指導が始まる。主なテーマは、「3500」だった。毎月一回、溝尾が開発の進捗状況や問題点を説明し、それを聞いた真壁が指導を行う。まさに「3500」はTQCによって、生まれたのだ。

真壁はNASA（米国航空宇宙局）で、最先端のフェーズド・プログラムを学んできていた。フェーズド・プログラムは、人類を月に立たせるというアポロ計画を、失敗なく実行するために開発された手法である。技術開発のフェーズ（段階）ごとに、厳密な評価基準を設け、それをクリアできなければ、次のフェーズに移れないというものだ。これによって、上流フェーズでの技術的ミスによる、下流フェーズでのトラブルを防止できるのだ。

開発におけるフェーズ管理の完成形は、以下のようなものとなった。開発のフェーズを三段階に分け、各フェーズが完了するごとに確認が行われ、不十分であれば差し戻される。

最初のフェーズは「コンセプト／フィージビリティー」で、市場要求に合致した商品企画と採用技術の完成度が確認される。

次のフェーズは「デザイン」で、採用技術が組み込まれた時の実現可能性や徹底したコストダウン設計が確認される。

最後のフェーズは「プロダクション」で、コンピュータによるソフト・ツールでの完成度確認や図面発行、試作品などによるハード・ツールでの工程能力の調査や生産準備活動計画などが確認される。もっとも、「3500」開発時にはコンピュータが発達していなかったため、ツールではなく専門の技術者がチェックしていた。

一見、手間隙がかかり、開発期間が長くかかるように見えるかも知れない。しかし、実際の開発では、最終段階になって、新しく取り入れた技術に不具合が見つかり、初めからやり直さなければならないということが最大のリスクとなる。これを防ぐのが、フェーズド・プログラムだ。言わば、「急がば回れ」方式である。

溝尾の下には、開発スタッフが一〇〇人ほどいた。

「後で、『溝尾さんには何回も蹴っ飛ばされましたよ』と言われましたが、僕はそんなこと覚えていませんでした。みんな必死でしたから」

そう溝尾は当時を振り返った。

縦・横のマネジメント

そんな溝尾が取ったのが、「縦・横のマネジメント」である。従来、開発部隊はトップの下に関係する課が横並びの組織となっていた。それぞれの課は、トップを通じて作業を進める。溝尾は「縦・横のマネジメント」を用いて、課の垣根を取り払ったのだ。

「縦のマネジメントでは、製品企画、コスト、性能、営業を管理するスタッフを置く。横のマネジメントでは、現像、紙送り、ソフトウエアという具合に、設計の横串を刺す。その横串には、課長なり部長なり専門の管理職を置きました」

溝尾は、「3500」開発に必要な人材を各課から出してもらい、縦・横に置き換えたのだ。

先のフェーズド・プログラムと「縦・横のマネジメント」が合わさって、新しい開発管理手法が生まれる。「刺身状開発」だ。それぞれのフェーズが、皿に盛られた刺身のように、一部分が重なりながら開発を進めることから、こう呼ばれる。各フェーズの完了は厳格に確認・管理されるが、実際の開発作業では研究・開発・生産・営業など各部門の相互乗り入れが行われる手法だ。

富士ゼロックスが生み出した刺身状開発は、一橋大学名誉教授の野中郁次郎らが一九八六年に著した「The new product development game（新しい新製品開発ゲーム）」という論文によって、世界から注目されることとなった。

それまでは、分業型の開発が最も効率的と考えられていた。ところが、「3500」のように各分野がオーバーラップする方が効率が良いということが分かったのである。野中は、その意味をこう説明した。

「オーバーラップで作業を進めた方が、部門間でいちいち言語で伝えるよりも、直感的に暗黙知（明文化されていない知恵）を共有できます。一緒に走っていれば、共振、共感、共鳴が生まれやすい。以心伝心です。暗黙知を共有すると、最初は時間がかかっても、結果的にはものすごくスピーディになる。例えば、いちいち正確な図面がなくても、ポンチ絵くらいで分かるようになります。また、前工程と後工程を意識することで、自分が全体のなかでどのように振る舞えばいいのか、分かるようにもなります」

刺身状開発は、その後も進化して、工程の全部門が肩を組みながら前に進む「スクラム型」が生まれた。今やソフトウエア開発において「アジャイル・スクラム」という手法として広く用いられている。野中は、こうも話した。

「マニュアルを作って走るというのは、人間の創造性をあまり膨らませません。自分の持ち回りが終わったら、後は頼むよという感じでしょう。刺身状やスクラム型は、みんながコミットして、一緒に考える。運命共同体で走っていくわけです。『３５００』開発の現場では、期限に間に合わせるために全員で走るしかないということだったかも知れませんが、小林さんは『刺身』という言葉を使っていたので、明確に意識していたと思います」

「3500」に残された課題

「3500」の開発は、急ピッチで進められた。競合他社のことを考えれば、一九七八年前半の発売は譲れないところだったからだ。そのため、開発早々にA3コピーを諦める。本格的なA3対応機が市場に投入されるのは、七九年の「3200」、八〇年の「4800」からとなった。

もう一つ大きな問題が浮上する。コピー速度だ。当初の計画では、一分当たり六〇枚とされていた。ところが、これがなかなかクリアできない。まず家庭用の一〇〇ボルトでは電圧が足りなかった。また、「3500」ではフレームをそれまでの頑丈な陶製から薄い板金に変えたため、速いスキャンスピードによる振動を抑えられなかった。さらに、コピースピードを上げるためには、高感度の感材が必要だが、新しい感材を工夫しても思うような結果が得られなかったのだ。

溝尾は、六〇枚は諦めて四〇枚にすることを考える。一分間四〇枚でも、従来の高速機「4000」の三三枚を上回っていた。これなら「4000」で使っていた「A6」系の感材で対応できるし、競合機にも負けないと思われたからだ。

しかし、コピースピードは、複写機性能の基本の基本となるものである。おいそれとは変更できない。

その頃、小林は「３５００」の開発現場となった海老名工場を頻繁に訪れていた。時間があれば出向く、という感じである。海老名工場に来た小林に、溝尾はコピースピードの変更を直接訴えることにした。

開発から半年が過ぎ、最初の試作機ができたのを機会に、溝尾は小林に進捗状況を説明し、「四〇枚にしてもらえれば、間違いなくやれるのでお願いします」と訴えた。溝尾の話を聞いていた小林は、コピースピードを一分四〇枚に落とすことを了解する。その時のことを、溝尾はこう語った。

「小林さんは、いい加減なことは言わないし、許さない。けれども、こうだからと担当者が必死で説明すれば、分かってくれるのです。ぱっと見ると、取っ付きにくそうですが、そうではないですね」

コピースピードの変更はあったが、他の条件はクリアして、「３５００」は七八年五月に発売される。開発期間は、僅か二年だった。「３５００」には、マイコン制御によるオールプッシュボタン式のコントロールパネルや二段トレイなど、一一もの新しい機能要素が導入されていた。

「3500」は発売直後から、目覚ましい売れ行きを示す。社内では、いつからか開発コードの「UCC」をもじって、「売れて困るコピア」と称されるようになっていた。小林は「3500」が発売される四ヵ月前の一九七八年一月、社長に昇進している。

「3500」が完成した頃、NX運動推進室長の土屋元彦は、いつもどおりTQC指導会の後、朝香鐵一を山の茶屋でねぎらって、「ありがとうございました。お陰さまでやっと『3500』が発売できます」と礼を述べた。その言葉に、朝香はむしろ怒りを露わにする。

「ばかもの。新製品を世に送り出して、何も問題が起こらないということはない。必ず、問題はある。仮に問題がないとしても、問題を見つけて、次の新製品に生かすのが、君の役目だろう」

土屋は困り果てた。もちろん、隣には小林がいる。朝香の怒りは演技だったのかも知れない。しかし、言わんとすることは正しい。「3500」ができて安心したのを見透かされたのだ。結局、後日、「3500」の総合レビューを行うこととなった。「総合」の意味は、開発部門だけでなく、生産、購買、営業の担当者も含めるということだ。

その総合レビューは七八年九月に、海老名工場に数百名の関係者を集めて開かれた。各部門のリーダーたちが次々に説明に立つ。それを聞いていた朝香は、また烈火のごとく怒り出した。

「何だ、これは。レビューになってないじゃないか。みんな、良かった良かったばっかりで。こんなの時間の無駄だ。俺は帰る」

実際、朝香は席を立ち、控室に戻ってしまった。取り付く島もないとは、このことである。この窮地を救ったのは、三井銀行から富士ゼロックスに来て専務を務めていた野田利根夫だった。年配の野田は、朝香に取りすがって「今ここで先生に見放されたら、うちは終わりですから」と頼み込んだのだ。この取り成しで、朝香は席に戻り、レビューは再開された。

確かに「3500」は、コピー市場に旋風を巻き起こした「ダントツ」の商品だった。しかし、問題がないわけではなかった。用紙に負荷がかかる構造だったために、紙詰まりが多い。フレームが板金製で弱いために、設置は水平を維持しなければならない。そうした問題を指摘する声が聞かれたのだ。さらに、規格についても、A3のコピーがとれない、縮小機能が搭載されていない、などの課題も残していた。

「3500」総合レビューの一ヵ月後、小林は「一九八〇年度に、デミング賞の受審を受ける」ことを宣言した。デミング賞受審のことは、NX運動を始めた当初から小林の頭のなかにはあったという。一方で、「3500」の成功が社内に新たな油断を生み、高品質の後続商品開発への努力に弛緩の兆しが見え始めた、という危惧を小林は感じていた。ここはデミング賞に挑戦することで、富士ゼロックスにより高いTQCを根付かせたいと考えたのだ。

デミング賞を受審することで、溝尾も朝香から直接指導を受けることになる。

「デミング賞受審の前なんか、朝香さんは毎月海老名に来ていました。厳しい方で、口は悪いけれども、もっともなことを指摘されるので、『へへえ』という感じです。とにかく現場、現物でした。『3500』も『説明なんかいいから、早く現場に連れて行って現物を見せろ』と言われました。私が習ったことは、とにかく現場に行って現物を見ることです。『開発というのは理屈ではない。そこにあるものがどうなっているのか、それなりに理解しろ。全てはそこから始まるのだ』とよく怒られたものです」

また、溝尾は朝香のことを「とにかくモノを見て理解するのが早かった」とも評した。

なぜ「3500」は世界商品にならなかったのか

富士ゼロックスがローコスト・ハイパフォーマンスの「3500」を開発したことに、アメリカのゼロックス・コーポレーションは驚きを隠さなかった。当時のCEOだったデイビッド・カーンズが「本当に良かった」と我がことのように喜んでくれたのを、小林は覚えている。

カーンズは「3500」の優秀さを素直に認めていた。また、「3500」を生み出したTQCの重要性にも気が付く。一九八三年、カーンズは「顧客の満足度を向上させるために、ゼロックス・コーポレーションは『品質』に焦点を合わせて、あらゆる活動を展開する必要がある」として、次のように宣言したのだ。

「今後、『Leadership Through Quality』を合言葉に、TQCを展開しよう」

「3500」はアメリカ市場でも販売され、「ダントツ」という言葉はそのままゼロックス・コーポレーション内部でも使われるようになる。しかし、その販売はあくまでも、ゼロックス・コーポレーションを通じて行われた。

と言うのも、ゼロックスグループでは、販売においてテリトリー制を敷いているためだ。大雑把に言えば、アメリカ圏はゼロックス・コーポレーションが、ヨーロッパ圏はランク・ゼロックスが、そしてアジア圏は富士ゼロックスが販売を担当する。他の商圏を侵してはならない。

富士ゼロックスが生産した商品を売ろうとした場合、アメリカではゼロックス・コーポレーション、ヨーロッパではランク・ゼロックスに対して輸出し、彼らに販売してもらうしかないのである。

だが、「3500」の成功で、それまでは実質的に商品開発のほとんどをゼロックス・コーポレーションに頼っていた富士ゼロックスも、自信を深めていた。小林は、こう考えたと言う。

「『3500』のコストパフォーマンスをもってすれば、国際市場でも十分に通用する。思い切って、『3500』をゼロックスグループの世界商品として、全世界に売り出したらどうか」

実際、小林はゼロックス・コーポレーションに対して、そのように提案した。実現すれば、ゼロックス・コーポレーション以外から出る世界商品の第一号となる。

しかし、ゼロックス・コーポレーションは首を縦に振らなかった。カーンズをはじめとする経営のトップ層は、小林の提案に好意的な姿勢を見せたが、技術の現業部門が難色を示したのだ。

アメリカの技術陣に、「3500」の性能を説明した溝尾は、その頑なさに驚く。

「確かに『3500』には、『4000』で使われていた技術が入っているのですが、その『4000』への信頼が薄かった。だから、僕たちがいくら説明しても、『お前たちのような数字にはならない』と頑として譲らないのです」

「4000」は、A6という感材が不安定なためにコピーの画質が安定しないことや、ドラムのクリーニングが不十分でコピーにかぶりが出やすいなどの欠点を持っていたことは前に触れたが、ゼロックス・コーポレーションはこれらの問題を解決できなかった。そのため、「4000」の技術を応用している「3500」の信頼性にも疑問を指摘したのだ。

溝尾たちは、それらの欠点を独自の工夫でカバーしていた。A6感材を安定して使えるようにし、ドラムのクリーニングも精度を上げることに成功していた。前述したように、一一にも及ぶ新しい機能要素も盛り込んでいる。

「そのことを説明しても、アメリカのエンジニアにしてみれば、改善というのはたいしたこととは考えないようでした。アメリカ人の発想では、今あるものをこちょこちょと改善したのでは意味がなくって、根本的に新しいものでないと価値がない、という感じでした。そのあたりは、完全に文化の違いでしょうね」

溝尾の説明を、アメリカの技術者たちは受け入れなかったのだ。小林は「3500」を世界商品にできなかったことについて、今もって無念さを滲ませる。

「日本が本当にこんなものを作るとは、アメリカは思っていなかったんでしょうね。あそこで、『3500』をゼロックスグループの目玉商品として、世界にマーケティングしていたら、世界のシェアは変わっていたと思います。ただ、ヨーロッパや中南米も含めて、世界に供給していくには、どの国からも文句が出ないくらい準備ができていたかと言うと、やや足りないところもあった」

ゼロックス・コーポレーションでは、「Not Invented Here」という言葉が使われていた。「NIH」つまり「ここアメリカで発明されたものではない」ということである。これは、それまで圧倒的に技術的な優位を保ってきたアメリカ技術者のプライドの表れでもあり、アメリカ市場そして世界市場のことはゼロックス・コーポレーションが一番知っているという自信の表れでもある。

このNIHの壁は、その後何度も富士ゼロックスの前に立ち塞がることになった。富士ゼロックスにとって、独自に開発した商品をゼロックス・コーポレーションに認めさせ、世界中に提供していくことが、最大の課題となるのである。見方を変えれば、富士ゼロックスの商品開発の歴史は、ゼロックス・コーポレーションとの戦いの歴史だったとも言える。引退した小林に、富士ゼロックスでやり残したことを尋ねると、世界商品の話になった。

「やっぱりゼロックス・コーポレーションとの間で、世界商品を協力して出していくという点で、思いが残ります。これまで成果がなかったわけじゃないけど、本当の意味で効果的な世界商品の開発ができたかと言うと、やはりやり残した気持ちがある。

世界のシェアで見れば、なぜリコーに負けたのか。なぜキヤノンに負けたのか。本来ならば、世界のゼロックスグループとして、もう少しなんとかできたんではないのか。僕も説得力を発揮して、ゼロックス・コーポレーションに対して富士ゼロックスの力をもっと早く認めてもらうようにできれば。そうすれば、世界の地図がもうちょっとは変わった、という感じを持っているんです。振り返ってみて、『3500』は、やっぱりもったいなかった」

分かりやすく言い換えるならば、富士ゼロックスがNIHの壁に押し戻されている間に、リコーやキヤノンは自分で開発した商品を自分の手で売ることで、世界のシェアを取っていったということだ。

小林の思うところは、早い時期に富士ゼロックスが主導して、ゼロックス・コーポレーションとの共同開発によって世界商品を生み、できれば自らの手によって世界中に売ることだっただろう。しかし、現実にはなかなか困難であった。

営業マンたちはTQCに強く反発した

「3500」とともに、NX運動の大きな成果となったのは、富士ゼロックスが独自の「科学的営業手法」を生み出したことである。デミング賞の審査をしたTQC界の専門家たちも、「営業にもTQCは活用できるのか」と驚き、デミング賞受賞に大きく貢献した。

先にも触れたが、富士ゼロックスの当時の営業スタイルは「とにかくデモンストレーション用の機械（デモ機）を置いてこい」というものである。複写機を置いてきさえすれば、良くやっていると評価された。特に、小型機では社内で「キャンバシング」と呼ばれた飛び込みでデモ機を置いてくる営業が幅を利かせていた。

営業マンは、デモ機を置いてもらう約束を取り付けるのに、懸命になった。後でサービスエンジニアが設置にいくと、スペースが不十分だったということも間々あったという。普通は二〜三日で契約してもらうか、デモ機を引き上げるかなのだが、なかには一ヵ月間も置きっ放しにする例も出てきた。営業マンとしては「まだ、使ってもらっています」という言い訳ができるからだ。

営業現場では「KKD」と言われた「勘と経験と度胸」に頼ったやり方が幅を利かせていた。それでも、ゼロックスの複写機が、競合他社のものより圧倒的に性能が上回っているうちは、この営業スタイルで十分に成果を上げられたのだ。

しかし、一九七〇年代に入り、競合他社の製品も性能が向上してくると、状況は変わってくる。初めは「他社は価格が安いだけ」と高をくくっていたが、石油ショックを境に明らかに顧客が富士ゼロックス離れを起こし、競合他社に流れるようになったのである。

この事態を憂慮した小林は、TQCによってKKD的慣習をやめて、科学的な管理方法を営業に取り入れようと考えた。そのなかで、「徹底的重点指向による営業力の強化」を目指した。

「富士ゼロックスは創業時から直接営業でやってきたので、お客さまのニーズや不満を敏感に感じとり、早く対応できているはずだと思い込んでいました。ところが、実際は、お客さまにピッタリした機種を届けることよりも、とにかくたくさんの機械を置いてくればいいんだ、ということになりがちでした。まず、どんなお客さまが、どんな商品を望んでいるのか。市場情報をしっかり掴まえ、それに基づいて適合機種をお届けする。そういった営業の重点志向を徹底させようと考えたのです。しかも、個人プレーとしてではなく、組織的に行おうと」

図式的に言えば、営業マンが顧客から得た情報から、顧客のニーズや状況を正しく把握し、それを整理して課題を集中させ、解決策を講じるというものだ。今で言うところの「見える化」である。

だが、小林のこの狙いは、簡単には営業マンたちには伝わらなかった。むしろ、反発の方が多かった。営業に科学的なロジカルな手法を取り入れること自体が間違っているんじゃないか、そういう声が噴出したという。特に、好成績を収めていた営業マンは、TQC

を導入することに違和感を覚えた。

NX運動で、一番難しかったのは、営業部門にTQCを導入することだった。NX運動推進室長の土屋は、こう説明する。

「TQCの真髄はプロセス管理にあります。営業も大体決まったプロセスがあって、上手くいった時はどのプロセスが良かったのか、失敗した時はどのプロセスが悪かったのか。良いところを強化していき、悪いところを直す。これがTQCの基本。でも、営業マンに、営業にもプロセスがあると分かってもらうのは大変でした」

一九七六年秋から、東京・大阪・名古屋の各二つの営業所、計六ヵ所で、水産庁統計室長の鐵《くろがね》健司によるTQCの指導が始まる。鐵は、それぞれの営業所に対してマネジメントのあり方を問い、それに対してPDCAの観点からコメントを付けるという指導方法をとった。しかし、営業マンたちの反応は今一つ。営業マンたちのTQCへのモチベーションは高まらなかった。

営業へのTQC導入に苦慮していた土屋の元に、社長の吉村壽雄から電話が入る。それまで、吉村は、TQCについては副社長の小林に任せきっていた。それが「軽井沢のTQCのトップセミナーに行きたい」という電話だった。

吉村は、七七年七月に日本科学技術連盟主催の「品質管理重役コース」を受講する。軽井沢から帰ってきた吉村は、土屋にTQCの進捗状況を確かめた。土屋は「まだ全社的には展開できていません」と答える。営業部門や総務部門での導入がはかばかしくなかったからだ。すると、吉村はこう指示した。

「全社的にやりなさい。社長方針で決めました」

その吉村の社長方針というものは、七七年一〇月から始まる新年度（七八年度）に向けてのものだった。吉村はセミナーから帰った後、これを書き始める。ところが、八月一二日に、会長だった小林節太郎が急逝し、葬儀などに忙殺された。そのなかでも、吉村は熱意を持ってまとめ上げたのである。

後に活字となって正式に発表された社長方針は、実は「お化粧」が施されている。土屋は、吉村が手書きでしたためた社長方針の原文のコピーを保管していた。日付は七七年八月二五日。富士ゼロックスの用箋に横書きされた文章には、吉村の熱い思いがほとばしっている。

《「我が社の歴史的転換期　第二の飛躍期に当たり

全社員協力一致　各自その全能力を発揮して目的を完遂せよ！」

今日一日の遅れが、その年の計画目標の達成に計り知れざる悪影響を及ぼすものである。

低成長と激しい競争並びに変化の中で、今日企業に働く我々として、その環境に機敏に対応できることが何より大切である。

経営体質を洗い直し既成観念に囚われず創造的活力ある行動が強く要請される。働く者我々として自己の能力を伸張し、その責任を果たして真に充実した日々を送ることに生きがいと喜びがあることに深く思いを致すべきである。

昭和五三年度を意義ある年として飛躍すべく、以下に述べる重点項目の遂行を期する。

一　変化に対応し、成長を確保できる経営計画とその遂行

二　多品種生産に対応できる工程の合理化と固定費の徹底的切り下げ

三　New Xerox 運動の各分野に於ける展開と、特にリーダーシップの発揮と各人の創造的参加の促進》

重点項目の三番目に記された「NX運動の各分野に於ける展開」が、営業部門の積極的参加を促すものと読み取れる。土屋は「この社長方針に勇気づけられた」と話した。

科学的営業手法のキーとなったのは

鐵が六営業所でTQCの指導を行う一方で、土屋は全ての営業部門に活用できる新しい手法を模索し始めた。と言っても、土屋も営業は門外漢である。まずは、小林に頼み込ん

で、NX運動推進室に、実績のある営業所長クラスのマネージャーを三人集めてもらった。この三人と土屋で、TQCのプロセス管理手法を、どうやったら営業に応用できるのかが検討された。

営業行動をプロセスに分けて、どのプロセスをどのように改善したら、良い結果が得られるのか。来る日も来る日も、データの分析を重ねた。ただ数字の分析にとどまらず、辣腕の営業経験者たちの実感も重要である。その間、営業担当役員からは「早く教えろ」と矢のような催促が来ていた。

議論を積み重ねて半年ほど過ぎた頃、土屋たちのチームは「これは使えそうだ」というアイディアに行き当たる。それは「デモ成功率」というものだった。営業マンは、デモンストレーションとして、複写機を顧客の会社に設置し、試しに使ってもらい、その後、契約に結び付けていた。ところが、デモ機の設置まではいくのだが、成約に至らないケースが少なからず発生する。デモ成功率は、デモンストレーションをしたうち成約に結びついた率である。

このデモ成功率は、何のプロセスと関係が強いのか。逆に言えば、営業マンのどういう行動が、デモ成功率の向上に寄与しているのか。土屋たちは、デモ成功率を指標として、成約結果を分析していく。つまり、デモ成功率と相関関係の強いプロセスを探していったのである。

当時の常識としては、デモ用の複写機を設置したら、夜討ち朝駆けで訪問回数を増やすことが、契約を取る決め手だった。しかし、分析の結果、訪問回数はデモ成功率向上にあまり関係していないことが判明する。「訪問回数を増やせば、デモ成功率は上がる」という神話は崩れたのである。

デモ成功率が高かったのは、見込み客の選定とその顧客の要求や期待の把握に努めていた営業マンだった。それは、デモンストレーションをかける顧客のリストが重要だということを意味している。今日で言うリストセールスだ。

土屋は、辣腕営業マンだった三人のスタッフに、彼らの社内人脈を使って、リストを重視した営業を現場でテストしてもらった。

そのモデルケースとなった一つが、銀座営業所である。土屋たちは毎週のように銀座営業所に出向き、夜の七時くらいから一〇時くらいまで、データをもらい、営業方法の改善の話し合いを行った。この銀座営業所の成績が上がるにつれ、他からも注目されるようになっていく。

一方、全国七ヵ所あった営業拠点で毎月開かれている営業会議で、土屋はTQCの成果を示そうと考える。ある時、九州の営業拠点会議で、福岡支店長が営業手法の改善などで素晴らしいレビューをした。その会議に出席していた営業統括の役員が「どうして、あんなに良いレビューができるようになったのか」と驚くような内容だった。実は、その福岡支店長には、NX運動推進室のスタッフが指導に当たっていたのである。それを知った役員は、「全ての営業の部課長にも指導してくれ」と言い出し、このことで以後TQCは営業部門に急速に広まっていった。

営業は、結果が数字となって出てくる。だから、成績が上がったとなると、その方法を取り入れたいとする動きは加速度的に増えてくる。土屋たちが開発した「科学的営業手法」も、一挙に富士ゼロックスの営業部門に浸透していった。

富士ゼロックスが開発した「科学的営業手法」とは、営業のプロセスを次の七つのステップに分けて、その段階で行うべき営業行動とチェックポイントを明確にしたものである。

①見込み客の選定

見込み客の選定基準を設け、リストアップを作る。優良顧客候補となるAクラスの顧客数の確認。

②個別見込み客の現状調査

個別訪問による実態調査の実施。改善数の確認。

③進度アップ

進度アップのための訪問の継続、トータルサービスシステムなどの説明と売り込み。
リピートコール（継続訪問）数の確認。

④提案
ゼロックス導入による改善提案書の提出。提案までの期間の確認。

⑤デモンストレーション
提案書内容を実証するための持ち込みデモンストレーションを実施。デモ成功率の確認。

⑥クローズ
契約書の提案及び調印。契約数の確認。

⑦フォロー
機械有効使用法の説明。移動時間・修理時間の確認。

今日このようなステップを踏んで営業活動を進めている企業は多い。その基礎となったのは、富士ゼロックスがNX運動を進めるなかで初めて開発した手法である。この販売プロセスを管理する「科学的営業手法」は、現在も色あせることなく有効に機能している。

「デミング賞への挑戦」がもたらしたもの

一九七八年一月に富士ゼロックス社長の座に就いた小林陽太郎は、その年の一〇月に「一九八〇年度にデミング賞の施賞に立候補する」と宣言する。デミング賞へのチャレンジは、ＮＸ（ニューゼロックス）運動を始めた時から、小林が密かに温めていたものであった。

デミング賞は、戦後の日本に統計的品質管理を持ち込んだアメリカのウィリアム・エドワーズ・デミングから、その名称を取っている。日本科学技術連盟（日科技連）が一九五〇年にデミングを招いて、「品質の統計的管理八日間コース」のセミナーを開き、その講演録を出版した。デミングはその印税を日科技連に寄付する。その寄付金を基金にして、デミング賞が創設された。

以後、デミング賞には、高品質を目指す日本企業が次々と挑戦し、日本産業界が世界に伍する競争力をつける上で、大きな役割を果たしていく。デミング賞を受賞するためには、日科技連が設けたデミング賞委員会の厳しい審査を受けなければならなかった。

小林がデミング賞への挑戦を宣言した時、富士ゼロックスでは、朝香をはじめとする講師たちから二年半に及ぶＴＱＣの指導を受けており、五ヵ月前にはダントツ商品の３５０を完成させていた。社内には、「これまでどおりで十分ではないか」「目的はデミング賞ではなく、地道な品質管理活動を続けて、優れた商品を生み出すことではないか」という声も出た。しかし、小林の決意は揺るがなかった。

「そういう意見も分かるところはありました。ただ、僕にしてみれば、富士ゼロックスの社員、特に未来を託す若手が、ＴＱＣ的なロジカルな思考や行動ができているというところまで、いっていないと思えたわけです。ちょっと無理があっても、思い切って引っ張っていこうと考えました。リコーさんが取っていて富士ゼロックスが失敗したらみっともない、という意見もありました。でも、やるべきことをやれば取れると、僕は指導の先生たちからも感触を掴んでいた。最後まで反対した役員はいなかったんじゃないかな。デミング賞を取ることによって、名誉だけじゃなく、社員みんなが取ったという達成感を持てる。外からは、富士ゼロックスがやるとは思わなかった、やりやがったなと見られるでしょう。これは挑戦するしかないな、と決めました」

小林は、富士ゼロックスの企業体質を特異なものだと説く。あるところ以上になると、リーダーシップの下、「エイヤーでやってしまう」体質があると言うのだ。小林は「同好会的、お祭り騒ぎ的」と表現するが、組織として粛々と事を進めるより、ある種の勢いで全社一丸となって突き進むことが、得意な会社ということである。

富士写真フイルムから富士ゼロックスに移籍してきた小林だから、特にそう感じるのだろう。歴史も古く、組織もしっかりしていて、上からの指示も行き届く富士写真フイルム。それに対して、移った先の富士ゼロックスは、生まれたばかり、中途採用の社員も多く、「超個性派集団」だった。

小林は「3500」というTQCの成果を得た勢いのまま、デミング賞に挑戦するのが、富士ゼロックスの体質に合っていると感じたのだろう。その裏には、「3500」の成功によって、社内に楽観的な空気が流れ始めたことに対する危惧もあった。

確かに「3500」はそれまでの常識を超える素晴らしい複写機だった。しかし、「3500」が発売となったのは七八年五月のことである。二年後の八〇年のデミング賞には、「本来であれば新しい機種で受審したかったはず」と、NX運動推進室長だった土屋元彦は打ち明ける。

「デミング賞チャレンジの理由の一つは、高品質の後続商品の開発にありましたから。『3500』は目玉商品だったけど、もう一つ目玉商品が欲しかったわけです。でも、叶わなかった。ここのあたりは、シークレットになっているところですね」

現場の技術陣から見れば、「3500」には可能な限りの新技術を盛り込んであり、まさに「つま先立ち」状態で、市場に送り出したものである。「3500」でさえそうであるから、八〇年に発売された「4600」や「4800」ではデミング賞を受審するには準備期間が短すぎたということだろう。それより何より、これら後継商品に対する市場の反響が今一つだったことが、受審断念の大きな理由と見られる。製品の開発面では、受審の中心は「3500」とするしかなかった。

最も根源的な「なぜ」に答える

TQCのキーワードは「なぜ＝Why」であった。TQCの真価は、PDCA（Plan→Do→Check→Action）というQCストーリーを回すことによって、問題を解決することにある。TQCの改善活動とは、「繰り返しのある仕事のなかで起こる慢性不良・突発不良の解決」「目の前で火を噴いている顕在化した問題の解決」「問題の原因究明とその原因の除去による再発防止」を目指している。いずれも、表層的な問題から、「なぜ」を繰り返していき、根源的な問題へと進んでいく。

小林はさまざまな「なぜ」を繰り返すうちに、最も基本的な「なぜ」に行き当たった。なぜ、富士ゼロックスは存在するのか。何のために、誰のために、富士ゼロックスは存在するのか、という「なぜ」である。小林にとって、この「Why」はデミング賞受審に際して、結論を出しておかなければならないものだった。

「これは分かっているようでありながら、我われはきちんとはやっていなかった。思い切って、一番大切な『Why』の答えを、自分たちの言葉で表そうと、企業理念を制定することにしたんです」

それまで富士ゼロックスは、ゼロックス・コーポレーションCEOのジョー・ウィルソンの言葉を、理念として使っていた。

「Our business goal is to achieve better understanding among men through better communications.」

というものである。日本語に訳せば、

「我われの事業の目的は、より良いコミュニケーションを通じて、人間社会のより良い理解を、もたらすことである」

となる。

このウィルソンの言葉に代わる企業理念を、小林は自分たちの手で作ろうと考えた。企業理念が制定されたのは一九七九年二月だったが、作業はその一年前くらいから始まった。小林が、社長に就任した直後くらいの時期である。社長に就いた小林にとって、「一番大きな『なぜ』」に答えを出すことは、「正しい判断」をくだす上で不可欠であったのだ。

当時企画部長だった宮原明は、小林から企業理念の原案を考えるよう指示される。スタッフ四、五人と、東京・永田町の東京ヒルトンホテル（現・ザ・キャピトルホテル東急）に泊まり込んで、頭を捻った。どのような叩き台の原稿を書いたかは忘れたが、宮原はホテルに来た小林から言われたことを鮮明に覚えている。

「たぶん、私たちは『経済価値がどうの』というようなことを書いていたと思いますが、小林は『社員のことを書かないといけないんじゃないか』と言ったわけです。『これから社員が、自分はどうなればいいのか、分かるようにすることが大事だ』と諭されました。社員がどう働きたいか、どう働けばいいのか、企業理念に入れようということです。会社がどうなるかよりも、人の話でした。びっくりしましたよ」

小林の考え方は、こうだった。

富士ゼロックスも高成長から石油ショックを経て、厳しい競争の時代となってきている。会社も随分と大きくなり、減益も経験したが、自分たちで製品を開発生産して、これから自力で伸びていこうとしている時だ。会社も変わるが、そこで働く人も変わるだろう。多様化のなかで、いろんな人が出てくる。その人たちが、どうなっていけばいいのか。それを、企業理念に謳いたい。

出来上がった原案を社員全員に問いかけ、一年近く議論して、ようやく企業理念は定まる。

富士ゼロックスは、社内外の信頼を基盤とし、
たゆまざる努力と革新によって、
卓越した価値を提供し、
人間社会の理解と調和の増進に寄与する。

この企業理念が制定された半年ほど後に、社員一人ひとりに向けた「行動指針」も定められている。

一　つねにお客様の身になって考え、誠意をもって行動する。
二　つねに強い社会的関心をもち、広い視野のもとに行動する。
三　つねに事実を正しく認識し、ゆるぎない信念のもとに行動する。
四　つねに目標を高くおき、失敗を恐れぬ勇気をもって行動する。
五　つねに社員相互に励み合い、協調と思いやりをもって行動する。

企業理念も行動指針も、最後は小林が自らペンを取って成文した。さぞかし思い入れもひとしおのはずだが、小林は理念は時代とともに変わっていいと話す。

「確かに、後世に至って変えなきゃならないようなものは理念とは言わないという意見もありました。できれば、時代を超えてピタッとくるような言葉があればいいけれども、なかなかそうはいかない。理念は神棚に飾って拝むようなものじゃなくて、自分たちが一体化できることが大切です。若い世代の人もそうだと思える理念じゃないと意味がない。だから、その時代時代に会社を構成する大部分の人がピタッと思える形で、理念というのは表現されるべきでしょう」

実際、七九年の企業理念と行動指針は、一九年後の九八年に、「私たちが目指すもの(Mission Statement)」と「私たちが大切にすること(Shared Value)」に姿を変えている。

「私たちが目指すもの」には、「知の創造と活用をすすめる環境の構築」「世界の相互信頼と文化の発展への貢献」「一人ひとりの成長の実感と喜びの実現」という三項目が挙げられている。

「私たちが大切にすること」は、「お客様の満足」「環境」「高い倫理観」「科学的思考」「プロフェッショナリズム」「連携」「多様性の尊重」「信頼と思いやり」「楽しむ心」「冒険心」の一〇項目となっている。

ただし、これらの基本的な考え方は、七九年の企業理念や行動指針と変わらない。富士ゼロックスグループが世界に広がったため、より具体的で分かりやすい表現が求められた結果の改定であった。

企業にも品質がある

七九年に企業理念を制定した頃から、小林は「企業品質」という考え方を打ち出すようになる。これもTQCの延長線上にある話だ。商品に品質があるように、サービスに品質があるように、企業にも品質があるのではないか。そう小林は考えたのだ。

「商品やサービスが品質によって評価されるというのであれば、企業そのものも品質によって評価されて然るべきだと。企業の品質だって議論されて当然だと。そうした考えは、わりに自然に出てきました」

とは言うものの、現実の企業の品質はどうやって測ればいいのか。それを形にせよと命じられたのが、企画課長の有馬だった。

「小林社長とは企業品質について、よく話しました。商品の品質がいいのは、それを作る仕事の品質がいいからだ。仕事の品質がいいということは、会社の品質がいいからだ。では、会社の品質とは何か。企業品質のコンセプトを定義することから始め、どうＴＱＣのなかで展開していくのか。そのなかで、小林社長は早くもステークホルダーズということを述べていました」

企業品質はその後、経営会議で議論され、デミング賞受審の少し前に、五項目が設定される。①最高の商品群、②変化に応じたタイムリーな商品提供、③最高のサービス、④商品価値に見合った割安な価格、⑤社会性に富んだ進取的企業姿勢、の五つだ。それぞれには、提供すべき品質と具体的な目標が定められ、富士ゼロックスの企業品質を評価する尺度となった。

小林が唱え始めた企業品質という考え方は、単に経営的な強さを基準とするものではない。顧客にいかに価値を提供できるか、社会にいかに貢献できるかも含んでいる。その意味で、ＣＳＲ（企業の社会的責任）経営の源流と言えるものだった。

厳しさを増す「ＱＣ診断」

一九七八年一〇月の小林のチャレンジ宣言以降、富士ゼロックスはデミング賞受審に向けて、全社を挙げ以前にも増してＴＱＣに取り組むことになった。

チャレンジ宣言当時、入社五年目の日比谷武は、新宿営業所で設計図など大型図面用複写機「2080」の販売を手掛けていた。日比谷は後に、小林が社長・会長の時代に八年間秘書として、主に小林の財界活動を支えた人物である。デミング賞受審の時はまだ二〇代。「なんで、こんなことさせられなきゃならないのか」と憤っていたと言う。

「だって、大変なんですよ。もう徹夜、徹夜で、家にも帰れないし。ちょうど子供が生まれた時だったんですが、全く帰れなくって。昼休みに、家内が会社にワイシャツと下着を持ってきてくれるんです。その時、子供も連れて来てくれて、それで少し元気が出る。そういった生活がずうっと続いた。残業時間なんて、百何十時間というような世界でした」

デミング賞受審は、全社の各部門ごとに行われるため、日比谷に限らず家に帰れない社員は多数いた。なかには、仕事場近くにアパートを借りるような者もいて、デミング・チョンガー、通称「デミ・チョン」と呼ばれた。

受審のためには、各部門が「実情説明書」というものを書かなければならない。人事部であれば、人事部の使命は何であるかから始まり、目標は、事実は、改善策と実行の結果は、と全て記載しなければならない。朝香鐵一ら指導講師は、その実情説明書の不備を突いてくる。「ここにそう書いているけど、それがきちんと展開されている証拠を示してください」という具合だ。しかも、TQCはPDCAを何回も回して実施していくのだから、実情説明書も際限なく書き直さなければならなくなる。

若手の日比谷は、普段偉そうにしている役員や上司が、指導講師たちに「ガンガンにやられる」のを見て、ちょっと溜飲の下がる思いもした。「しかし」と話す。

「指導は厳しいものでした。事業部長なんかも小さくなっていたくらいです。指導講師たちの論点や切り込み方は、とても勉強になりました。二度とやりたくないけど、やっぱりいい経験です。よく小林社長は決断したと思います。反対する人もたくさんいましたが、いやチャレンジするんだということで、強いリーダーシップを発揮された。今になって思うと、すごいなと感じます」

デミング賞受審が迫ってくるにつれて、朝香の指導にも熱が入ってくる。受審一年前の七九年秋のことだ。実情説明書を作るに先立って、朝香は仮実情説明書を書くように、各部門に指示した。しばらくたって、その仮実情説明書が二〇種類ほどのレポートとして提出された。朝香は、机の上に積まれた仮実情説明書を読んで、またまた烈火のごとく怒り出す。

「なんだ、これは。この独りよがりの体質は何だ。TQCを三年もやっていながら。いいか、デミング賞というのは、品質管理をやることによって業績が良くなった会社を表彰するものだ。なのに、ここにはTQCが何も書いてないではないか」

その様子を見ていたNX運動推進室長の土屋は、冷や汗が流れたという。実情説明書は、デミング賞受審に当たって、それほど重要なものだったのである。

TQCを進めるNX運動の主要な活動に、「QC診断」というものがあった。朝香は、社長以下役員を個別に指導する。役員たちが居並ぶなかで、一人ひとりの役員からTQCの考え方や取り組み状況を聞き、コメントを付ける。時には「どうなっているんだ」と怒鳴ることもあった。

そうして学んだQC診断の方法を用いて、今度は社長や役員たちが、担当部門の現場で改善状況の確認や必要な処置の指示を行うのだ。こうした経営陣によるQC診断は、「トップQC診断」と呼ばれ、七八年から本格化していた。トップQC診断は、現場に経営方針を徹底させ、経営計画を実現させることに、大きく貢献する。

トップQC診断が上から下へのTQCであれば、下から上へのTQCがQCサークルである。QCサークルは、現場での改善・創意工夫をすくい上げる活動である。富士ゼロックスのQCサークルは、七九年四月には八二五を数え、サークル参加率は六七%に達していた。それが、八〇年のデミング賞受賞時には一二〇〇サークルまでに増えている。一年間半で約一・五倍だ。その間にサークル評価表彰制度を設けるなど、デミング賞に向けて現場レベルでの取り組みも強化されていった。

デミング賞受審直前の「事件」

一九八〇年一月になると、受審のための会社のブロック（部門）割りが行われた。デミング賞委員会の審査は、そのブロックごとに行われる。土屋は、実際に審査に当たる「QCサークルの生みの親」と言われた石川馨の元を訪れ、富士ゼロックスのブロック割りを相談した。

土屋としては当然、目玉となる「３５００」を生み出した開発統括部や、科学的営業手法を導入している営業部などを、単独で取り上げてもらいたいと考えていた。

ところが、富士ゼロックスの組織表を見た石川は、そんな土屋の思惑は一顧だにしないで、開発も営業も「本社」として人事や総務と一緒にして一つのブロックにしてしまう。後は、三つある工場と一〇ある支社を、それぞれ一ブロックにした。これで、ほぼ全社に網がかけられたことになる。

最後に、一つだけ小さな組織が残されていた。組織表の最後に記されていたゼロックスシステムセンターである。街角にある店頭コピーのサービス店だ。人員は全国で僅か一一一名しかいない。だが、石川は「他とは異なる業務をしている。独立の組織だから入れよう」と、一ブロックにしてしまった。

こうして、デミング賞には、本社、三工場、一〇支社に加え、システムセンターの合計一五ブロックで受審することが決まったのである。思いもよらぬブロック分けに、土屋は暗澹たる気持ちになった。それを晴らしてくれたのが、システムセンターの面々だった。

他の部署では、NX運動推進室長の土屋に対して、「恨み骨髄」という雰囲気があった。なにせTQC、デミング賞受審で、仕事量が二倍三倍に膨れていたのだから。ところが、システムセンターだけは、デミング賞受審を喜んだのである。

それまでシステムセンターは、日の当たらない部署だった。システムセンターの部員が一堂に会したこともない。ところが、受審ということになって、他の部署と同じくTQCの指導を受けられることになった。時には全部員が、東京・岩本町のオフィスに集められた。審査本番はもちろんのこと、リハーサルでも社長の小林が来る。ここで、初めて小林と会ったという部員も多かった。

受審後の打ち上げで、土屋はシステムセンターの人たちから「デミング賞、こんなにいいものはない」と感謝された。こんな経験は、「後にも先にも、これ一回切りだった」と土屋は懐かしんだ。

八〇年五月には、小林がデミング賞委員会に対して正式に受審の立候補を行った。富士ゼロックスは、いよいよデミング賞に向かって突き進んでいく。

ところが、受審目前になって、役員たちから「今回は受審を回避しては、どうか」という声が出始める。土屋の記憶では、六月末近くのことだったという。いよいよ実情説明書を仕上げて、デミング賞委員会に提出する段階になり、朝香が役員たちに実情説明書の最終的な指導を行っていた時期だ。

その指導会の時である。役員の多くが、今の態勢では受賞は難しいのではないか、もう一年やってからの方が良いのではないか、という意見に傾いた。有り体に言えば、「自信がないから、今回の受審は回避したい」ということだ。この段階になっても、実情説明書の出来の悪さを朝香に厳しく叱責されて、役員の誰もが自信をなくしてしまったのである。

役員たちの意見を聞いた朝香は「そんな敵前逃亡のようなことはするな。小林社長がこれだけ懸命にやろうとしているのに、なんだ」と怒って、帰ってしまう。この時ばかりは、小林も目に涙を浮かべた。

企画部長として、その指導会に参加していた宮原明は言う。

「悔しかったんだと思いますよ、小林さんは。締めくくりの話をする時に、声を詰まらせていました。普段はどんな大変な時でもシレッとしている小林さんが、あの時は涙ぐんでた。僕が、小林さんの涙を見たのは、これ一回きりです。そんな姿を見て、僕なんかは、親分が涙するくらいだから、こりゃしっかりやらなければいかんと、逆に思ったほどです。周りの人も、そう感じたんじゃないですか」

役員たちの及び腰を、小林はどう見ていたのだろうか。

「臆病風に吹かれたわけではなかったでしょうが、慎重論はありました。審査を受けて落ちるのは格好悪い。リコーさんが前に受賞しているだけに、余計そう思う気持ちは分かります。

でも、最終的には、やろうじゃないかという勢いが勝りました。一年待てば楽勝という話でもない。僕自身としては、『３５００』の成功で、いろんな課題はまだあるとしても、設計、製造、営業に至るまで、これまでにない一体感が生まれてきたと感じていました。さらに、営業を巻き込んでのＴＱＣは、うちが初めてで、デミング賞でも新しいケースとして評価されるとも考えていた。結果的には、続けようという者が七割、ちょっと慎重にという者が三割というところで、最終的には僕が決めました」

役員たちから慎重論が噴出したことで、小林は逆に腹をくくったのである。

「一年延ばしたら、二度と挑戦できなくなる」

朝香が座を蹴った指導会の翌日、土屋は指導講師の一人である真壁肇から大学の研究室に来るようにと連絡を受けた。朝香が怒った後には、必ず真壁からのフォローが入る。二人は名コンビであった。

真壁の元を訪れた土屋は、昨日の指導会の様子を説明した。役員たちが心配していること、一年延ばしたがっていることを伝えたのだ。その時だけは、温厚な真壁がまなじりを決して、「土屋さん、そんなことを言ってはだめだ」と諭したという。

「いま一年延ばしたら、二度と挑戦できなくなりますよ。延ばしたら、絶対来年はやらなくなる。それと、もう一つ。今年受審して不合格になったら、『それ見ろ、誰のせいだ』ということになって混乱状態に陥ってしまう。土屋さんのやれることは、しゃにむに強行突破して、しかも合格することしかないんです」

この真壁の言葉で、土屋も踏ん切りがつく。それからは、「専務や常務が何と言おうと、合格のためにやらなければならないことはやって頂く」という姿勢を貫く。当時の土屋を知る人は、その様子はまさに「鬼のようだった」と語る。

デミング賞の審査は、八〇年八月一一日の中部支社を皮切りに、最後は九月一七日、一八日の本社まで、前述の一五ブロックにわたって行われた。富士ゼロックスの熱い夏だった。

そして、ついに一一月一七日、デミング賞受賞が決定する。NX運動を始めて四年半、デミング賞チャレンジ宣言から二年、それまでの苦労を払拭するかのように、社内は歓喜と安堵で溢れた。

TQCがもたらしたものについて、現社長の山本忠人はこう述べる。

「富士ゼロックスは販売会社で始まりました。しかも、元もとゼロックスの機械という素晴らしい商品があって、当時は飛ぶように売れた。小さな会社がモノづくりから始めて、時間をかけて徐々に大きくなってきたわけじゃない。開発もよちよち歩き、営業のマネジメントもバラバラという状態のなかで、小林さんはTQCを通して、富士ゼロックスをメーカーとして独り立ちさせようとしたのでしょう」

山本の前の社長だった有馬も、同じような指摘をした。

「TQCで、現場・現実・現物という三現主義が、富士ゼロックスに根付いたと思います。時間軸を置いて、ゴールセッティングし、客観的な尺度を見つけて、物事を進めていく。TQC以前は、富士ゼロックスはメーカーと言っても、アメリカで開発された機械を日本向けに改良することがほとんどだった。本当の意味でモノづくりの体質に変わったのは、TQCからです」

TQCが、開発、生産、営業に同じベクトルを与え、富士ゼロックスが真のメーカーへ踏み出す基礎を築いたことは、間違いない。TQCによって富士ゼロックスは初めて、メーカーとして一本にまとまったのだ。小林は、TQCの意味を、こう繰り返した。

「富士ゼロックスの体質を作ったという意味で、TQCは僕にとって最も重要な仕事でした。富士ゼロックスは合理的に経営を進めていくんだという基盤を作ったわけです。当たり前のことをきちんとやる、という話になりますが、実はこれが難しい。僕自身は、社長になる直前から始めて、エネルギーの使い方も一番大きかったと思います」

このようにTQCは、富士ゼロックスに多くの成果を残した。しかし、一方でTQCを息苦しく感じ、QCストーリーの「なぜなぜ問答」に疲れ果てた社員も多くいた。

また、TQCは、プロセス管理による改善を主な活動とする以上、これまであったものを良くしていくことは得意でも、これまでにない新しいモノを生み出すことは苦手である。つまり、TQCには、発想の違う新商品を生む土壌を作りにくいという欠点もあるのだ。

デミング賞を受賞した後、富士ゼロックスは思いもかけない停滞を味わうことになる。

デミング賞受賞後の「空白の五年間」

ＮＸ運動推進室長としてデミング賞受賞を陰で支えた土屋元彦は、受賞後の一九八一年から八五年を「空白の五年間」と呼ぶ。なぜなのか――。

デミング賞を受賞した直後から、小林は次のステップとして、「日本品質管理賞へ挑戦したい」と間髪を容れずに宣言した。日本品質管理賞は、デミング賞受賞後五年（二〇〇〇年からは三年）が経過し、さらにＴＱＣが継続実施され、その水準が向上している企業に贈られる「最高の栄誉」である。小林は、デミング賞を受賞した勢いそのままに日本品質管理賞に挑むつもりだった。

「ポスト・デミングに向けて、楽勝ではないけれど、いやもっと大変だろうけれども、日本品質管理賞に挑戦したいと言いました。みんなが疲れ切っていることは分かっているが、お客さまや市場の動きを見れば、一刻も休むことは許されない。だから、もう一回、やらなければならないと思いました。辛いけれども、ここで踏ん張って、もう一歩もう二歩進めることが、富士ゼロックスの企業体質をひと皮もふた皮も剥くことになるのだ。そう考えたからです」

朝香からも「八五年ビジョンをつくれ」と言われていた。しかし、次のビジョンはなかなか見えてこない。デミング賞では、ダントツ商品の「３５００」があったが、その後継機である「４６００」や「４８００」は信頼性に不安な面が出ていた。小林も「『３５００』に代わる次の目玉商品が生まれていなかった」と振り返る。

次のダントツ商品も望まれたが、当時の富士ゼロックスとしては、複写機のラインアップの充実の方が急務だったろう。「３５００」は一点豪華主義として、ダントツの商品力を誇った。だが、複写機ビジネスとしては、「３５００」だけでは商売に限界があるのだ。低速機、中速機、高速機と、機種を取り揃えて、顧客のニーズにピッタリする商品を提供しなければならないのだ。

しかも、後で述べるように、富士ゼロックスは八〇年代初めから、日本全国に販売会社を設立し、コピー枚数の少ない中小事業所への売り込みを強めていた。このような顧客には、低速機の販売が中心となる。「３５００」では機能が高すぎたのだ。コピースピードなどはもっと遅くても良いから、低コストでメンテナンスがしやすい機種が求められた。「３５００」を開発した技術陣にしてみれば、必要なことは分かってはいるが、より低機能の機種の開発には、これまで以上の意欲は持てなかっただろう。小林は、当時の事情を、反省を込めて語った。

「以前に比べれば、商品計画作りは格段に進歩していました。ただ、『3500』というスーパー商品を導入できたことで、油断したとは言わないけれども、高ぶりすぎたかどうかも分からないけど、結果として商品計画が総花的になってしまった。本当の意味での、重点商品のラインアップができていなかったということです。次のダントツ商品が生まれなかったことについては、開発陣が『3500』の成功にあぐらをかいていたわけじゃないだろうけれど、ちょっと緊張感が足りないということはあったでしょう。営業面でも、『3500』は商品力で売れたから、その間に営業力そのものは少し弱まってしまったのかも知れない」

小林は言葉を止め、一息ついた後で、噛み締めるように言った。

「僕たちは、『3500』成功の代償を払ったのかも知れない」

「3500」というダントツ商品を生み出し、営業にプロセス管理という科学的手法を初めて導入させ、デミング賞も受賞できた。それは確かに、富士ゼロックスにおけるTQCの一つのピークと言える。しかし、TQCの本当の果実を手にするのは、デミング賞企業として、その体質を生かした上でのことだったはずである。

それが思うに任せなかった何よりの原因は、社内の厭戦気分にあった。社内全体がデミング賞で燃え尽き、「これ以上は、勘弁してくれ」という雰囲気が漂っていたのだ。それほど、デミング賞受賞に賭けた熱意はすさまじいものだったとも言える。

日本品質管理賞への挑戦に反対した、当時役員だった坂本正元は、その理由をこう語った。

「役員会でも、小林さんが日本品質管理賞のことを言い出すと、みんな黙っちゃうんです。社員もそうでしたけど、デミング賞でかなり疲れたという感じでした。もっとレベルの上がったのをやらなくちゃならないというので、みんな下を向いてしまう。誰かが言わなくちゃならないと思って、僕が『やめた方がいいんじゃないでしょうか』と言いました。TQCは軍隊のようなもので、自由がない。プロセス管理で、はみ出しを許さないわけです。だから、改善はすごいスピードで進むけれど、新しいチャレンジは生まれにくい。僕なんか、はみ出してばかりだから、土屋さんには随分怒られました」

有馬利男も、日本品質管理賞に向けて、役員たちが「よしやろうぜ、とはならなかった」のを覚えている。

「挑戦するとなると、相当の集中力とエネルギーがいるので。確かに、それに対する疲れがありましたね。それと、システム化が始まった頃で、ゼロックスでもXINS（Xerox Information Network System＝ジーンズ）というネットワークシステムが出てきました。新しい価値観、新しい考え方が必要な時代になってきたということで、TQCの画一的なやり方はどうかなという議論もありました」

そうした社内の雰囲気、時代の流れは、小林も敏感に感じ取っていた。

「デミング賞であれだけ、社員だけでなくその家族も犠牲にして走らせた。もういっぺん同じようなことをやらせれば、本当に息が切れてしまうという心配はありました。本来はドンドンいきましょうというキャラクターの坂本君などが『ここは一息入れましょう。別に賞を取るのが目的じゃなくて、意味のある品質管理を展開していくのが大切でしょう』と言うのも分かる」

だが、「それでも」と、小林は諦め切れなかった。

「ロジカルに常識的に対処する（日本品質管理賞への挑戦をやめる）よりも、ここはもう一発、ワーワーとお祭り騒ぎ的にでもチャレンジすべきじゃないかなと、感じていました。僕自身の気持ちとしては、フィフティ・フィフティでしたね」

社内の様子を見ながら、日本品質管理賞への挑戦の機運が高まることを、小林は待っていたのだろう。

消えた日本品質管理賞へのチャレンジ

デミング賞受賞の翌年、NX運動推進室のスタッフの大幅な入れ替えが行われる。デミング賞受賞に向けて、土屋以下五名のスタッフは、指導講師陣の下でTQC普及の先兵役を務めていた。そのスタッフ全員が、推進室を離れ、現場へ戻ってゆくことになったのだ。それまで富士ゼロックスのTQCは、トップダウン型で進んできた。それが、朝香のやり方だったからである。先頭に立ったのは小林であったし、手足となって動いたのがNX運動推進室のメンバーたちだった。

デミング賞は受賞できたが、現場はまだ多くの問題を残しており、TQCに精通した者たちが乗り込んで改善していく必要があったのだろう。それまでのNX運動推進室のメンバーは、開発出身者は開発の現場へ、営業出身者たちは営業の現場へと散っていった。

室長の土屋は、推進室の解体を、専務でNX運動推進本部長だった和田洋から告げられた。土屋は内心「大丈夫だろうか」と感じ、思わず「私も、ですか」と和田に聞き返したという。和田は「土屋君はどこでもいいから。好きなところに帰してあげるよ」と答えた。ならばと土屋は「小林社長の一番困っているところに行かせて下さい」と希望を述べる。

このあたりから、土屋は「自分は小林さんの補助役に徹しよう」と思い定めた。

「小林さんの夢の話を聞いていると、自分の夢がいかにみみっちいものであるかを感じました。小林さんと張り合おうとしても、とても敵わない。ならば、小林さんの出した夢、それが大きければ大きいほど現実とのギャップが生まれてくるので、私はそのギャップを埋める役割に回ろうと決めました」

土屋は海老名工場に赴くことになった。八一年に移って、八二年に取締役・海老名事業所長となり、八六年まで海老名で過ごす。当時、海老名事業所は、富士ゼロックスの屋台骨であった。売上げの八割、利益のほとんどを、この海老名事業所が担っていたからだ。「3500」を開発したのも海老名事業所だった。

しかし、「3500」以後、後継機として出された「4600」「4800」「4150」といった機種は、期待されたほど市場では評価されなかった。先にも述べたラインアップの整備と絡んで、商品の充実が喫緊の問題となっていたのである。

土屋が赴任した当時、海老名工場では新製品も合わせて二五種類もの機種が開発・生産されていた。これを整理して、低速機、中速機、高速機と、どんな顧客の要望にも応えられる商品ラインアップを築く必要があった。

そして一九八四年七月、土屋は「3800」というヒット商品を世に送り出す。社内では「弁慶」と呼ばれたこの機種は、素材にプラスチックを多用し、三段トレイを装備するなど、富士ゼロックスの新世代複写機の皮切りとなった。「３８００」は累計販売台数八〇万台を超えるベストセラーになる。これは、「３５００」の三倍に当たる。「３８００」が誕生するまでに、土屋が海老名事業所に移ってから四年の月日が流れていた。

ともかくも、こうして土屋をはじめ、デミング賞当時のＮＸ運動推進室のメンバーは現場に戻っていった。一方、新しいＮＸ運動推進室は、その役割を大きく変える。従来はトップダウン型のＴＱＣを進めていたものが、ボトムアップ型つまりＱＣサークル重視へと転換したのだ。

これには、トップダウン型のＴＱＣを推し進めてきた朝香が、一九八四年で七〇歳となり引退したことも、少なからず影響している。役員たちを叱責しながら、彼らにＴＱＣのリーダーシップを叩き込むというのは、朝香をおいて他の人ではできないからだ。

結局、日本品質管理賞への挑戦を唱えていた小林の思いどおりに事は運ばなかった。土屋が「空白の五年間」と言うように、ポスト・デミングの新しいビジョンは形作られなかったのだ。

八〇年代前半の商品ラインアップの立ち遅れは売上げの伸び悩みを生み、一方で、販売会社設立などで営業経費、人件費は増大して高コスト体質が問題化しつつあった。そうしたことが重なって、富士ゼロックスはついに八五年度、八六年度と連続して減益を記録することになる。経営的にも、日本品質管理賞への挑戦よりは、日々の仕事に目を向けざるを得ない状況に陥っていったのだ。

今でも、日本品質管理賞のことを話すと、小林の言葉には無念さが滲む。

「結果として、僕自身は何となく未練ありげにズルズルとやめたような感じがなかったわけではない。日本品質管理賞に向かって、組織を再結集できなかったことは、残念と言えば残念。日本品質管理賞に対して臆病になったと言うか、謙虚になったと言えば謙虚になった。

でも、全社を挙げて、お祭り騒ぎ的にでも、目標を設定することができれば、それが新商品であるか、新しいシステム・制度であるかは別として、非常に有効なことです。共通の目標を掲げて、企業の体質を強めていくことができる。その意味では、僕のメッセージが弱かったのかも知れない。日本品質管理賞はもっと突っ込んで、いろんな人と侃々諤々の意見交換をしていたら、もうちょっと違ったあり方もあったんじゃないかという気もします」

日本品質管理賞を断念したことは、小林には珍しく悔いの残る判断となった。もちろん、それはTQCを軽んじたことを意味しない。しかし、日本品質管理賞に挑まなかったことで、TQCの「厳しい修練の日々」が過ぎ去り、TQCは「日常業務の一部」になったのである。それはまた、富士ゼロックスという企業が、新しい局面に入ろうとしていたことを意味していた。

第4章

販売会社は何をもたらしたのか

僕は規模が大きい会社の社長で、山さんは小さい会社の社長だ。けれども、社長は社長だ。これからは、社長同士の話をしよう。

販売台数シェア低下に危機感

二年間に及んだアメリカでの研修を終えて、横田昭が日本に帰国してきたのは一九七六年のことだった。横田は、ゼロックス・コーポレーションで主にマーケティングの部署で研修を積んでいた。富士ゼロックスに戻った横田は、市場計画課に配属される。その頃、社内は強い危機感に覆われていた。

七〇年代に入ってゼログラフィーの基本特許が次々と切れ始め、リコーやキヤノンなど競合他社の追い上げが激しくなったところへ、七三年の石油ショックがあり、七四年度には初めての減益を経験する。それまで売上げ年率五〇%増という高成長を続けていただけに、初めての減益は、社内に大きなショックを与えた。帰国当時の様子を横田は次のように語る。

「現場レベルでは、これはかなりやばいんじゃないかなという感じでした。我われは、コピー枚数でシェアを考えていました。いわゆるコピーボリュームです。これでは富士ゼロックスは圧倒的なのですが、台数シェアがどんどん下がっていたからです」

富士ゼロックスは、コピーボリュームの大きい高速機に強みを持っていた。だから、販売台数に比べて、コピーボリュームのシェアは高かったのだ。

これに対し、リコーやキヤノンはコピーボリュームの小さい市場への食い込みを図った。つまり、中小や零細企業へ攻勢をかけたわけである。一台当たりのコピー枚数は少ないものの、販売台数を多くしようとする戦略だ。実際、富士ゼロックスの台数シェアを見ると、七八年には高速機が七五％もあるのに対して、中速機では四〇％前後、低速機では二〇％台まで落ちている。

こうした事情の背景には、富士ゼロックス独自の販売方法があった。富士ゼロックスは、代理店を使わない直接販売で、しかも複写機自体はレンタルしてコピー枚数に課金するシステムを採用していた。このレンタル制を考えれば、販売台数は少なくても、役所や大企業などコピーボリュームが大きい顧客を開拓した方が効率的である。ゼロックス・コーポレーションの開発する複写機が高速機中心ということもあったが、高速機の場合、複写枚数が多いので、比較的短期間のうちに償却が済んで、後は利益を生み出すという利幅の高さも魅力だった。それまで、富士ゼロックスが高速機ビジネスに力点を置いてきたのは当然と言える。

ところが、低速機市場での台数シェアがあっと言う間に二〇％台まで落ちたのは、無視できない話だった。生産台数が少なければ、コストを下げるのが難しくなる。しかも、扱い台数の多い低速機市場を制した企業は、いずれ中速機市場を制し、ついには高速機市場をも侵食することは、他の例で証明されている。

有名なのは、ホンダのアメリカ市場進出である。一九五九年にはアメリカのオートバイ市場は、その四九％のシェアを英国企業が持っていた。それが、ホンダ、ヤマハ、スズキといった日本企業の進出により、僅か七年後の六六年には英国企業が駆逐されてしまったのである。六六年時のシェアは、ホンダ六三％、ヤマハ一一％、スズキ一一％で、日本企業合計で八五％に達している。これはホンダなどが、低コストで小型なオートバイの販売を進めた成果だった。英国製の高級大型バイクを、日本製の低価格小型バイクが追いやった形である。

この事例を知った富士ゼロックスが、明日はわが身と感じても不思議はない。やはり、一番量の多いところを取らなければ、いくら高級機市場を制しても、将来は危ういと判断したのだ。

市場を三角形で捉えれば、頂点は高速機市場で、その下に中速機市場があり、一番下が低速機市場となる。販売台数で見れば、下にいくほど多い。三角形の底辺部分に当たる「底辺市場」のテコ入れこそが、富士ゼロックスの急務だった。

地方の優良企業と組んで販売会社を

一九七七年、横田は、従業員三〇名以下という小規模事業所向けの新たな販売戦略を立案する。しかし、それは「直接販売・レンタル制」というゼロックスグループの販売手法を大きく変えるものだった。

当時でも、三〇名以下の事業所は全国に六〇〇万ヵ所以上あった。この市場を攻略するのに、富士ゼロックスの営業部員だけではマンパワーが絶対的に足りないのは明らかである。しかも、そうした小規模事業所は、レンタルではなく「売り切り」を求めることが多かった。

横田は、販売会社や代理店を通じた「間接販売」と、低速機を中心とした「売り切り制」の導入を、役員会に提案する。これによって、それまで不足していた底辺市場へのカバー力を上げようと考えたのだ。だが、この提案は、保留とされてしまう。

底辺市場を制さなければ、いずれ中・高速機市場での優位性が損なわれてしまうことは理解できても、営業の効率性や収益性を考えると、底辺市場への深入りに対しては躊躇が生まれたのである。また、ゼロックス・コーポレーションに、「間接・売り切り」という販売方法を認めさせるだけの説得力も要求された。

結局、横田は、世界最大手の経営コンサルタント会社であるマッキンゼー社とプロジェクトチームを組んで、「営業活動の効率改善」の検討を進めることになった。それから八ヵ月間の作業を経て、「底辺市場における事業機会を積極的に追求する」という報告書がまとまる。一九七八年一一月のことだった。その報告書では結論として、以下の三点が強調されていた。
①高速機市場だけでは、富士ゼロックスの将来は危うい。底辺市場への積極的な参入は不可避である。
②富士ゼロックスは、開発、生産、営業全てにわたり高コスト体質となっている。このままでは、市場を拡大していっても、利益は小さいものになってしまう。高コスト体質の改善は急務である。
③広範囲に広がる底辺市場をカバーするには、富士ゼロックスの直販チャネルだけでは不可能である。別個の地域に密着した販売チャネルが必要である。
横田は、マッキンゼー社のスタッフと議論を重ねる一方で、現場を回り、以下のような感触を掴んでいた。

「底辺市場への切り込みを図るには、地方の企業や工場への営業が必要となります。そうした事業所では、『3500』より下のクラスの複写機がメインになる。それに合わせた営業の組織を作らなければなりませんでした。

地方での営業となると、二、三年で異動してしまう富士ゼロックス出向の営業所長では務まりません。もっと地元に密着した営業活動が必要です。コスト面で考えれば、地方は生活費も安く、その地方に合わせた給与体系が相応しい。全社統一の給与を持った富士ゼロックスの社員では、コストがかかりすぎます。もっとも、人件費を安く抑えるためと言うと、小林さんは内心嫌がったと思いますが」

底辺市場での勢力拡大のためには、それぞれの地方に販売会社を設立することは避けられなかった。要は、どのような販売会社を作るかの問題である。小林は以前から「地方に行くと、一〇〇年以上も続いている会社がたくさんある。オーナー企業で、規模は小さいけれど、コーポレートガバナンス（企業統治）がしっかりしていて、地元の人たちからも信頼されている」と話していた。小林の頭のなかには、そうした地方の優良企業と手を組んで、地元密着型の販売会社を作りたいという考えがあった。

当時、企画部長だった宮原明は、パートナーとなる企業候補を、小林に相談する。宮原が考えたのは、事務機を販売しているような会社だった。

「だって、富士ゼロックスの複写機を売ってもらうんだから、やっぱり専門のディーラーさんにお願いするのがいいと思うじゃないですか。ところが、小林さんからはオーケーが出ないんです。なんで事務機屋さんでなくちゃいけないの？　異業種でいいんじゃない。そういう発想でした」

小林は、事務機販売のノウハウよりも、地元での知名度・信用性の方が大切だと判断したのだ。

その後、一九八二年一月までに、富士ゼロックスが資本金の五一％を出資し、地元企業が残りの四九％を出資して、二九の販売会社が設立される。パートナーは、建築会社、食品メーカー、リース会社、自動車販売、商社、海運会社、百貨店など多種多様だが、いずれも地元の優良企業で、設立されたゼロックスの販売会社に、有形無形の恩恵を与えてくれた。

営業面で、信頼ある地元企業の後押しがあることは、大きな力となった。それだけではない。販売会社では、会長職にパートナー企業の経営者が、社長職に富士ゼロックス出身者が就き、社員の大半は地元採用とした。その人材を確保するのに、パートナー企業の知名度は計り知れない貢献を果たす。

この販売会社での経験が、小林が物事を判断する上で「信頼・信用」を重視する礎となったのかも知れない。さらに良かったことは、と小林は続けた。

「販売会社を展開したことで、非常に営業的に成果が上がったということはあります。それより僕が感銘を受けたことは、社長として送り込んだ富士ゼロックスの営業の猛者たちが、人間として成長したことです。日本各地の伝統ある優良企業の経営トップと触れ合い、学ばせてもらうことで、営業の猛者で終わりそうな者が、経営者としても人間としても素晴らしく成長した。全部が全部というわけではありませんが、そうした人間が変わっていく姿を目の当たりにすることは、僕自身の経験としても大きかったですね」

販売会社の設立は、一九七九年三月の常務会で正式に承認され、準備がスタートすることになる。この時、小林は社長就任二年目で、四六歳の誕生日を一ヵ月後に控えていた。

販売会社構想にアメリカが難色

小林には、富士ゼロックス社内で販売会社設立に向けて作業を進めさせる一方で、アメリカのゼロックス・コーポレーションを説得するという大仕事が待っていた。

最初、小林が販売会社戦略をゼロックス・コーポレーションに説明した時は、強い反発を受けた。「直接販売・レンタル制」を柱としているゼロックス・コーポレーションにとってみれば、販売会社を通じての間接販売、低速機を主力とした売り切り制は、耳を疑うものだったのである。

交渉窓口のワールド・ワイド・マーケティング部は、次のように難色を示した。①従来の販売方法でも富士ゼロックスの低速機市場は危機に陥らず、中・高速機市場への影響はない。②利益の半分を合弁相手に渡すべきではない。

分かりやすく言えば、中・高速機市場で十分に儲かっているのだから、無理して底辺市場開拓のために資金を注ぎ込むべきではない、ゼロックスの複写機によって得られた利益の半分を合弁相手のものとするのはおかしい――ということだ。

横田は一計を案じる。ワールド・ワイド・マーケティング部の部長を日本に招いて、実情を視察してもらったのだ。アメリカのマーケティング担当者は、自国やヨーロッパの市場のことは知っていても、日本やアジアの市場については疎かったからだ。

横田が随行し、一週間ほどの時間をかけて、広島、京都、神奈川を見て回った。顧客訪問を重ね、合間に観光による日本文化の紹介を試みたのである。訪問先に広島を選んだのは、横田が「広島は日本市場の縮図みたいなもので、広島で成功すれば日本全国で成功できる」という話を聞いていたからだ。

この日本視察は功を奏する。帰国間際、アメリカの部長は「俺のリコメンドとしては、ゴーだ。やるよ」と、横田に告げたのだ。

しかし、ゼロックス・コーポレーションの法務担当者とファイナンス担当者は、依然として首を縦に振らなかった。「他社の資本が入れば、ゼロックスの名前は使わせない」とする法務には、「富士ゼロックスだって、富士写真フイルムとの五〇％ずつの合弁ではないか」と切り返したという。利益の配分については、出資比率を見直すことで交渉を進めていった。

企画部長だった宮原は、ゼロックス・コーポレーションが合弁会社に難色を示すのには、理念の問題もあると説明する。

「財務的にゼロックスのビジネスでは利益を全部取りたい、という単純な話ではないですね。ゼロックスとしては、販売会社も一〇〇％コントロールしたいと考えていました。それは、ゼロックスの理念を、全うさせたいからです。ゼロックスの理念は、ウィルソンさんが言った『コミュニケーションを通じて、人間社会のより良き理解をもたらす』というものです。我われのビジネスのゴールは、儲けることではなく、コピーによって情報の民主化を図っていくことにあるという思想です。こうした思想、理念を大切にしたい、隅々まで行き渡らせたいという考えが、アメリカにはありました」

富士ゼロックスは当初、販売会社の出資比率をパートナー企業と五〇％ずつにしようと考えていた。しかし、ゼロックス・コーポレーションは富士ゼロックスの一〇〇％出資、それが無理なら九〇%という具合に、富士ゼロックス側が強力なイニシアチブを握れる形を主張した。厳しい交渉の結果、資本比率は富士ゼロックス五一%、パートナー企業四九%に落ち着く。横田によれば、この交渉がまとまるまで半年以上の時間がかかったという。

富士ゼロックスのもう一方の株主である富士写真フイルムは、販売会社構想について、どう反応したのか。当時の富士写真フイルムの社長は平田九州男である。平田は、富士ゼロックスの役員にも名を連ねていた。富士ゼロックスの役員会で、小林が販売会社設立について報告すると、平田は懸念を示したという。

「富士写真フイルムも一時期、五〇社を超える販売会社を作ったが、そのうち七社くらいしか上手くいかなかった。サラリーマンをやるのと、中小企業の経営をやるのとでは、ノウハウが大きく違うようだ。大丈夫だろうか」

これに対して、小林は毅然として答えた。

「ご指摘ありがとうございます。わが社の営業の者たちは中小企業経営のノウハウ以上の力を発揮してくれるものと、私は考えております」

それ以上、異論は出なかった。

販売会社の社長を誰にするのか

販売会社設立による底辺市場の開拓は、ＭＭ（マス・マーケティング）プロジェクトと呼ばれた。ＭＭプロジェクトにゴーサインが出た後、横田の頭を悩ませたのは、販売会社の社長の人選である。

基本的には営業のベテランが候補となった。ただ営業マンとして辣腕なだけでなく、ある程度の部下を束ねた経験があることも条件として加えなければならない。しかも、地方の販売会社の社長に就くに当たっては、その土地に骨を埋めるくらいの覚悟が要求される。

実際、販売会社が立ち上がってから一五年ほどは、販売会社の社長へは「片道切符」で行かされている。その後は販売会社から富士ゼロックスに帰ってくるケースも出ているが、初期の社長たちはそれこそ「背水の陣」で、それぞれの販売会社に乗り込んだのだ。もちろん、成功が約束されているわけではない。横田が当時を振り返る。

「まず社長候補として六人を考えました。その人たちとは侃々諤々の議論をしましたよ。候補の人たちからすれば、いかに社長の座が用意されているとはいえ、こまごまとした市場をやるために俺は富士ゼロックスに来たんじゃない、という思いがあったのでしょう。

それこそ、表も裏も含めて、説得に当たりました。

でも、販売会社に移られてからは、みなさんやりがいを持たれて、行って良かったという感じでした。その地方のトップ経済人とお付き合いできるのですから、ただ売ればいいじゃなくて、見識もだいぶ広まったはずです。早い話が、営業所長の名刺で活動するのと、社長の名刺で人と会ったりするのでは、大きく違います。営業所長なら、商品の性能とか、お客さまにとってのメリットなどを説明できればいい。しかし、社長となると、経済の問題や人の管理の話もできないといけないわけですから」

販売会社は設立から三年くらいで、黒字化するように計画されていた。そのために、販売会社設立以前からの地元の顧客を、販売会社に移管するなどの措置も執られている。しかし、販売会社に出される人間にしてみれば、不安の方が大きい。社長として送り出された辣腕営業マンは、どのようにその立場に納得し、地方でどのように市場を開拓していったのだろうか。

スタンダードゼロックスを一億円売った男

一九七九年二月九日――。ついにMMプロジェクトが動き始める。この日午後一時、東京の赤坂プリンスホテル別館二階の葵の間に、六人の営業の猛者たちが集められた。販売会社の社長候補者たちである。そのなかに、後に北海道ゼロックス販売（現・富士ゼロックス北海道）の初代社長となる山本宏がいた。

当時、山本は四三歳。高校を卒業し、富士写真フイルムに入社、二八歳の時に富士ゼロックスに移ってきた。まだ富士ゼロックスが創立二年目のことで、小林陽太郎より僅かに早く移籍してきたことになる。

実は、山本は富士写真フイルム時代、既に小林と知り合っていた。山本が足柄工場の製品管理課で「倉庫番」をしていた頃、小林は「エリートが配属される」業務部にいて、仕事上深い関係があった。その頃から、山本は小林の人柄に惚れている。今でも「私は、小林命です」と言ってはばからない。

山本は富士ゼロックスに入ってから、ゼロックス製品の輸入に携わった後、営業畑を歩んだ。山本の名前を知らしめたのは、「スタンダードゼロックス」を一億円売り上げたことである。「スタンダードゼロックス」は、ゼログラフィー技術を用いた初めての商品だったが、使い勝手が非常に悪い上にコピーの質も良くなく、アメリカでも「失敗作」と言われ、オフセット印刷くらいしか市場がなかった。その後、「９１４」という大ヒット商品が開発され、こちらがゼロックス躍進の源となったことは既に述べた。

富士ゼロックスが創設された時には、既に「914」が発売されており、これが販売の主力であった。一方で、「スタンダードゼロックス」も販売していた。だが、どうしても営業マンたちは「914」を扱いたがる。そんななかで、山本は当時社長だった小林節太郎に呼ばれる。節太郎は、山本の顔をじっと見据えた後、おもむろに口を開いた。

「お前、スタンダードゼロックスを一〇〇台、売れるか」

その頃の節太郎は、天皇のような存在である。山本は「一〇〇台売れるか」と聞かれて、しばし戸惑った。山本にしてみれば三〇分も沈黙していたように感じられたが、実際には十数秒だっただろう。

「やります」

「よし、お前に任せた」

山本の決意を聞いた節太郎は、その場で工場に連絡して、スタンダードゼロックスを一〇〇台作るように命じた。山本は「その一〇〇台を半年で売り切った」と言う。『914』は大勢がかかって一億円、『スタンダードゼロックス』は一人で一億円を売り上げた」とも山本は振り返った。もっとも、この話は少し大袈裟かも知れない。しかし、次のエピソードは、山本の活躍を裏付けている。

節太郎は「スタンダードゼロックス」を売るように命じてから半年間、山本とは口もきかなかったという。だが、一億円達成後、節太郎は山本を銀座に連れて行き、労をねぎらった。「914」チームが社内で華やかに表彰されていたので、節太郎は個人的に山本を表彰することにしたのだ。節太郎は自筆の表彰状も用意していた。山本は今も、その表彰状を大事にしまってある。

その後、山本は福岡営業所長、北日本支社販売推進課長として辣腕を発揮するが、本社に戻ってきてからは上司との折り合いが悪かった。行った先々の部署で、上司とぶつかり、疎んじられる。それでも、小林は折に触れ山本に手を差し伸べていた。山本は、「節太郎さんは厳父、陽太郎さんは慈父」と話す。

出るも地獄、残るも地獄

山本を含む六人の営業の猛者たちが集められた赤坂プリンスホテルの一室。部屋には、専務の和田洋をはじめ営業幹部も顔を揃えている。もちろんMMプロジェクト課長の横田も同席している。横田は、これから従業員三〇名以下の小規模事業所向けに小型複写機を売るため、全国都道府県に地域密着型の販売会社を設け、地元有力企業の出資を受けて共同事業を展開することを説明した。

続けて、和田が「君たち六人に、販売会社の社長をやってもらいたい」と切り出した。六人はまだMMプロジェクトに半信半疑である。優れた戦略のように見えるが、果たして上手くいくのか。俺たちに、社長が務まるのか。失敗したら、どうなるのか。さまざまな思いが、六人の胸のうちを交錯する。和田が「何か、質問はないか」と尋ねるが、誰も何も言わない。業を煮やして、山本が手を挙げた。

「どうして、和田専務の子飼いの部下で優秀なヤツを、候補に入れないんですか。何で、自分たちを選んだんですか」

和田は怒った。

「なんだ。お前には販社の社長どころか、営業部長、営業企画部長も務まらないぞ」

怒られながら山本は、内心で「嘘でも、あなた方じゃなきゃできないんだ、くらいのことを言ってくれよ」と思っていた。

そんな山本の気持ちを変えたのが、営業企画部長の一言だった。トイレで一緒になった営業企画部長が用を足しながら、隣の山本にしんみりと言葉をかけてきた。

「この話は、出るも地獄、残るも地獄ですよ。でも、やるからにはお互い頑張りましょう」

この一言で、山本は吹っ切れた。持ち前の負けん気が頭を持ち上げる。「引き受けるからには成功させないといけない。よし、日本一、世界一の販売会社にしてみせる。俺じゃなきゃできん」と心に決めたのである。

山本は、担当する地域に北海道を選んだ。最初は母方の実家がある長野県を考えたが、まだ市場規模が小さく「三年後の黒字化が難しい」ということで、横田の勧めで北海道にした。「三年で利益を出せないようでは、パートナーさんに失礼になる」と小林に言われたからである。

山本は、北海道には父親の仕事の関係で五、六歳の頃住んだことがあるだけで、地縁血縁はなかった。パートナーとなる地元有力企業を選ぶに当たっても、詳しい情報を得るような伝手《つて》はほとんど持ち合わせていない。いくつかの候補企業を提案しても、小林の了解は取れなかった。結局、小林の人脈で、不動産業と建設業を営む伊藤組を紹介してもらう。伊藤組社長の伊藤義郎の奥さんが、かつて小林の自宅近くに住んでいて子供の頃からの知り合い、という縁だった。

北海道に限らず、販売会社のパートナーとして出資を仰ぐ地方の有力企業は、そのほとんどが小林の尽力で決まっている。山本によれば、全国の販売会社のうち、パートナー選びに小林が直接関与しなかったのは、埼玉、広島、福岡の三つだけだ。小林の公私にわたる人脈の広さ、人望の厚さがなければ、富士ゼロックスの販売会社設立はスムーズにいかなかっただろう。

　北海道ゼロックス販売が設立されたのは、一九八〇年五月である。社長に就任した山本は、五人の部下を富士ゼロックスから連れて行った。営業部長、事務部長、営業係長二名、サービスエンジニア係長の五名だ。他に地元で一三名を新しく採用し、山本以下一九名でのスタートとなった。

　しかし、最初の一年半、山本には「呻吟の日々」が続く。北海道の土地柄か、営業マン自体を敬遠するような雰囲気があったという。

「営業係長の一人は、富士ゼロックスではトップセールスマンでした。彼が、一週間で靴を買い換えなきゃならないほど歩いて、しまいには足が固まって動かなくなる。それほどまでしても、売れなかった」

　焦れる日々のなか、銀行出身で伊藤組常務だった人物に、山本はこう諭される。

「山本さん。焦らなくていい。北海道人というのは、一度に二つのことを教えちゃダメだよ。まず一つ教えて、それがきちんとできるようになったら、また次を教えなさい」

　山本は、「人間、焦っちゃいけない」と考え直し、営業マンの教育に力を入れるようにした。急がば回れ、である。これがジワジワと効果を表す。会社設立から一年半後あたりから、目に見えて販売実績が上がり始めた。営業マンの技量が高まってきたところに、性能の優れた新製品が投入され、そのタイミングの良さも成績急上昇に一役買う形となった。

地域の販売会社が担当する小規模事業所の場合、対象商品は「3500」では高機能すぎるため、その下の「2200」「2300」が主力だった。しかし、それらの機種はリコーやキヤノンに比べてコストパフォーマンスで見劣りがしていた。一九八〇年代に入って、二段階縮小機能のついた「2350」、A3からB6まで七サイズのコピーが取れる「2830」などの新製品が発売され、ようやく販売会社向け商品が充実してくるのである。

販売先第一号は愛犬病院

山本は北海道ゼロックス販売の社長を一八年務め、一六年連続で販売実績全国一位を記録するなど、まさに日本一の販売会社を作り上げた。それでも、最初の一台が売れた時の感激は、その当時のまま山本の胸にある。

初めての一台が売れた先は、愛犬病院という犬の病院だった。犬の毛が機械のなかに詰まってしまうので、メンテナンスには苦労したという。

「でも、思い出深い第一号ですよ。とにかく売れたということで、みんな喜んで。すすきのへは繰り出せませんでしたが、近くの焼き鳥屋で乾杯しました」

営業マンたちは、この第一号機が何で売れたか、徹底的に分析する。昼間の外回りが終わり、夜になると愛犬病院のケースを研究した。どうやって売り込めば、いいのか。顧客へのアプローチの仕方、デモンストレーションのやり方など、細かいノウハウを分析していく。その結果を「アプローチブック」という小冊子にまとめた。たった一つの成功体験を、みんなが共有することで、北海道ゼロックス販売の快進撃が始まったのである。

もちろん、山本も先頭に立って、営業に回った。当時の山本の挨拶は振るっている。

「北海道は雪が降るので、イノシシは住めないそうですね。イノシシは足が短いので、雪に埋まってしまうから。私はイノシシ年生まれですが、雪のなかも飛んで行きますので、よろしくお願いします」

この決まり文句は、相手先に大いに受けた。

三年目くらいから、山本にも自信が付いてきた。業績がうなぎ上りだったこともあるが、いい人材が採れるようになってきたからだ。これには、パートナーの伊藤組の信用も大きく貢献している。さらに、伊藤組社長の伊藤義郎が札幌大学の理事長に就任すると、山本も理事に就く。ここで山本は「大学の仕組みもうんと勉強させてもらえた。学生採用でも、どこを押せばいいのか分かった」と言う。

給与の面でも、いい人材を獲得するために、山本は地元企業より高めの設定をした。富士ゼロックスの給与を一〇〇とすると、北海道の地元企業は六五くらい、良いところでも七五だった。北海道ゼロックス販売は、八〇から八五の水準としたのである。

設立一〇年を過ぎると、「やることなすことが全て成功して、有卦《うけ》に入ったと言うんでしょうかね。楽しかった。僕も楽しかったが、社員も楽しかったと思います」という状態になった。

一八年の社長業の経験を踏まえて、山本はしみじみと語った。

「経営者というのは、人間的に優れてないといけない。僕なんか全然駄目でしたけれど。でも、販社の社長をやらせてもらって、本当に良かった。社長次第で、会社というものはどうにでもなるもんなんです。良くもなれば、悪くもなる。バカなような顔をしていても、押さえるところは、きちんと押さえなきゃいけないとか。いろいろ勉強させてもらいました」

そこには、組織のなかで繰り返し軋轢を生み出していた「辣腕営業マン」の山本はいなかった。小林が言うところの「成長した人間」の山本がいた。

阿久悠と演歌の勉強中

山本はインタビューのなかで、何回も小林への感謝を口にした。山本があるべき経営者像として小林を見ていたことは想像に難くない。いや、小林に心酔していると言った方がいいだろう。

販売会社社長として、第一陣がそれぞれの地方に出向く直前、小林は送別会を開く。広島、京都、埼玉、福岡、北海道の販売会社社長となった五人が顔を揃えた。席上、小林は「何でも聞いて欲しい」と五人に投げかけた。しかし、誰も口を開かない。少しの沈黙の後、山本が手を挙げた。「将来、株式を社員に分けるような計画はありますか」など幾つかの質問をしたが、山本にとっては以下のことこそ最も気になっていた点だった。

「誰が、僕たちの生殺与奪権を持っているのですか?」

山本にしてみれば、支社長や事業部長、取締役たちが、自分の首を勝手に切れるようならば、たまったものではないという気持ちだったのである。小林は、やや苦笑したのかも知れない。

「そんなこと、分かっているじゃないか」

この答えで、山本は安心して仕事ができると確信した。「自分の後ろにいるのは小林さんだ。小林さんに首を切られるのなら仕方ない」と思うと、山本は勇気が湧いてきた。「後は、お互いにダントツを目指して、努力・研鑽するだけだという話になりました」

小林はとかく合理的理知的に判断・行動する経営者と見られがちだ。「国際派」というレッテルが、そのイメージを増幅させてもいる。だが、小林はむしろ浪花節的な人の機微に気を使う人物である。引退間際でも、入社間もない一回会っただけの女性社員の名前を覚えていて、次に会った時に名前を呼ばれたその女性社員が感激した、というようなエピソードには事欠かない。

北海道ゼロックス販売の株主総会に出席するため、小林が北海道を訪れた際の話である。千歳空港に出迎えに行った山本は、小林に勧められるままに、車の隣の席に腰を下ろした。車中で、小林は「山さん、社長業はどうだい」と切り出した。

「僕は規模が大きい会社の社長で、山さんは小さい会社の社長だ。けれども、社長は社長だ。これからは、社長同士の話をしよう」

この言葉に、山本は心のなかで泣いた。うまいことを言うな、人を泣かせるなと思っても、設立間もない地方の販売会社の社長には心に沁みる一言だった。

山本の目には、小林は浪花節の分かってくれる日本人的経営者として映っている。

「小林さんはアメリカナイズされているように見られているでしょう。だけど、そうじゃないんです。車でご一緒する時なんか、携帯テレビを取り出して、よく映るように窓にくっつけて、『ちょっと見てみろ』なんて言うんです。覗くと、全日本チームの国際試合なんかで、小林さんは『日本人、頑張れ』なんて応援していました」

まだ山本が東京にいた頃だった。あるイベントに向かう時、小林は「もの凄い珍しいものを聞かせるから」と、山本を車に誘った。内心で山本は「アメリカ人の英語のスピーチでも聞かされるのか。まいったな」と思った。車に乗り込んだ小林は、嬉しそうにテープをかけさせる。流れてきたのは、英語ではなかった。

「北へ帰る人の群れは~♪」

津軽海峡冬景色。演歌だった。呆気に取られる山本に、小林は笑顔でこう言った。

「おい、俺、今、阿久悠さんと勉強しているんだ。言われたんだよ。日本人の社長たる者、日本人の心が分からないとだめだ。日本人の心は演歌だと。演歌を勉強しなきゃいかんと。だから、いま演歌を勉強してるんだ」

それを聞いて、山本は「もう一度、惚れ直しましたね」と言う。

小林はカラオケが好きだ、という話は、親しくしていた何人かから聞いた。定番は、ビリー・バンバンの「白いブランコ」や石川さゆりの「津軽海峡冬景色」だ。若い人が多い場では、得意の英語で一曲うなることもある。しかし、本当に好きなのは谷村新司の「昴」や「マイ・ボーイ」だという。「マイ・ボーイ」は、さほど有名な歌ではない。歌詞に思い入れがあるのだろう。

My Boy　いつの日か　この手を離れて
大空に逃げてゆく時は　黙っておゆき
My Boy　さよならの言葉はいらない
心のおもむくままに駆けてゆけばいい

谷村新司とは、プライベートで交遊があるので、「昴」や「マイ・ボーイ」は直伝かも知れない。営業の関係などで、地方に行った際など、小林は請われるままに一、二曲歌う。かなり上手いとの評判だ。しかし、最初の頃は下手だったらしい。

カラオケが出始めた頃、プロゴルファーの松井功は、小林に誘われて財界人四、五名のグループで、東京・向島のお茶屋に繰り出して、マイクを握ったことがある。松井はその時が、初めてのカラオケだった。小林もそうらしかった。財界の重鎮たちが「これからはカラオケだ」と言い始めて、実地体験となったのだ。

なにせ初めてのカラオケだ。松井も下手くそだったが、小林の歌も「相当に……」という具合である。ゴルフの名手の小林も、カラオケは苦手と松井の目には映った。

「ところが、驚いたことに、次にカラオケに行った時には、格段に上手くなっていたんです。行くたんびに、上手くなっている。しまいには、宮原さんとデュエットしてるんですよ」

後任社長の宮原明は、関西学院大学のグリークラブで鳴らした経歴を持っている。その宮原相手に、小林はハモっていたというのだ。松井は舌を巻いた。

「きっと、車のなかにカラオケを持ち込んで、練習したんじゃないかな。何事にも、負けず嫌いなんでしょうね」

小林のカラオケは、地方の販売会社の社員たちにも、お得意さんたちにも大好評だった。気さくにマイクを握り、演歌や谷村新司を歌う小林の姿を見て、日ごろ近づきがたく思っていた人たちも印象をガラリと変えたという。

第5章

ニューワークウェイは正しかったか

偏見だと非難されても、自分の意見を持ち、勇気を持って発言することを恐れないで欲しい。

形骸化したTQC

富士ゼロックスは一九八〇年にデミング賞を受賞した。ほぼ同じ時期に、中小事業所を対象にした地域の販売会社を設立し始めている。全国各都道府県に販売会社が出来上がり、そう遠くない時期に全国販売網が確立されると見られていた。

TQCによる開発・生産力の強化と、販売会社設立による営業力の拡大によって、富士ゼロックスの八〇年代は輝かしいものになるはずだった。

一九八三年に始まった第二次五ヵ年計画では、売上げの伸び率を年間二二・五%と見込んでいた。最終年度の売上げは、初年度の二・八倍の六六〇〇億円を計画し、一九九〇年度には一兆円企業を目標にしている。

ところが、五ヵ年計画の最終年に当たる八七年度の売上げは、計画の三分の二、四二七四億円にとどまった。八五年度、八六年度には僅かではあるが、二年連続の減益さえ経験する。一兆円企業の夢も遠のき、その達成は二〇〇三年度まで待たなければならなかった。

八〇年代と言えば、「ジャパン・アズ・ナンバーワン」と謳われたように、日本の製造業がその強さを世界に示していた時代だ。そして、八〇年代後半からは、バブル景気に日本全体が浮かれていた時期でもあった。そのなかで、富士ゼロックスは沈滞していた。一体、富士ゼロックスに何が起こっていたのか。当時社長だった小林陽太郎は、こう語った。

「もちろん複合的な要因があるけれども、端的に言うと、トップラインつまり売上げの伸び悩みです。『3500』というダントツ商品を作った後、これならお客さまに胸を張ってお勧めできるという商品がなくなってしまった」

複写機ビジネスは、顧客がどのくらいコピーを取るかによって、さまざまな機種を揃えなければならない。「3500」がどんなに名機であっても、それほどの性能を求めない顧客には魅力が感じられないのだ。もっとコピースピードが遅くても、コストの安い機種の方を選ぶ。特に、地域に設立した販売会社が対象としたのは、従業員数三〇名以下の小規模事業所であるから、「3500」ではオーバースペックだったのである。

「販社のお得意先となる小さい規模に適した商品の開発が十分にはできてなかった。販社からは、小型機の要望が強く上がってきていました。いわば、販社版の『3500』です。技術陣には、それは分かるけれど『3500』をやった後でとてもそんな商品はできないよ、という雰囲気もありました」

技術者の性《さが》として、前に開発したものより性能の劣る製品に、情熱を傾けにくいということは理解できる。しかも、求められている小型機は、性能よりもコストが問題となっていた。「３５００」で用いたほどの高性能な部品を使わないとか、同じ品質の部品をより安く調達するとか、部品の共通化を進めるとかが迫られたのである。小林は、こう言う。

「『３５００』は素晴らしい成功だったけれども、その成功が底辺市場向けの商品開発に思い切ってステップを切ることを逡巡させたということは、あったと思います」

一九八〇年のデミング賞受賞で、富士ゼロックスのＴＱＣは一つのピークを迎えた。その後、小林はさらなる高みを目指して日本品質管理賞に挑戦することを考えたが、デミング賞で疲れきった役員や社員の大勢はそれを嫌い、挑戦が行われなかったことは前述したとおりである。

小林は今なお「デミング賞後、明確なビジョンを打ち立て、周囲の反対はあるものの、もっと強いリーダーシップを発揮し、ＴＱＣをより一層深めた方が良かったのではないか」という悔悟にも似た思いを抱いている。

その背景には、デミング賞受賞後、富士ゼロックスのＴＱＣが形骸化していったという事情があるのだろう。ＮＸ（ニューゼロックス）運動として小林が心血を注いだＴＱＣが、日を追うごとに形だけを整え、中身の伴わないものへと変わっていったのである。

前にも見たように、ＴＱＣの本質はプロセス管理にある。ＱＣストーリーと呼ばれるＰＤＣＡつまりPlan（テーマの選択と目標の設定）→Do（対策の検討と実施）→Check（改善効果の確認と標準化）→Action（残された課題と今後の進め方）を回す（繰り返す）ことで、問題の根本原因を発見し、再発を防止しようとするものだ。

このQCストーリーを回すことで、「Why」（なぜ問題が起こったのか）を追求し、改善を重ねていくという手法だ。一回PDCAを回すごとに、根本原因へ近づいていくことになる。

富士ゼロックスではいつしか、一つの問題に対して最低五回のPDCAを繰り返すことが、ルールとなっていた。小林が言うところの「なぜなぜ問答を五回は繰り返す」ことである。

TQC形骸化の一つの例として、この「なぜなぜ問答を五回」が、言い訳に使われる場面が増えたことが挙げられる。問題を解決するに当たって、「PDCAを一回しか回していない」「まだ五回やっていない」という理由で先延ばしするのだ。ビジネスは時間との勝負という側面がある以上、「五回」という形式だけに囚われていては大事な機会を失ってしまう。

また、TQCは事実に基づいて作業を進めることが大原則だ。「現場の勘」に頼るのではなく、あくまでも「データ」を重視する。簡単に言えば、「事実を数字で示せ」ということである。

ところが、工場などの現場では、その数字、データを捏造するということが起こり始めた。「作れデータ、隠せ真実」「作るデータは達成せず」というようなキャッチフレーズが陰で囁かれるようになる。会議の場でも、提案をする時も、必ず「数字を示せ」と言われるので、現場ではとかく説明しやすい数字を作るようになってしまったのだ。

急激なTQCの浸透で、プロセスを厳しく管理されることを、「軍隊のように」感じ、息苦しく思っていた社員は少なくない。それが、TQCの形骸化につながっていったことも否めないだろう。

こうしたTQCの形骸化は、八〇年代中頃には顕著となり、それに対する危機感も強まってくる。振り返ってみれば、この時、富士ゼロックスは確かに「踊り場」に立っていた。経営的には、それまでの高成長から低成長への移行期に当たり、収益確保のためにはコストの改善が重要な課題となってくる。

それにも増して重大なのは、富士ゼロックスがメーカーとして競争力を高めるために、今一度TQCの深化に取り組むのか、それとも他の方法論を取るのか、という判断であろう。

小林が出した結論は、「ニューワークウェイ」というものだった。ニューワークウェイとは、個人の個性や創造性をフルに尊重し、その結果として快適な仕事の場を実現し、次の創造力発揮につなげようという試みである。

「Why」から「Why not」へ

TQCには形骸化というほかに、TQCが本質的に持っている限界という問題がある。設計部長として「3500」の開発を主導した溝尾久は、こう指摘している。

「TQCはデミング賞を受けたくらいですから、日常業務のなかにきちんと根付いていたと思います。TQCというのは、何千人という社員を一つの方向に持っていくのには素晴らしい方法です。品質を第一に考えて、全員でその目標に向かって進んでいくシステムとして機能する。プロセスを管理して、行き当たりばったりというやり方を排したわけです。

だから、TQCというのは、個人が自分の軸で勝手に動くことを良しとしません。あるステップで、一つの方向にまとめてゆくのがTQCです。別の言い方をすれば、一つの枠にはめ込んでしまうために、違う視点が出てこなくなる。視点を変えないと創造性は生まれません。物事の見方を変えないと、クリエイティブな取り組みはできないのです」

つまり、TQCは、地道な改善によって製品やサービスの質を上げることには高い効果があるが、今までになかったような革新的な製品やサービスを生み出すことには不向きな手法ということだ。品質管理というものは、できるだけ平均となる中央を厚くし、そこからプラス・マイナスの大きい端の部分を少なくしていくことを志向する。極端に言えば、プラス・マイナスの両端に当たる数%の部分を切り捨てていく。その切り捨てられた数%のなかに、往々にして革新の種が隠されているのだ。

小林は、どう考えていたのだろう。ここは、じっくりと小林の話に耳を傾ける必要がある。なぜなら、一九八八年から実施されたニューワークウェイは、それから現在に至る富士ゼロックスの企業風土の大本になっているからだ。

「TQC導入前の富士ゼロックスは、超個性派の会社でした。技術も営業も、欲しければ自分で取れくらいの感じです。そこにTQCを入れて、開発・生産の標準化や営業ノウハウの共有化を図ったわけです。

もちろん、TQCの科学的にアプローチするというやり方は、誰も否定しません。しかし、標準化には結構抵抗があったように思います。標準化なんかすると、富士ゼロックスの尖ったところ、特徴がなくなって、普通の会社になっちゃうんじゃないかとか。それを超えてTQCは成果を上げたわけですが、それだけでいいのかなという疑問を、多くの人たちが持っていた。TQCは、全く異質なもの、全く違うもの、つまり過去の延長線上には出てこないものを扱う仕事には不向きなのではないのか。例えば、製造工程では威力を発揮するが、宣伝広告のようなクリエイティブな部門まで、TQCで全てを解決していこうというのは無理があるのではないか。

TQCは大事だけれども、個人の創造性も大事だろうという話です。会社から見れば、組織があっての個人なのか、一人ひとりが生き生きと仕事をするということをベースに組織を作っていくのか、という判断になります。富士ゼロックスの場合には、超個性派や標準化無視は困るけれども、やはり個性が消えないようにしていこうじゃないかと考えたわけです。組織のあり方としても、個人がなくならないように、むしろ個人が見えるようにしたいと」

TQCはプロセス管理を旨とするので、実践する者は常に管理され、自由に物を言えないように感じがちである。小林はニューワークウェイによって、個人の自由な発想を活かそうと考えた。

「なぜなぜ問答じゃないけれど、TQCでは『Why』『Why』を繰り返しました。データをきちんと取って、合理的になぜ、なぜを突き詰めてから行動しなければならない。

ニューワークウェイでは、『Why not』ということを強く打ち出しました。『Why not』つまり『なぜ今やってはいけないのだ』。言い換えれば『やってみなはれ』ということです。『なぜやらないんだ』と聞いた時、『まだ、なぜなぜ問答を三回しかしていません』という答えでは済まさないということです。世の中はどんどん変わっていくし、お客さまのニーズも変わってくる。そんな時に、『まだ五回していません』では、商売になりません。後での検証は必要ですが、ある程度リスクをとって進めようということです」

「Why」から「Why not」への転換――。TQCの形骸化と、「3500」以降ダントツ商品が生まれないという二つの問題に対して、小林が下した判断は、これだった。小林は、全社員に対して「変化のための変化であっても構わない」「やや合理性を欠いても、思い切って違ったことをやろう」というメッセージを送っている。当然、社員のなかには、TQCを進めたNX運動からの大転換かと、戸惑いが生まれた。

「社員たちに、これまではTQCで、これからはニューワークウェイかという戸惑いは、確かにありました。でも、僕としては、ニューワークウェイをやる時でも、TQCを否定しているわけではない。TQCはベースとして非常に大事だから、どんどん進めましょう。これは変わらない。むしろ、TQCプラスαとして、ニューワークウェイを実践していこうと考えていました。

新しさだけで、商売ができるはずはありません。地道にきちんと必要な利益を出しいく体質と、将来に向かって企業の持続性を担保するもの、その両方が必要なわけです。その将来を担保するものを、ニューワークウェイによって生み出そうと思いました」

デミング賞受賞後、富士ゼロックスのＴＱＣは、現場でのサークル活動が主力となっていった。現場で小さな改善を積み重ねることによって競争力を徐々に高めていく、というまさに地道な努力が行われていた。これはボトムアップ型のＴＱＣである。

一方、デミング賞まで行われていたトップダウン型のＴＱＣは、影を潜めていく。役員たちによるＱＣ診断なども、かつての厳しさは消えていった。ＮＸ運動推進室長としてＴＱＣの陰の立て役者であった土屋元彦は、こう語っている。

「ニューワークウェイあたりから、現場に対するマネジメントの改革というようなものが非常に薄くなってしまった。そこが残念です。（ＴＱＣを指導した）朝香先生流の言い方をすれば『お前たち、そんなことを社員たちに言わせて、何をやっているんだ』という感じでしょうか。社員に提案させるのはいいのですが、戦略を構築するのはマネジメントの仕事だということです」

こうした危惧はあったが、小林は経営の舵をニューワークウェイへと大きく切っていったのである。

「滅私奉公」ではなく「活私奉公」を

一九八八年四月、小林は社員向けのビデオメッセージで、第三次長期経営方針とニューワークウェイについて、熱く語っている。

第三次長期経営方針は前年の七月に策定したもので、実施年度は八八年から九二年。第二次長期計画が大幅な未達成に終わったことを受けて、売上げ見通しなどを抑えていた。

第二次では二二・五％となっていた売上げの年平均伸び率は、第三次では一二・七％である。売上高で見ると、計画初年度に対して五年後の最終年度は、第二次計画では二・八倍を見込んでいたが、第三次計画では一・八倍にすぎない。ただ第三次長期計画で特徴的なのは、「高感度企業」構想を訴えていることだ。

メッセージビデオのなかで、小林は「社会のニーズの大きな変化に対して、全社員が高感度でなければならない」と説いた。その頃、ファクシミリは既に普及し、ワークステーションなどを使ったネットワーク社会が出現しつつあった。富士ゼロックスのビジネス領域も大きく広がることが予想されていたのだ。小林は続ける。

「これまでの二五年を延長していては、とても対応できない。我われ自身が従来の慣習に囚われない、斬新な発想を、富士ゼロックスで実践して、社会に訴えてゆく」

「偏見だと非難されても、自分の意見を持ち、勇気を持って発言することを恐れないで欲しい。それなしでは、従来なかった技術、従来なかった仕事の仕組み、従来なかった発想などは生まれない。それを取り除くことで、新しい地平が広がる」

ある。それを取り除くことで、新しい地平が広がる」

高感度企業を目指すことは、ニューワークウェイを実践することと表裏一体の関係にあった。

高感度そしてニューワークウェイの必要性を小林に訴えたのは、当時常務だった大西康敬である。小林に言わせると、大西は「もともとオール感覚みたいな人で、理屈よりは勘でスパーッとやっちゃうようなところがあった。そのへんのセンスは他にないものを持っていた」人物だった。大西は、「もっと個人の感性を生かそう」と考える人たちの代表とも言える。

小林自身は「Why」を追求する方が性に合っていたが、TQCの形骸化の問題もあって、ニューワークウェイに踏み出した。もちろん、小林のなかにも、「昔はもっと感度が高かったよね」という思いはあった。小林の後継社長となる宮原明は、高感度企業について小林から言われたことが印象に残っている。

「小林さんは、企業が高感度なのではなくて、そこに働く人の感度が高いから高感度なのだと言ってました。企業に倫理観があるんじゃなくて、そこにいる人の倫理観が高いから企業の倫理観が高まるんだと。人が原点ということは、ずうっと変わっていない。人の顔が見えなくなってきているから、もう一度一人ひとりの個人を尊重しよう、と。それがニューワークウェイの根底にあったように思います」

小林や宮原がそう考えるきっかけとなった出来事がある。ニューワークウェイが実施される前年、一九八七年の七月に、富士ゼロックス創立二五周年の記念行事として募集が行われた「ビジョン一〇〇人会」だ。ビジョン一〇〇人会は、公募によって選ばれた若手社員一〇〇人に、二一世紀の富士ゼロックスについて、自由に意見を述べてもらおうというものである。メンバーは二三歳から三六歳、男性八八人、女性一二人。本社、営業、開発、生産、関連会社など、広い範囲から集まった。

ビジョン一〇〇人会は一四のチームに分かれて議論を重ね、さまざまな提案を行っている。社員によるベンチャービジネスの設立、育児休職制度の導入、レディースフォーラムの発足、二一世紀のワークスタイルを考えたモデルオフィスの実験、社員の討論の場となる「集い」の開催など、いずれもその後のニューワークウェイで実践に移されている。

宮原は、ビジョン一〇〇人会のなかで忘れられない言葉を聞いた。

「若手社員たちが言うんですよ。私たちに滅私奉公させないで下さい。仕事をしたくないわけじゃない。でも滅私は嫌だと。私たちを活かして下さい。『活私奉公』させて下さい。そう言われたのが、ものすごく印象に残っています。そういうなかで、いろいろな提案が出てきて、ニューワークウェイにつながっていったんです」

小林も宮原も、社員たちが新しい働き方を求めていることを強く感じ取った。それは「個人が活かされる会社」というものだ。仕事そのものでも個人を活かし、今で言うワーク・ライフ・バランスにおいても充実した人生を送れるように、会社としてできるだけサポートしていくことが必要だ。そう小林は考えるようになった。

後年社長となる有馬利男は、ニューワークウェイについてこう語っている。

「確かにTQCの反動が来ていたとは思いますが、それをなくすためにアンチテーゼとして、ニューワークウェイを入れたということだけではないでしょう。やっぱり、小林さんの経営観というか、ビジョンによるものではないか。当時、AI（人工知能）とか、OIS（オフィス・インフォメーション・システム）が盛んに言われだして、富士ゼロックスとしても新しい知の構築に参加していくんだと、そのためにも富士ゼロックスそのもののあり方、そこでの働き方を変えていこうと、そう考えたのではないでしょうか」

ニューワークウェイ・プログラムは一九八八年二月から、スタートを切ることになる。

第一回「とぉくなーど」の波紋

一九八八年五月二七日、東京・虎ノ門のホテルオークラに、富士ゼロックスの社員二二〇名が集められた。開発、生産、営業のほか総務、人事などさまざまな部門から、職種・階層・年齢・性別を超えた社員が顔を揃えている。社長の小林陽太郎をはじめ、役員も何人か参加していた。

これが、第一回の「とぉくなーど」である。「とぉくなーど」とは、「話し合いの広場」を意味する富士ゼロックスの造語だ。社員、中間管理職、役員が一堂に会して、忌憚なく意見を言い合おうというものである。ビジョン一〇〇人会で提案された「討論の集い」が、ニューワークウェイの一環として具体化されたのだ。

初めての「とぉくなーど」で、冒頭スピーチに立った小林は、二二〇名の社員たちを前にして、問いかけるように次のことを訴えた。

これまでTQCを中心としたNX（ニューゼロックス）運動を展開してきたが、このNX運動を刷新させる時期が来たこと。Whyによる「なぜなぜ問答」を繰り返してきたが、そこに敢えて「Why not（なぜやってはいけないのか）」の精神を付け加えて欲しいこと。そして、自らが主役となってTQC＋ニューワークウェイを実現させなければならないこと。

続いて、会社側から今回のテーマが説明され、二二〇名の社員たちは一五名ほどのグループになって、討論を行った。その後、グループの代表たちが、パネルディスカッションを通して、グループで集約した意見や問題点を発表していく。朝から始まったこの「とぉくなーど」は夕方まで続き、夜の懇親会へと移った。丸一日をかけたことにも、「とぉくなーど」に対する強い意欲が感じられる。

この日のテーマは「ニューワークウェイという観点から見たNX運動のあり方」だった。TQCとニューワークウェイを両立させたいという経営側の狙いが読み取れる。逆に言えば、突然ニューワークウェイを突きつけられた社員たちは、それまでのTQCとどう整合性を付ければいいのか、迷っていたのだ。そのことはグループ代表者の次のような発言からも分かる。

「個をどう認めてゆくのか。できないことは何もないと思って、第一歩を踏み出したい」

「個人の感性を伸ばすということと、TQCは相反するところがある。TQCのサークル活動は個人を抑えるところがあった。これからは、サークルだけじゃなく、個人でやるという選択肢があってもいい」

「TQCの形骸化がなぜ起こったのか。トップダウンで下りて来ても、目的などをどれだけの人が理解しているのか。時間の経過とともに、ただの形式論になっているのではないか」

「TQCとニューワークウェイは並列なのか。TQCはあくまでツールであって、ニューワークウェイは経営の目標を達成するためのもの」

「個性を活かすためには、部門間を超えた風通しの良い風土を作って、みんなが自分の意見を言い合えることが必要」

「TQCの形骸化については、『俺たち二軍選手が言っても仕方ないか、指揮官の考え方もあるし、コーチやベテランも頑張っているし』というような雰囲気で出てきた」

「都会のニューワークウェイと田舎のニューワークウェイは違う」

「時間を作らないと、個の発想もできない」

「ニューワークウェイでは失敗を恐れない勇気が必要」

「ルールを破るのではなく、ルールを書き換える努力をしたい」

終日、小林は社員たちの声に耳を傾け、メモを取り続けていた。そして、最後にスピーチに立ち、次のように結んだ。

「ニューワークウェイによって、予見不能な危機へも早期に対応できるようになり、また社内外へ新しい企業提案を鮮明に打ち出したい。『Why not』の精神でトライして欲しい」

実質、この日からニューワークウェイが走り始めたと言えるだろう。

ニューワークウェイが生んだもの

ニューワークウェイは企業風土の改革という性格を持つため、その終わりを明確に述べることは難しい。今なお続いていると言えば、言えるのだ。ここでは、「とぉくなーど」が始まった一九八八年から、終わる一九九〇年代末までの一〇年ほどをニューワークウェイの期間と考える。この間、ニューワークウェイは富士ゼロックスの経営指針となった。では、「個を活かす」というニューワークウェイは、何を生んだのか。

製品では、世間で大きな反響を呼んだものとして「写楽」がある。「写楽」は個人や家庭を対象にしたハンディ型転写機で、八八年三月に発売された。片手で持てるくらいの小型のコピー機で、拡大・縮小機能も付いており、カラー複写も可能だった。八九年にはハーフトーン機能の付いた「写楽αII」が、九〇年にはFAXと複合した「FAX写楽」などの後継機が出ている。

コピーといえば、事務所にある大きなコピー機か、小さくてもデスクに据えられたコピー機ですするものと決まっていた時代だ。個人が持ち運べて、どこでもすぐにコピーを取れる「写楽」はヒット商品となった。しかも、価格は五万円台と、個人でも手が出る範囲である。大きく言えば、コピーの概念を変える製品だった。

しかも、「写楽」は開発現場から提案されたボトムアップで生まれた商品である。また、それまでの富士ゼロックスの顧客が官庁や企業、事務所だったのに対し、「写楽」は一般ユーザーを対象にした商品である。いろいろな意味で、「写楽」は画期的な製品と言えた。ただ、「写楽」は社会的には大きな話題を呼んだが、富士ゼロックス全体の売上げに占めた割合は数%にすぎない。

同じ個人ユーザーを対象とした商品に、一九九〇年に発売された「Synony（シノニー）」がある。これは、英文の上をなぞると、日本語訳が表示されるというものだ。言わば、自動翻訳機である。翌九一年には中高生の英語学習用の「School Synony」が、さらに九二年には現代用語を充実させた「Hyper Synony」が発売された。

「Synony」も、英文が自動的に日本語に訳されるということで、世間の耳目を集めたが、ビジネスの上では大きなインパクトとはならなかった。

「写楽」は一九九〇年で、「Synony」は二〇〇三年で販売終了となっている。

ニューワークウェイの期間、主力として開発されたのが「Able（エイブル）」だ。「Able」はコピーとファクシミリの両方の機能を併せ持った複合機である。一九八九年の発売以来、次々と性能をアップさせた機種が登場し、今日まで続くヒットシリーズとなっている。

また、デジタル時代の幕開けを強く感じさせたのが「A color（エーカラー）」だった。九二年に発売されたデジタルのフルカラー複写機である。当初は市場が狭く、コストも高かったために、なかなか普及しなかったが、来るべきカラー時代のさきがけとして、その登場が待望されていた商品だった。

「Able」や「A color」は、富士ゼロックスの屋台骨を支える商品に育っていった。だが、これがニューワークウェイの成果かどうかは分からない。複合機やカラー機は、時代が要請したもので、ニューワークウェイ以前から富士ゼロックスでも検討が進んでいたものだからだ。少なくとも、小林が思い描く「ダントツ商品」にはなり得ていない。

むしろ、注目したいのは「Jスター」である。「Jスター」は今日のパソコンの原型とも言えるものである。ゼロックス・コーポレーションが一九八一年に「8010」という商品名で発売し、それを基に富士ゼロックスが大幅にコストダウンさせた国産の「Jスター」を世に送り出したのが一九八四年のことである。

この「Jスター」は、それまでのコンピュータのイメージを一新させるものだった。既に、マルチウインドウ、アイコン、マウスといった機能を備え、文書作成などにも優れた力を発揮した。何よりも、東京のオフィスで入力したものを、大阪のファクシミリ機でプリントアウトできるというようなネットワーク機能を持っていた。さらに、ニューヨークへも回線でつながれており、IDを打ち込めば、どこでも自分のマシーンとして使えたのである。

富士ゼロックスでは、「Jスター」をワークステーションというネットワーク事業の中核機種として期待していた。まだパソコンが一般化していない時代、富士ゼロックスは確実に時代の先頭を走っていたのである。いや、正確にはゼロックス・コーポレーションが世界の最先端に位置していたと言うべきだろう。

ゼロックス・コーポレーションは一九七〇年、コンピュータサイエンスを研究するため、アメリカ・カリフォルニア州にパロアルト研究所を設立する。ここで行われたコンピュータやネットワークの研究は、八〇年代までは世界の最高水準にあった。

七九年には、二年前にアップル社を創業したスティーブ・ジョブズが訪れ、その研究内容に驚愕し、多くの「宝物」を手にしていったとされる。実際、その頃にはゼロックス・コーポレーションは「XINS（ジーンズ）」というネットワークシステムを実用化させ、社内で使っていた。

富士ゼロックスも「Jスター」の発売時には、「イーサネット」というLANの提供も始めている。一方では、OEMながらパソコンやワープロも発売していた。この時、富士ゼロックスは間違いなく、複写機ビジネスからネットワークビジネスへ、そしてさらなるＩＴビジネスへと雄飛できるチャンスを、どの競合企業より持っていた。

ところが、「Ｊスター」は花開かなかった。「Ｊスター」は、ニューワークウェイの成果とはならなかったのである。未来を予見することは難しく、結果を見てものを言うのはたやすい。それは承知しているが、「Ｊスター」こそ「ダントツ」になる可能性を秘めていたと、筆者は考えている。

パソコン事業はなぜ、花開かなかったのか

「Ｊスター」が、その潜在能力を活かせずに、立ち消えていったのはなぜか。小林は当時を振り返る。

「結局、『Ｊスター』や『イーサネット』などの新しい技術を、ゼロックスグループとして将来の競争力強化にどう位置づけていくか定まらなかった。ゼロックス・コーポレーションとしても、どう戦略づけていくかはっきりしなかった」

「Ｊスター」や「イーサネット」が、ゼロックス・コーポレーションのパロアルト研究所で開発された技術に依拠している以上、富士ゼロックスが独自の戦略を打ち出すことは困

難だった。

「パロアルトから研究者たちが日本に来て、いろいろなプレゼンテーションをしましたが、ゼロックスはやっぱり将来志向でおもしろいことをやっているなというだけで、それ以上のものは出てきませんでした。ゼロックス・コーポレーションはそのつもりだったんだろうけれど、どのくらいの規模のものを、従来のスタンドアローンの商品からネットワーク商品に置き換えていくのか。これまでお客さまだった大手企業を相手にするのか。それとも先進的な情報産業に食い込んでいくのか。それらが、はっきりとしたメッセージとして出てきませんでした」

アメリカでも日本でも、パソコンやネットワークの持つ意味を計りかねていたのだ。さらに経営的な判断もある。

「あそこで、ネットワークビジネス、ソリューションビジネスに突っ込んでいたら、短期的には経営の問題が浮上したのではないか。あの時、パソコンに投資すると言ったら、株主たちは良く思わなかったでしょうから」

つまり、従来の複写機ビジネスでまだまだやれるのに、無理してパソコン・ネットワークビジネスに舵を切っていくことはリスクが高すぎるという判断だ。ネットワークを築くためには、端末、サーバー、プリンターなどが必要となり、顧客にとってあまりにコストが高かった。そのため、ゼロックス・コーポレーションでも売れ行きははかばかしくなく、ビジネス的には失敗と見られていたのだ。

加えて、ゼロックスに根付く「複写機文化」が、大きな壁となった。一九七〇年代後半に早くもシステム事業を立ち上げ、七七年にはロサンゼルスに駐在し、パロアルト研究所をよく知る坂本正元は、「Jスター」が失敗した背景を次のように話す。

「当時パロアルト研究所で開発されていたパソコンの原型のような端末は、アルトと言いました。間違いなく世界最先端の機能を持っていました。ただ、最大の欠陥は、ゼロックス特有のOS（基本ソフト）やコンピュータ言語を使っていたため広がりを持てなかったことです。やはりOS（正確にはインターフェイス）は開示して、さまざまなソフトが使えるようにしないと汎用性が出ない。

ゼロックスはゼログラフィー技術を特許で囲って成功した経験があるために、アルトでも同じことをしようとしたのです。パテントで守られたビジネスが染み付いていて、パソコンやネットワークに対しても囲い込もうと考えたのでしょう。マイクロソフトの例でも分かるとおり、この世界はオープンにして利用者を増やさないと駄目なのです」

複写機での成功体験から脱せなかったことが、ゼロックスがパソコン・ネットワークビジネスを成功に導けない原因となったのだ。そこには、ゼロックス経営陣の「アルト」や

「Jスター」の持つ将来性への無理解が感じられる。複写機ビジネスで十分な利益が見込める状況で、海のものとも山のものともつかないパソコン・ネットワークビジネスにのめり込むことに躊躇があったとも言える。

パロアルト研究所を訪れたスティーブ・ジョブズが、感動を持ってアルトなどに将来のパソコンの姿を見て取り、その後アップルコンピュータに生かしていったのとは対照的だ。ジョブズにしてみれば、こんなに素晴らしい研究成果があるのに、手をこまねいているゼロックス・コーポレーションの経営陣は間抜けに見えたことだろう。ゼロックスがパロアルト研究所の成果を宝の持ち腐れとしたことは、「ゼロックス・コーポレーションのファンブル」と言われる。

ゼロックス・コーポレーションは一九七九年、アップルに対して一〇五万ドルの投資を行っている。この時点では、両社は緊密な関係にあった。一時は、提携の協議も進んでいたが、結果的にはゼロックスの態度に業を煮やしたジョブズが蹴った形で、ご破算になっている。このあたりの消息は、小林も承知していた。

「最初は、スティーブ・ジョブズもアップルだけで新しい市場を作っていくのは無理だから、ゼロックスと一緒にやろうという感じがあった。でも、具体的にどういう形でコラボレーションするかという話になった時に、ゼロックスの態度がはっきりしないと思ったジョブズが独自路線でやることに決めたのです。ジョブズにしてみれば、ゼロックスは日和見に見えた。思い切って踏ん切りをつけて、ある方向にこの業界を引っ張っていこうという意思が、ゼロックスには感じられなかったのでしょう」

ジョブズは「パロアルトの成果を生かさないのは社会的犯罪である」とさえ言った。この物言いは、常識的には礼を失するものだったかも知れない。だが、ジョブズ本人としては、正当な主張をしているにすぎなかっただろう。結局、ゼロックスとアップルは袂を分かつことになる。

こうしたアメリカの事情もあって、富士ゼロックスの「Jスター」への取り組みも中途半端なものになってしまう。八四年に国産化した「Jスター」を発売し、八八年からニューモデルを矢継ぎ早に登場させたものの、その後次第に尻すぼみとなり、九一年に最後のモデルを発売して、事業としては終息へ向かった。

ただ、八八年から始まったニューワークウェイでは、「Jスター」のニューモデルを軸としたワークステーション事業に、新しい試みが付け加えられている。分散型オフィスの実験だ。都心の本社から離れ、住居に近い場所に小さなオフィスを設け、ワークステーションのネットワークを利用して仕事を行うというものだ。

一九八八年五月から一年間、埼玉県志木市で、志木ニュータウンの管理ビルの一フロア三三〇平方メートルを大小一四の部屋に区切り、富士ゼロックスのほか鹿島建設、住友信託銀行、内田洋行、リクルートの各社がオフィスを設けた。

同じく一九八八年九月から一一月まで熊本県南阿蘇で「リゾートオフィス」を、翌八九年九月から一年間東京・三鷹駅近くに共同オフィス「コミュニティーオフィス武蔵野」を開いている。

こうした分散型オフィスはマスコミなどで盛んに取り上げられたが、広くは根付かなかった。通勤によるストレスが少ない、良い環境の下で創造性がより発揮しやすいなどの利点もあったが、実際の仕事面ではやはり直接のコミュニケーションが必要であり、個人による自己コントロールでも、難しい点が多々見られたのである。

現在では、これらの分散型オフィスは存在していない。

「あなたが社長」事業の厳しい行く末

ビジョン一〇〇人会で提案のあった「社員によるベンチャービジネスの設立」は、ニューワークウェイの「ベンチャービジネス・チャレンジプログラム」として実行された。まさに個人の発想、能力を活かし、創造的な仕事をしてもらおうというものである。

「あなたが社長」というキャッチフレーズの下に、一八六件の事業提案が寄せられた。富士ゼロックスの承認を得られれば、提案者本人が一〇%を出資、残りの九〇%を会社が出資して、ベンチャー企業を立ち上げる仕組みである。

第一号として、一九八八年一一月に、情報処理システムの設計・開発を行うフジ・システムブレーンが創業した。引き続き六社が設立される。しかし、現在も残っているのは、以下の三社だけだ。

九七年に設立された事務用機器複合部品の組み立てやソフト書き込みを行うアシストV。九八年設立のプレゼンテーションツールを製作するズー・グラフィックス。同じく九八年設立の駐車場管理誘導システムのエクノス。このうち、今も富士ゼロックスと資本関係があるのはエクノスただ一社のみである。

このように、ベンチャービジネス・チャレンジプログラムそのものは、大きな成果を上げることなく九九年に終了している。このプログラムの事務局を務めた坂田政一は、上手くいかなかったことについて、こう述べた。

「ニューワークウェイに合わせて、複写機事業以外の分野にも出て行こうという機運がありました。新しい事業は、画一的なところからは出てこないので、たくさんいる社員のなかで、アイディアを持っている人に社長になってもらいましょう。そういうことで、スタートしたんです。世の中もバブルで、イケイケドンドンみたいな時代でした。

ところが、新規事業はそう簡単には軌道に乗りません。ほとんどが赤字で、債務超過となってしまった。もともとは一〇〇〇億円規模のビジネスを目指したのですが、そうそうあるもんじゃありません。途中から一〇億円のビジネスを一〇〇件やってもいいじゃないか、と考えました。でも、一〇億円規模のビジネスだと、黒字にするのがかえって難しい。バブルもはじけちゃったし、プログラムも終了となりました」

これまで見てきたように、ニューワークウェイは製品開発、分散型オフィス、ベンチャービジネスの各分野で、意欲的なチャレンジはあったものの、成果としては期待していたような大きなものとはならなかった。

斬新な人事制度を矢継ぎ早に実施

しかし、TQCにしばられ逼塞していた社員たちは、確実に新しい風を感じた。その意味では、ニューワークウェイは企業風土の変革には大きく寄与している。極論すれば、「締め付け」から「自由」へと社内の雰囲気が変わったのだ。

その成果は、実際のビジネスよりも、人事制度改革に色濃く表れている。ニューワークウェイが始まった一九八八年に人事部に異動になり、四年間人事課長を、その後六年間人事部長を務め、新しい人事制度づくりに尽力した小山眞一は「小林さんは、ニューワークウェイによって社員を解放した」と断言している。

「解放した社員からいろいろな知恵を出させるというのがニューワークウェイ。その活動のなかで、企業風土を刷新させたことは、小林さんの大きな功績の一つです。バブルが崩壊した後の九三年から九七年まで、富士ゼロックスは連続して増収増益なんですよ。厳しい経済環境のなかで、小林さんが変わることのないメッセージを出し続けたから、社員は安心して仕事に専念できた。あそこで揺らいだら、社内にいろいろな動きが出てきたでしょう。個人を大切にする社風は、最も富士ゼロックスらしいところだと思います」

小山は中央営業事業部から本社人事部に異動してきた時、大きな違和感を覚える。小山の目に、人事部は「村社会」のように映った。人事部には長く籍を置く社員が多く、製造や営業の現場からは切り離されていたのだ。小山の異動そのものが異例だった。

小山は最初から、これまでの人事部の体質を否定する。富士ゼロックスでは二年に一度、社員の意識調査「モラルサーベイ」を行っていた。そのサーベイの結果を受けて、人事部は当然新しい取り組みを行い、モラルスコアの改善を図るもの、と小山は思っていた。

ところが、人事部には、そうした発想が感じられなかった。小山は「人事部のお客さまは誰なんだ」と問い、「それは社員しかいないだろう」「モラルサーベイは、お客さま満足度調査だ」と訴えた。こうした小山の態度は、人事部内の反感を買い、「しばらくは相手にされなかった」という。

孤立無援の小山を支えたのは、中央営業事業部で上司だった宮原明だ。宮原は小林の後継社長となることからも分かるように、小林と一体となって小山をサポートする。まず、小山は富士ゼロックスで働く女性たちの悩みに耳を傾けた。

「まだまだ男性と女性には格差がありました。女性は一五年、二〇年と、どんなに頑張って働いても評価されないとか。結婚、出産の問題もあった」

一九八九年五月、小山は「レディス・パーソナル・コミッティー」という組織を立ち上げ、女性が働きやすい環境をどう作っていくかの検討を始める。一回目は女性だけだったが、女性が働きやすい職場を作るためには男性の理解と協力が不可欠ということになり、二回目からは男性と女性が半々の構成に変えた。そこで検討されたことが、具体的な制度となるのは九〇年のことである。

八八年五月から実施されていた育児休職制度と育児退職者再雇用制度に加え、九〇年五月からはテーマ休暇制度、家族介護休職制度、教育休職制度、リフレッシュ休暇制度が導入された。

育児休職制度とは、勤続三年以上の女性社員が出産した場合、子供が満一歳になるまで休職を認めるというものだ。育児退職者再雇用制度は、いったん退職した女性社員が退職後三年以内で子供が三歳六ヵ月になるまでに職場復帰できるようにしたものである。

テーマ休暇制度とは、社員が自分の専門分野を研究するために、最大三ヵ月の有給休暇を取れる仕組みである。家族介護休職制度とは、社員や準社員が家族の介護を行うのをサポートするもので、原則一年最大二年の間、本給相当分と賞与の半額が支払われる。

教育休職制度は、勤続三年以上の社員が、会社に有効と認められた国内外の留学に際して、一年または内容によって二年の休職ができるというものだ。リフレッシュ休暇制度は、勤続五年の節目ごとに、五日間の特別休暇を取れるというものである。

いずれにしても、当時としては斬新なもので、世間は「富士ゼロックスはここまでやるのか」と驚いた。

小山が一番苦労したのは、意外にも「旧姓使用」だった。それまで女性は結婚して姓が変わると、仕事上でも会社への登録でも、新しい姓に変えなければならなかった。だが、仕事上は旧姓を使い続けたいという女性は多かったのだ。小山は、この要望に応えようと考える。

しかし、人事部の抵抗は予想以上に強かった。旧姓使用を認めると、その社員のデータベースには二つの名前を登録しなければならない。こんなものを認めたら、収拾がつかなくなる。とんでもない。それが、当時の人事部の雰囲気だった。

小山は、宮原や小林の賛同を得て、人事部内の反対を押し切り、旧姓使用を認めさせる。日本の大手企業として、正式に旧姓使用を認めたのは富士ゼロックスが最初となった。小山は「旧姓使用が、僕にとっては最初のブレークスルーかな。会社の考え方で、社員を枠にはめ込むことを、ぶち壊したということで」と感慨深げに語っている。

その小山は人事部時代、小林から強烈に発破をかけられたことを覚えている。

「叱られもしましたけれど、とにかくチマチマと小役人みたいな発想をするなと言われましたね。イノベーションを起こすんだったら、何でもっと踏み込まないのかと。行くんだろう？　もっとアクセルを踏み込め。そんな具合でした」

宮原も、小林にアクセルを踏まれた経験を持つ。

「あれは三月くらいのことだったと思うけど、人事制度というのは変える時は四月からなので、一ヵ月先ではもちろん間に合わない。だから、早くて一年先、確か人事部は導入まで一年半欲しいと言った。僕は一年半も待たせるのかと議論し、人事部も来春に入れることに納得して、それ用の策を作ったわけです。ところが、それを小林社長のところに持っていったら、『なんで今年の四月じゃないの？　なんで来年なの？』と怒られました。無理なんですと説明したら、『いいじゃない。積み残しがあったり、不具合が出てきたら、後で直せばいい』と、僕たちの事務的で硬直的な考えを否定するんです」

小林は発想が違うと、宮原は指摘する。

「人事異動の内示は一ヵ月前というルールでした。ところが、これだと春先の異動は、子供の転校の手続きが遅れてしまったりする。それじゃ、一ヵ月半か二ヵ月前にしようということで、人事部で提案しました。小林社長はそれを聞いて『なんで、もっと前じゃいけないの？　半年前でも問題ないじゃない。一年前だって構わないんじゃないの』と言われました。そんなことしたら、営業なんか新しいお客さまを開拓しなくなります、成果の刈り取りばかりに走るようになります、と説明しました。でも、小林さんは『そんなこと、ないよ。仕事はするよ』と、取り合ってくれません。結局、三ヵ月前ということで、落ち着きましたが」

小林は基本的に「性善説」に立って、物事を進めようとする。周りは大変だ。ニューワークウェイについても、宮原は何回か「そこまでやるのは、ちょっとまずいですよ」とブレーキをかけたことがあったという。

ボランティア休暇も尻すぼみ

ニューワークウェイの時期、富士ゼロックスは社員に対する業績評価の方法も大きく変えている。一九八八年に導入した新しい業績評価は、実績評価五〇％と行動評価五〇％で構成された。行動評価とは、期待される行動項目を最初にマネージャーと本人が話し合いで定め、結果についてはできるだけ長所を取り上げるものだ。したがって、社員の能力よりも挑戦態度などが重視される。評価に際しては、本人の自己評価も加味された。

行動評価は、現在でこそコンピテンシー（高業績者の行動様式）を基準にした人事制度として、採用が広まっているが、一九八〇年代には斬新な試みであった。その背景を、宮原はこう語る。

「ニューワークウェイ以前の人事評価も、決して減点主義やマイナス評価ではありませんでした。むしろ、プラス評価だった。ところが、評価するのは人間ですから、その人間の運用によっては減点主義になってしまうんです。それを、人事制度自体を変えて、パッと分かる加点主義にしようと考えました。僕なりのプランを小林社長に持っていったら、『もっと、やれ』と発破をかけられました」

プラス評価では、八八年下期から「特別加点評価制度」が設けられている。この制度は、会社の業務以外でも、社会・地域への貢献、企業イメージのアップ、社内での本来業務以外への貢献などを行った人の活動や努力を評価するものだ。年二回の賞与に、本給の一〇%が加算される。

仕事以外の活動に、会社が報酬を出す——。この評価制度は、社会から大きな反響を受けた。新しい人事評価としてだけでなく、企業と社会の調和を図るものとしても注目されたのである。宮原が続ける。

「よく休暇を取る社員がいる。何でそんなに休みを取るのかと聞いたら、少年野球の監督をやっていた。春休み、夏休み、ゴールデンウィークなど、子供たちの予定に合わせてウィークデイでも試合を組む。監督は当然行かなければならないから、会社を休むことになる。これなんかも、加点しろということです。会社の仕事という面ではマイナスかも知れないけれど、子供たちのためにいいことをしているわけだから、いいじゃないか、加点しようということにしました」

さらに九〇年八月、仕事以外の社員の活動を応援しようと「ソーシャルサービス制度」が導入される。ソーシャルサービス制度は、勤続三年以上の社員を対象に、年五名まで、会社が認めた社会奉仕活動を行う社員に対して、六ヵ月以上二年までの休職を認め、その間も給与・賞与を支給するというもの。世間では、「ボランティア休暇」として、広く知られることになった。

社員がボランティアをする間、二年間も休職を認め、しかも給料も払う。このボランティア休職が、富士ゼロックスのイメージアップに果たした役割は計り知れない。しかし、当初は社会から受け入れられなかったと、小林は話した。

「アメリカのゼロックス・コーポレーションでは、その二〇年前から同じような制度を実施していました。僕は、それをお手本にしただけですよ。実は、ソーシャルサービス制度は九〇年の実施まで、発案から五年間もかかっています。なぜか。これは富士ゼロックス社内の問題ではありません。お役に立ちたいと思った相手の組織から抵抗を受けました。僕らは純粋な気持ちでやろうと思ったけれど、相手側が『ボランティアに優秀な人材を出すはずがない』『新しいセールスの手段ではないか』というような疑いを抱いたのです」

「ボランティア休暇」が社会に認知されるまでには、長い道のりがあったのだ。現在でも、ボランティア休職の制度を持っている企業は少ない。だが、富士ゼロックスは既に二〇年以上の経験を持つ。企業文化の一つになっていると言っても過言ではない。そのことを示したのが、「一九九五年の阪神・淡路大震災だった」と小山は語る。

震災発生後に、現地の治安を維持するために、全国の警察官が神戸に集められて、七ヵ所の対策本部が立ち上がった。富士ゼロックスにも、その七ヵ所をサポートして欲しいとの要望が入る。機械と人員の両方が求められた。そうなると、とても関西地域の社員だけでは賄えない。彼らのなかにも、被災した者がいるのだ。人事部長だった小山は、全社に募集をかけた。

「そうしたら、一〇〇〇人を超える社員が手を挙げてくれたんです。これには感激しましたね。警察への協力だけでなく、六甲にある富士ゼロックスの研修所を避難所に使ってもらったりしました。避難民だけじゃなく、近所の人にもお風呂を開放したり。産業医や保健師の方にも駐在してもらって、身体のケアだけでなく、メンタルヘルスケアに当たってもらいました」

ソーシャルサービス制度の利用者は、年に数名にすぎない。しかし、社員が社会貢献をすることを、会社として日ごろから応援していくなかで、ボランティアに対する社員の意識が高まっていたことは間違いないだろう。

確かに、ニューワークウェイを実践するなかで、富士ゼロックスは幾つもの斬新な人事制度を作り上げてきた。それは、社会に貢献する企業、個人の多様な生き方を認める企業、女性の働きやすい企業といった富士ゼロックスのイメージを生み出した。

また、TQCからニューワークウェイへという流れのなかで、社員に一種の「ゆとり」

が生まれたことも事実だろう。その意味で、小山の「ニューワークウェイの一〇年間は、経営者として小林さんの集大成だったと思います」という言葉は的を射ている。

しかし、現在では、ニューワークウェイで生まれた人事制度は色あせて見える。二〇〇九年度実績で見れば、育児休職制度利用者四九名（うち男性五名）。育児退職者再雇用制度は一名にすぎない。テーマ休暇制度は利用者なし。家族介護休職制度は二七名（一人当たり年間七〜八日程度）。教育休職制度は二名である。

「ボランティア休暇」として注目を集めたソーシャルサービス制度も、ここ数年は申請もほとんどない。

富士ゼロックス単体でも約一万人の従業員がいることを考えれば、ニューワークウェイで実現した各種人事制度が活用されているとは言えない。また、他の企業が新しい人事制度をどんどん採用し始めて、富士ゼロックスが最先端を走っている状況でなくなったこともある。辛辣に言えば、富士ゼロックスは過去の開拓者であっても、現在の開拓者とは成り得ていないのだ。小林も、その点は残念そうだった。

「富士ゼロックスの体質と言えば変だけれども、わりといろんなことはよそ様より早くやると思います。けれども、早くやったやつを、急速にとか本格的にバーッと広げて大きくしていくのは、必ずしも得意じゃない。ほどほどの成果は上げるけれども、後で似たようなことをやった他社がもっと大きな成果を上げているということがあります。イニシャルステージでは上手くいくけれども、次のステージ以降に向けて持続的に大きくストックしていけないと言うか。それは、富士ゼロックスの課題ですね」

新しいことに取り組むのは得意だが、それを守り育てていくことは苦手ということだ。小林が「富士ゼロックスは、お祭り騒ぎ的にやっていく風土がある」と語る時、その裏にはやや苦い思いも込められている。

「よい会社」構想を世に問う

一九九〇年二月の「マネージャーの集い」で、小林は「よい会社」構想を問いかけた。二年後の九二年には、この「よい会社」構想を世の中に向けて発表している。ニューワークウェイを始めて、四年後のことだ。企業とはどうあるべきか――この問いに対する小林なりの答えと言える。

「よい会社」とは、何か。一言で言えば、「強い」「やさしい」「おもしろい」を兼ね備えた会社だと、小林は説く。

「強い」が意味するのは、企業として経済活動面で十分な成果を上げることである。つまり、お客さまに優れた価値を提供し、利益を上げ、株主をはじめとするステークホルダーズに貢献するということだ。

「やさしい」が意味するのは、企業はその事業活動だけでなく、社会奉仕活動などを通じて、地域社会や国際社会に貢献するというものである。地球環境への配慮なども含まれる。それによって、社会から信頼される企業を目指している。

「おもしろい」が意味するのは、社員にとって仕事や人生がおもしろいと感じられる会社を目指そうということだ。そのためには、社員一人ひとりが創造性を発揮できる職場を作り、社員が自分の成長を実感できるようになることが必要だ。また、個人個人が多様なライフスタイルを実現できることも求められる。

「強い」は事業活動へ向けた、また「やさしい」は社会に向けた、そして「おもしろい」は個人へ向けたメッセージである。このなかで、「おもしろい」が全てのエンジンになると、小林は語った。

「これには、父節太郎の影響があります。僕が社会人になる前、父から話されたことが強く心に残っていますから。父は『仕事にはいろんなものがある。つらい仕事もあれば、楽な仕事もある。だけど、おもしろいと思えるような仕事でなければ長続きはしないぞ』と言ってました。実際に、そう感じます。人間は何をするんでも、高い関心を持続していくには、おもしろいということがとても重要です」

おもしろくなければ、仕事は良くならない。仕事が良くならなければ、会社も良くならない。会社が良くならなければ、いろいろな貢献もできない。そういう論理である。小林は以前こうも話している。

「シェアが落ちてきたとすれば、それは商品や営業の強さが足りなくなってきたことだし、強さが足りなくなってきたのは、おもしろさがなくなってきたことになる。おもしろくなければ、社員が張り切って働くはずがない。あるいは、おもしろがり、張り切って働く仕組みができていないことになる」

この「おもしろい」は、「よい会社」構想のエンジンであるとともに、ニューワークウェイのエンジンでもあった。ニューワークウェイが個人の個性や創造性を尊重する上に成り立つものである以上、それは当然のことだろう。小林はなぜ、九二年というタイミングで、よい会社構想を発表したのだろうか。

「『モーレツからビューティフルへ』という『ビューティフルキャンペーン』を七〇年にやってから、二十数年経って『よい会社構想』を出したことになります。その間に、経営者としてもそうだし、社員のみんなもそうだけれど、ある種の成熟があった。今さらビューティフルというような凝った言葉を使わなくても、単純に『よい会社』になろうと訴えられるような。では、『よい会社』とは何かということで、強さ、やさしさ、おもしろさを出したわけです。

デミング賞を受けて一〇年ちょっと。TQCの形骸化の問題も出てきた。ニューワークウェイも始めた。そういうなかで、TQCは何のためにやっているのか。ニューワークウェイは何のためにやっているのか。新入社員からベテランまで、誰にでも分かりやすく表現しようと思ったら、『よい会社』を目指しているんだということになった。いろんな手段、いろんな方法を用いて、『よい会社』づくりをしよう。逆に言えば、『よい会社』をつくるためには何をしたらいいのか、僕はしょっちゅう考えていました」

「よい会社」は、今なお富士ゼロックスの目指すべき企業像となっている。そして、後述するように、富士ゼロックスのCSR（企業の社会的責任）経営の原点として重い意味を持っている。そして、世間一般が抱く富士ゼロックスの企業イメージの基になったとも言える。

「おもしろさ」が「甘さ」を生んだ

「よい会社」構想は、企業と社会と個人の新しい関係を訴えるものとして、世間の注目を集めた。しかし、その反面、「よい会社」構想はニューワークウェイと相まって、富士ゼロックス社内にやや弛緩した空気を醸し出すことになる。これには、TQCを推進するNX運動が厳しい規律を求めたことに対する反動という面があったことも否定できない。

小林は、ニューワークウェイはあくまでTQCにプラスされるものであるとしたが、次第次第にニューワークウェイへ力点が移っていく。小林が念頭に置いた「TQC+ニューワークウェイ」という図式は、実際は「TQC→ニューワークウェイ」へと変わっていった。極論すれば、「締め付け」から「自由」へと社内の雰囲気が変わったのだ。その自由さが甘さにつながっていくことは、人間の性《さが》として避けられないことなのかも知れない。

九八年から社長として収益改善に取り組んだ坂本正元の指摘はこうだ。

「ワイワイガヤガヤで、最初のうちはすごく良かった。新しい発想で、新しい仕事の仕方をしようじゃないかと。だけど、だんだんと『やさしい』『おもしろい』が中心になってきて、『強い』が薄まってきたんです。小林さんは『強い』を言ってましたが、社員はやはり『やさしい』『おもしろい』に魅力を感じてしまいます。それを見ていて、僕も『強くなければ駄目なのだ』と何回も訴えましたが、なかなか通用しませんでした。強くなるためには厳しいこともやらないと駄目ですから。それより、やさしくおもしろい方がいいですよね」

ＮＸ運動推進室長としてＴＱＣを進めた土屋元彦も、ニューワークウェイの問題点を指摘する。

「ニューワークウェイで、新しい提案が社員から出ても、マネジメントに引き受け手がいないということがありました。結果として、人事制度以外のところでは、何も吸い上げられなかった。そういう感じはありました」

ニューワークウェイ当時、秘書として小林を間近に見ていた日比谷武も、「まだ整理できていない」と断りながら、こう語った。

「実は、リフレッシュ休暇は私が小林社長に提案したんです。実現して嬉しかったですけど、私自身は取れてません。結局、私なんかはオールドワークウェイなんでしょうね。

ニューワークウェイはたくさんの良い面がありましたが、その一方で体質的な弱さを招いてしまったところを感じます。本当のやさしさではなくて、甘さを生んでしまったというか。ニューワークウェイで業績が上がって、本当に会社が強くなったのならいいのですが、たまたまビジネスモデルが当たったとか、経済環境が良かったとかいう理由で伸びていたとしたらどうなんだろう、という心配はあります」

「おもしろい」が「甘い」につながってしまったという指摘の声は、少なくなかった。そこに現在の富士ゼロックスの苦境の遠因を求めることもできなくはないかも知れない。その甘さが、せっかく築いたTQCを弱めたのではないか、と懸念する声も聞かれる。

地域の販売会社設立に奔走した後、アジア・オセアニア地区の販売網を作るためにシンガポールに駐在し、九六年に帰国した横田昭も、その一人だ。

「TQCそのものが悪いわけじゃないんです。ただ、TQCが形骸化して形式に走る、個人が埋没してしまうという問題はあります。しかし、根本的なオペレーションにおいては、開発にせよ、生産にせよ、営業にせよ、科学的な管理手法をおろそかにしてはいけない。帰国した際に、そこのところがちょっと弱くなっているかなという気はしました。小林さんも、別にTQCを捨てているわけじゃないと結構言ってましたけど。社内では、TQCは古いと受け止められているふうがなきにしもあらずでした」

小林自身、TQCが弱まっていたことを認めている。

「TQCをやめてニューワークウェイと言ったわけではないし、実際、社長のQC診断を含め技術的なことはやっていました。でも、正直に言うと、僕が会長になった（九二年）あたりから、TQC的な詰めが徐々に弱まってきていて、坂本君が社長になった（九八年）頃には、かなり脆弱になっていたと思います」

NX運動で厳しくしごかれた世代から見ると、現在の富士ゼロックスはTQC的には鍛え方が足りないと感じられるようだ。社長の山本忠人も頭を痛めていた。

「TQCの弱さが、私の今の課題です。デミング賞の頃の人は、みんな定年でどんどん辞めていっている。今の部長たちになると、デミング賞の時のことなんか知らないでしょう。TQCの科学的な思考とかプロセス管理とか、もう一回やれと言いたいくらいです。はっきり言って、論文の書き方からプレゼンの仕方まで、非常に情緒的、非常に非科学的なものが多い。

でも、今の若い社員にTQCをやれって言ったら、おかしくなっちゃうんじゃないかな。世間でも昔ほどTQCという話は出ないし。富士ゼロックスでは二〇〇〇年くらいから、改善事例発表大会、改善革新フォーラムを復活させましたが」

ニューワークウェイは、その狙いどおり、富士ゼロックスの企業風土を変えた。個人を大切にする企業というイメージは、世間にも浸透している。ただ、小林の思いとは違い、TQCとは両立しなかった。そもそも、全てのプロセスを厳しく管理するTQCと、個性や創造性を尊重しようというニューワークウェイは、相容れないものだったのだろう。

マーケット・インからソサエティ・インへ

少し冷めた目で、この間の推移を客観的に記すと、次のようになる。

小林はデミング賞受賞後、日本品質管理賞への挑戦によって、もっとTQCを強めたいと考えていた。それが、周囲の反対などで果たせず、ニューワークウェイに舵を切った。そのニューワークウェイは、TQCで締め付けられていた社員たちを解放した。だが、ニューワークウェイは、先進的な人事制度の導入などに成果を上げたが、一方で「甘さ」も生んだ。ビジネス的に見れば、市場に大きなインパクトを与えるといった成果は得ていない。

ニューワークウェイについて、小林は現在どのように評価しているのか。

「あの頃からかなり時間が経っています。いま思えば、『Why not』をやらないで、地道にTQC路線を再編して進めていたら、日本品質管理賞は取れたかも知れません。ただ、それにはいろいろと抵抗もあった。片や、これまでTQCで、今度はニューワークウェイかという戸惑いもあった。それらを超えて、ニューワークウェイというのは非常に富士ゼロックスらしいアプローチだったと思った人がマジョリティだったと、僕は感じています。

TQCが良かったか、ニューワークウェイが良かったか、は比較しにくい。ただ結果論ではあるけれども、ニューワークウェイは日本品質管理賞への挑戦を進める上で、スピードダウンに働いたということはあるかも知れません。少なくとも、厳しくTQC的なものを追求していくことに対して、ニューワークウェイが安易なエクスキューズになった可能性はある。ニューワークウェイが出てきて、悪い意味でホッとした人たちもいたかも知れません」

ニューワークウェイの成果は、小林の期待していたとおりにはならなかったのではなかろうか。

「TQCをグレードアップしていくという一番オーソドックスなところを、結果的に見れば邪魔しただけで、途中でおもしろいものもちょこちょこっとはあったけれど、大切な幹の部分については発展をスローダウンさせた可能性もある。富士ゼロックス全体にとって、どれだけのインパクトがあったのかと厳しく問い直せば、必ずしもプラスという答えが出てこないことにもなりかねない。ただニューワークウェイの一環として出てきた新しい芽を、一つでも二つでも大きく育てられなかったことには非常に悔いが残ります」

では、ニューワークウェイを行った判断は、正しかったのか。

「あえてニューワークウェイなんてことはやらないで、思い切って日本品質管理賞に向かって地道に進んでいくという道は、明らかにあったと思います。もちろん、我われは安易にニューワークウェイを導入したとも思わないし、形骸化していたTQCを突き進めれば空中分解するかも知れないという感じも持っていた。

しかし、ニューワークウェイをやった結果、いろんなことを地道に推し進めていくという体質が弱まったことは、否定しようがない。ただ、ニューワークウェイそのものに意味がなかったとか、ニューワークウェイを始めた時のコンセプトそのものがおかしかったとか、僕はそうは思いません。会社全体としてみれば、ニューワークウェイをやったことで、富士ゼロックスは他とは違うものをやっていくんだという元もとのスピリットを生かし続けられたと思います。ニューワークウェイは、その意味でプラスの役割を果たしたし、それは今でも続いていると思います」

そして、小林は今や富士ゼロックスの大半を占めるニューワークウェイ世代に期待していると続けた。

「TQCをベースにして科学的合理的なものづくりを行うという土台の上に、ニューワークウェイ的なものを積み上げていくことの真価が、これから問われてきます。ものづくりは、プロダクト・アウトからマーケット・インに進んできました。これからは、さらに一歩進んでソサエティ・インという考え方が求められるでしょう。このソサエティ・インをニューワークウェイ世代には、ぜひやってもらいたい」

プロダクト・アウトは、メーカーが研究・開発して、良かれと思ったものを、市場に出していくというものだ。悪く言えば、メーカーの考えで生産したものを、消費者に押し付けるやり方である。

マーケット・インは、消費者が求めているものを探り出して、提供していくやり方だ。TQCでも、「なぜ売れるのか」「なぜ売れないのか」を追求していくなかで、消費者の潜在ニーズを捉え、それに応えるような商品を市場に送り出していくことを求めている。

小林が説くソサエティ・インとは、業種業界というマーケットを超えて、社会が必要としているもの、社会にとって価値のあるものを探り、提供していこうというものだ。

富士ゼロックスで言えば、複写機市場や事務機市場を超えて、社会という視点で、ものづくり・サービスを考えることだ。小林は「例えば、複写機がフロアに置かれていないオフィスを作り出すこと」と話していた。今日的問題としては、環境への負荷をいかに小さくするかということもある。

ゼロックスの複写機も、その誕生を考えれば、ソサエティ・インであった。それまでカーボン用紙を使って手書きで複写していたものを、ゼロックスは瞬時に大量のコピーができるようにした。そのことによって、複写という辛い労働から人間は解放された。また、大量のコピーが可能になったことで、それまで一部の人間が専有していた情報を、多くの人びとが共有できることになった。情報の民主化である。大袈裟ではなく、ゼロックスは社会を変えたのだ。これが、ソサエティ・インの一つの姿である。

横浜みなとみらいでの試み

ソサエティ・インを追求するために、小林が期待しているのが、横浜市・みなとみらいに、二〇一〇年四月完成した富士ゼロックスR&Dスクエアだ。六〇〇億円を投資して建設された地上二〇階地下一階の楕円柱の形をした洒落たビルには、富士ゼロックスの研究開発部門五〇〇〇名が集められている。

このR&Dスクエアは、横浜市の新しい中心地みなとみらいに建てられたことに意味がある。従来の研究開発部門は、工場の近くというのが通り相場だった。富士ゼロックスは今回、顧客の近くにと考えた。それによって、顧客と研究者が直接話し合いをしやすくしたのだ。営業を介さずとも、顧客が設計者たちと顔を合わせて、意見を言い合う。そのなかから、新しい製品やサービスが生まれることが期待されている。小林は熱を込めて話した。

「目に見えるああいう場を中心に、ソサエティ・インに取り込んでいく。あれはまさに富士ゼロックスのソサエティ・イン・コンセプトを具現したものです。くどいようですけど、商品開発、システム開発ばかりでなくて、富士ゼロックスという企業が社会との関係をどのように進めていくか、そのメッセージを明確に打ち出していくことが重要なんです」

さらに、こうも説く。

「スティーブ・ジョブズは、アイディアとアートとテクノロジーをアレンジすることの達人だったと言われています。このアレンジというのが、これからのキーワードとなるでしょう。富士ゼロックスも、アイディアとテクノロジーに、お客さまが何を必要としているかを正しく伺ってアレンジすることが大事です。

さらに言えば、お客さまの言われたことに、プラスαして提供すること。そのプラスαの部分がソサエティ・インになると思うんです。だから、お客さまに『それは関係ないよ』と言われても、『いやいや、これが結果的にお客さまに提供申し上げる価値を高めることになるんですよ』というメッセージを出していくことでしょうね。そういうビジネスのウェイトが高まるほど、富士ゼロックスが今までお客さまとの間で築いてきた信頼関係が重要な資源になってくると思います」

最近の富士ゼロックスは、顧客から高い評価を受けている。顧客満足度の国際的調査機関であるJ・D・パワーアジアによれば、二〇一〇年、二〇一一年と二年連続で、顧客満足度日本一に輝いているくらいだ。しかし、小林の視線はもっと先にある。

小林は「いまの現役の諸君は、いまの厳しい状況のなかでよくやってくれている」と断った上で、「OBの勝手な注文」を話した。

「ゼロックスは過去のイメージが強いから、依然としてコピアだ、複合機だと思われている。ソリューションの分野やシステムの部分で、富士ゼロックスがどれだけのことをやりつつあるのか、あるいはこれからやろうとしているのか。そういうメッセージが、過去のイメージを超えるところまでは、出てきていないのではないか。我われが、お客さまにプラスαして提供させて頂くということを、もっと明確にイメージできるようにしていくところに来ているんじゃないか、と思います」

前述したとおり、小林は「ニューワークウェイは今も続いている」と語った。それは、ニューワークウェイ世代がR&Dスクエアを上手く活用して、新しいソサエティ・インを世の中に示して欲しいという願望の裏返しなのだろう。

ニューワークウェイは、正しかったとも正しくなかったとも言えない。「もし、ニューワークウェイを行っていなかったら」という問いには、答える術がないからだ。ただ、敢えて言えば、「正しかった」とすることが、残された世代の務めであろう。

第6章

小林は後継社長たちに何を託したのか

品質に高い、低いはない。品質とは「お客さまの求めているもの」だから。

「文脈を捉え、場を作る」リーダー

小林陽太郎は一九七八年、四四歳の若さで富士ゼロックスの社長に就任した。一九九二年に代表取締役会長、二〇〇四年に取締役会長、二〇〇六年に相談役最高顧問に就任している。二〇〇九年に七五歳で相談役最高顧問を退くまでの三一年間の長きにわたり、富士ゼロックスの経営トップにあった。

小林は富士ゼロックスの三代目社長に当たる。初代は父親の小林節太郎で富士写真フイルム社長と兼務。二代目も富士写真フイルム出身の吉村壽雄だ。小林も富士写真フイルムから移籍してきたことは、既に述べたとおりである。

小林以降、現在（二〇一二年）まで、富士ゼロックスには四人の社長が誕生した。いずれも、小林が了解した人物である。小林を継いだのが経理出身の宮原明だ。その後、企画・営業出身の坂本正元、企画出身の有馬利男、技術出身の山本忠人と続く。

どの後継社長に聞いても、小林への敬愛の念が感じられた。いや敬愛や尊敬と表現するよりも、小林に魅了されていると言った方がいい。

ただし、小林はカリスマ型の経営者ではない。強烈なリーダーシップを発揮して、自分の思いのままに会社や社員をグイグイ引っ張っていくのとは違う。また斬新なビジネスモデルや創造的な経営手法を駆使して、事業を展開していくタイプでもない。むしろ、小林の経営手法は、周りの意見をよく聞き、その本質を捉え、合意を形成した上で実行に移すというものであった。その意味では、正統的で地道な手法だ。

しかし、小林の存在感は圧倒的であり、多くの人がその人間性に惹き付けられてきた。後継社長たちも小林の部下ではなく、小林のファンであったように思える。小林は一七五センチの長身に、東宝から「俳優に」と声がかかったほどの端正な顔立ちをしている。若い頃の三船敏郎のようだったとは言いすぎだろうか。しかも、英語はアメリカ人も舌を巻くくらい堪能、テニスやゴルフはプロ顔負けの腕前だった。

宮原は今も、小林が理事長を務める国際大学の副理事長の職にあり、小林の片腕として活動している。その宮原は、小林と初めて一対一で話した時のことを「そこが僕の本当の出発点。その後の人生の出発点です」と語っている。

今は富士ゼロックスグループを離れている坂本も、「我われの憧れの人でした。英語はできる、仕事はできる、頭はいい。そして、格好いい。加山雄三さんより格好良かったですよ。全てがいい印象で、本当に憧れの人でした」と振り返る。

富士ゼロックス相談役特別顧問の有馬は「威厳があるというか、でも、冷たいとか距離感があるというのとは全く違う。温かい人柄です。ドーンと筋が通っているけれども、ものを言う時には、いろいろ気を使われる。それがまたすごく自然なんです。私など足元にも及ばない」と話す。

現在の社長の山本も「僕は開発生産畑ですけれども、いろいろな部署を経験させてもらいました。その度に小林さんは『思い切っていこう』『君ならできるよ』と任せてくれました。そのあたりが、本当に大きな人です」と思いを馳せた。

三〇年以上の付き合いになる一橋大学名誉教授の野中郁次郎は、小林をこう評している。

「実践知の人だと思いますよ。実践知はプラグマティックなんで、単なる理想主義者ではない。小林さんは、理想主義的プラグマティストというか、実践知リーダーではないでしょうか。必要に応じて、徹底的にチャレンジさせて壁を乗り越えさせるようなこともやる。だが、『俺が、俺が』というリーダーではない。自分が言い出すというよりも、いろいろ聞きながら判断していくタイプ。でも、本質を見抜く力が優れているから、ポイントを突ける」

つまり、枝葉末節に囚われず、本質を突いた「ジャストライト」な判断ができるということだ。野中は、小林の人柄について続けた。

「人間関係はベタベタしない感じでしょう。これはスマートということかな。人と情緒的に深く関わり合う、いわば日本的な付き合い方は好きでないと思います。でも、ディプロマティック（外交的）なところは見事に仕切りますね。それに、あれだけ素晴らしい英語のスピーチをするというのは、日本人ではあまりいないでしょう。まず風体がいい。ある種のオーラがある。言葉の巧みさ、レトリックの上手さが非常にあります。何と言っても、明るいのがいい」

その上で、野中は、小林の優れた資質として「文脈を読む力と場作りの上手さ」を挙げた。

野中は、現代に求められるリーダー像として、「フロネティック・リーダー」を提唱している。フロネシスとは、アリストテレスが述べた概念で、「賢慮」と訳されている。倫理の思慮分別をもって、その都度の文脈で最適な判断・行為ができる実践的知恵を意味する。そして、フロネティック・リーダーシップに求められる条件として、次の六点を示している。

①卓越した「善い」目的をつくる能力
②他者との文脈（コンテクスト）を共有して、場を醸成する能力
③個別の本質を洞察する能力
④個別具体と普遍を往還（相互変換）する能力

⑤その都度の状況で、矛盾を止揚しつつ実現する能力
⑥賢慮を伝承・育成する能力

野中は、「小林さんはフロネティック・リーダーの一つのイグザンプル（例）だと思います」と話した。

「（ホンダの）本田宗一郎とか（アップルの）スティーブ・ジョブズなんかがストロングフロネシスとしたら、小林さんは非常にソフトなフロネシスですね。俺について来いと蛮声は張り上げないけれども、人の話をよく聞き、その文脈を捉えて、場を作り上げていく。そして明るく全体を鼓舞してゆく。アメリカ人やヨーロッパ人にも通用します」

ここでは、小林のリーダーシップがどのようなものであったのか、またその時どきの経営判断はどのようなものであったのか、後継社長との関わり合いのなかで見てゆくことにしたい。

「初めて話した時、安心さを感じた」

小林陽太郎の後を継いで一九九二年に社長に就任したのが、宮原明だった。それまで小林は一四年間も社長を務めており、そのほとんどの期間を宮原は小林の下で仕事をしてい

る。企画部長、財務部長、中央営業事業部長、役員と、富士ゼロックスのメインストリームを歩んできた。だが、宮原のそもそもの出発点は、経理屋である。

一九三九年生まれで、関西学院大学を卒業して富士写真フイルムに入社したのが六二年。奇しくも富士ゼロックスが誕生した年である。富士写真フイルムでは、本社経理部に三年いた後、富士ゼロックスへ製品供給していた小田原工場、竹松工場で会計・経理を担当する。この頃から、富士ゼロックスへの移籍は念頭にあった。

富士ゼロックスへ移ったのは七一年のことで、小林に遅れること八年である。富士ゼロックスでも主に経理を担当する。苦労したのはコンピュータシステムを整備することだった。当時の富士ゼロックスは急拡大を続けており、寄り合い所帯の様相を呈していた。

例えば、富士写真フイルムから富士ゼロックスへ移管された竹松工場。富士写真フイルムでは当然のことながらコンピュータ上のコード名は一つである。しかし、富士ゼロックスでは、竹松工場のコード名が一四もあったという。

「同じ竹松工場でも、人事のコード、購買のコード、経理のコードとみんな違う。だから、実際の処理では間違いが頻発した。給料支払いまで間違えちゃう。富士ゼロックスのコンピュータシステムを整えるまで一年以上かかりました。夜も家に帰れませんでしたね」

その頃、宮原は小林と直接の関わりはない。直属の部下となったのは、一九七七年秋に経理課長から企画部長に抜擢されてからだ。直前に、企画、経理、生産管理、営業、開発など主要部門の部長で構成される会議の事務局を担当していた。それが認められての抜擢だったのだろう。

当の宮原は「その企画部というのが、総合、財務、事業、営業、商品と五つも課がある大きなものでした。部員は一〇〇人くらいいましたか。それまで企画なんてやったことがなかったので、大変なことになるな」と思った。

この企画部の担当役員が、副社長だった小林である。内示を受けて、宮原は小林の執務室を訪れた。その時のことを、宮原は鮮明に覚えている。

「一対一で話をするのは、初めてですよ。それまでも、いろんな役員の部屋に入ったことはありましたが、小林さんの部屋は全く違ってました。一言で言うと、アメリカのゼロックスの役員が仕事をしているようなオフィス。副社長の部屋に秘書が何人かいて、活気がある。まさにムービングオフィスです。他の役員は、秘書は秘書室にいて一緒の部屋にはいませんから」

小林の執務室に入って、宮原は非常にアクティブな印象を受ける。そして、小林からは「安心さ」を感じた。

「その時は椅子に座られていて、ものすごくきちんとされていた。非常に丁寧で、僕に対しても丁寧。とても親しいのだけれども、気安さとは違う。お客さんに対するようでもなく、『おお、座れや』という感じとも違う。丁寧としか言いようがありません。その時、僕が小林さんから受けた感じは、非常に『ほっとする』というものでした。ふっと安心してしまうと言うか。前からずっと一緒に話していたような気持ちになりましたね」

宮原は、この「安心」というものが、人間にとってとても大事なものであると語った。

「人間、というより動物はみんな安心か危険かということを、本能的に察知します。動物は危険を察知すると、大脳が瞬間的に居眠りするようにできている。大脳はものを考えたり、記憶したりするわけで、危険な時にはそんな余裕がないので、瞬時にお休みにする。

車を運転していて、危ないと思うと無意識にブレーキをバンと踏むでしょ。ブレーキをこうして、ハンドルをこうしてと考えていたら間に合わない。こんな時は、大脳が瞬間的に休止して、小脳の運動神経がパッと働いているわけです。

逆に、人間は安心してリラックスすると、大脳が活発に働いてくる。そうなれば、思考力が高まるし、アクティブにもなります。赤ちゃんも安心した時に大脳がダァーッと働きますので、一〇歳くらいまでは安心する環境で育てることが大切です。仕事をする時も、安心してやれることが大事なのです。もっとも、これは後に脳科学を勉強して分かったことですが」

ともかくも、宮原は小林のオフィスに行って安心を感じ、「これからこの人の下で働くんだ」と力がみなぎってきた。前述したように、宮原はこの時のことを「ここがまさに僕の本当の出発点。人生の出発点だったと思います」と語っている。

富士ゼロックスの三つの課題

その日、小林は富士ゼロックスの将来に向けて、三つの課題を宮原に話した。一つ目はカラー化、二つ目は輸出、三つ目は販売ネットワークについてだ。その後、小林はこの三つの課題に向かって、経営の舵取りをしていくことになる。

カラー複写機は、一九七二年にはゼロックス・コーポレーションが開発していた。同じ年、富士ゼロックスでは創立一〇周年記念として、東京・帝国ホテルで展示会を開き、カラー時代の幕開けを告げている。この時はまだ時期尚早だったが、小林は「いずれカラーの時代が来る」と確信していた。

カラー化に熱心だったのは、富士ゼロックスでは小林と、ゼロックス・コーポレーションではCEOのピーター・マッカローである。マーケティング担当者からの「市場はまだ、そこまでいっていません」との分析に業を煮やしながらも、カラー複写機の開発に力を注いでいる。それが、デジタルカラー複写機「A color（エーカラー）」として結実するのが九二年、「カラー普及元年」と唱えたのが九六年だ。小林副社長が宮原企画部長に、「カラー化」問題を説いてから二〇年近くの歳月が必要だったことになる。

二つ目の輸出は、富士ゼロックスの悲願と言っていい。前にも触れたが、ゼロックスグループは販売において厳格なテリトリー制を敷いている。アメリカ市場はゼロックス・コーポレーションが、ヨーロッパ市場はランク・ゼロックス（現・ゼロックス・リミテッド）が、アジア市場は富士ゼロックスが担当するのだ。富士ゼロックスは、リコーやキヤノンがヨーロッパ・アメリカ市場でシェアを伸ばしているのを指をくわえて見ていることになった。

小林の構想は、富士ゼロックスが開発した機種をゼロックス・コーポレーションやランク・ゼロックスに対し積極的に輸出することで、実質的に世界市場に打って出ようというものである。もしかしたら、富士ゼロックス自らの手で世界に売りたいと願っていたのかも知れない。一九七八年には、ダントツ商品である「3500」が完成する。これを世界商品にしようとした小林の思いが果たせなかったのは、前に述べたとおりだ。

しかし、現在では、世界で売られているゼロックスの中・低速機製品の大半は、富士ゼロックス製である。その意味では、小林の輸出構想は実現したと言える。

三つ目の販売ネットワークは、富士ゼロックスが苦手としていた中小事業所などの底辺市場への喰い込みを図るためのものだ。「販売ネットワーク」問題は、数年後には地域の販売会社を設立するという形で、解決が図られた。これは第4章で述べたとおりである。

カラー化、輸出、販売ネットワークの三課題を、企画部長になったばかりの宮原に説いてから、ほどなく小林は社長に就任する。だが宮原がダイレクトレポートする相手は、変わらず小林だった。ここから、TQCのNX運動、ニューワークウェイと、富士ゼロックスが急成長急拡大する時期を、小林と宮原は二人三脚で切り拓いていくことになる。

後継社長に「収益改善」の重荷が

宮原が社長に就任したのは、一九九二年一月のことだ。小林は会長に就いている。この時、ニューワークウェイを始めて四年が経とうとしていた。人事をプラス評価に変えたほか、ソーシャルサービス制度、テーマ休暇制度、リフレッシュ休暇制度、家族介護休職制度、教育休職制度など、新しい人事制度の導入は、副社長だった宮原が中心となって進めたものである。

一方で、富士ゼロックスは、九一年度、九二年度と二年連続で減益を記録しており、収益性の改善が重要課題となっていた。宮原の社長就任について、小林は「宮原君が僕の後の社長というのは、自然なチョイスだった」として、次のように語った。

「宮原君は、経理の経験、企画の経験、営業の経験と、どの分野を見ても、立派にこなしてきていました。何より、数字に非常に強い。富士ゼロックスも大きくなるにつれ、経営課題の種類も増えてきた。経営の判断力という意味でも、経理、数字に明るいことは大切なことです。僕との組み合わせから言えば、僕は割合と大雑把な方だから、宮原君のように非常に緻密で一つひとつをきちんとやっていく社長が適任でした。社長を任せられるのは宮原君しかいないというのは、衆目の一致するところだったと思います」

この頃になると、小林は社業以外の活動に、多くの時間を取られるようになっていた。日米財界人会議や日米欧委員会の主要メンバーであり、政府の第三次行政改革審議会の委員を務め、経済同友会でも重きをなしていた。社業をおろそかにしたわけではないが、小林にとって安心して富士ゼロックスの経営を任せられる社長が必要だったのである。

「宮原君のような社長ができれば、会長として社外での活動がしやすくなるということはありました。国際会議や財界活動は、個人的におもしろかったという面もありますが、富士ゼロックスのプレゼンスを高めていくという点で、必要なことだとも考えていました」

一方、宮原は社長就任直後から、収益率の改善という重荷を背負うこととなった。小林は、数字に強い宮原に、そのことを期待したのだろう。

「八〇年代後半になると、売上げは伸びてきたが、利益率という点では問題を持つようになりました。当時、富士写真フイルムから利益を上げろとは言われませんでしたし、ゼロックス・コーポレーションも言わない。けれども、株主配当などの要求もあって、我われとしてはこのままの利益率ではきついなという認識はありました。どうやって収益力を上げていくか。一言で言えば、競争力を強化するということです。会社全体として経営効率を上げ、どうやって収益率の改善を図るか。これが最大の課題でした」

実は、宮原は社長就任のかなり以前から、人件費削減を含む収益向上のための方策を立案するように、小林から命じられている。宮原は八三年末から八七年にかけて中央営業事業部長を務めたが、その間に「ニューワークウェイの構想」と「二〇〇〇人の人減らし対策」の両方を立案するよう、小林に言われたのだ。月曜から金曜までは営業として大手顧客を回り、土曜日曜になると本社で収益改善チームとともに対策案を練る日々を、宮原は過ごすことになった。

「二〇〇〇人を肩たたきするわけにはいかないので、新しく働く場を作ろうと思いました。子会社や別会社を構想したのです。早期退職制度も考えました。ある役員から『こんなことを、やらせるのか』とクレームの電話が自宅にかかってきたこともあります。

その一方で、ニューワークウェイです。片や人を削らなければならないという厳しい話、片や二一世紀を睨んだ前向きの話。これは並立しないでしょう。僕は、小林社長に『僕が両方をやるのは、ちょっと無理なんじゃないですか』と申し上げたことがある」

その時の小林の返事は一言。

「両方とも、やるんだよ」

宮原は「何てことを言うんだ。僕は、どうすりゃいいんだ。これじゃ、股裂き状態じゃないか」と憤ったという。

「でも、後で分かったんです。経営者は一つのことしかできないようでは駄目なんだ。そのことを、小林さんは私に示してくれたのでしょう」

小林は、宮原が社長になってから、陰に回るようにして支え続けた。まず社長になった時、宮原は小林から手紙を受け取っている。

「僕は五二歳で社長になりました。周りの役員は先輩ばかりです。手紙の中身はよく覚えていないのですが、何なにをするなとは一言も書いてありませんでした。話をよく聞くこと、話し合いをよくすること、そういった示唆的なことが幾つかありましたね。それから、地位は偉くなるけど、君が偉くなったんじゃない、と書かれてました。普段会っているのだから、口で言えばいいようなものですが、手紙でくれる。もう配慮の塊です。手紙は誰にでもポンと出しますね」

会議にも、宮原が頼まない限り、小林は顔を出さなかった。ただ、二週間に一度、東京・虎ノ門のホテルオークラのオーキッドルームで、宮原は小林と朝食を共にし、必要な報告を行っている。

「個室ではなく、平場で。だから、書類などは広げられません。七時半から九時までの一時間半くらいだったでしょう。僕はどうしましょうとは聞かないで、こうしたいのですがと相談するわけです。小林さんからは、駄目だよと言われたことはなかった。こうした方がいいんじゃない、もっとこうしたらいいね、とアドバイスをくれるのです。そして、いつも『やりたいんだったら、後押ししてあげるよ』ということになりました」

小林は、人をポジションに就けると、概ね任せるようにする。意見を言う時も、前向きな改善策を示すことが常だ。これは宮原に対してだけではない。後継社長たちが、そうだったと口を揃えた。もし不都合を感じたら、指示を出すより、その人をポジションから外す方を選ぶ。任された者は、相当なプレッシャーを感じたことだろう。

宮原はニューワークウェイを軌道に乗せ、富士ゼロックスの社風を人と社会にやさしい、風通しの良いものへと変えていった。反面、収益性の向上では、改善が見られたものの、抜本的な改革までは至らなかった。人員削減といっても、解雇などではなく、子会社移籍や早期退職と、比較的穏やかなものだったからだ。

カラー機や複合機の普及、地域の販売会社の黒字化、そして九一年からオーストラリア、ニュージーランド、マレーシア、シンガポールが新しく販売テリトリーに加えられたことなどが功を奏して、経営的には一息ついた状態となっていた。

「三倍売れ」営業の猛者が社長に

ところが、バブル崩壊の傷が癒えない一九九〇年代末、富士ゼロックスの経営は再び不振に陥る。九八年度、九九年度と二年続けて、初めての減収減益を経験するのだ。その厳しい経営環境のなか、九八年一月に社長に就任したのが、坂本正元である。

坂本は一九四一年、神奈川県川崎市に生まれた。慶應義塾大学を卒業して、富士ゼロックスに入社したのが六四年である。ロンドンから帰国した小林の下で企画の仕事などを経験し、五年後の六九年にはイギリスのランク・ゼロックスに出向となる。翌七〇年にはアメリカに移り、富士ゼロックス初のロチェスター駐在となった。ロチェスターは、ゼロックス・コーポレーションの本社がある場所だ。

「最初は仕事がなくて、日本から来た技術者たちの案内役ばかり。これじゃやってられないと、小林さんに連絡して、ゼロックス・コーポレーションの商品開発プログラムチームに入れてもらいました」

七一年に帰国した坂本は、早くも「これからは複写機ではなく、システムの時代だ」と主張する。が、複写機ビジネスが日の出の勢いの時期だっただけに、誰も耳を貸さなかった。結局、本社の経営企画部門で、部下もなく一人でシステムビジネスを考え始める。そして、当時社長だった小林節太郎に三回の直訴を行い、七五年にようやくシステム事業部を立ち上げる。

「節太郎さんも、しつこい奴と思ったんじゃないでしょうか。今でも覚えてますが、三回目の時に『坂本さん、あなたは何回も来て、いろいろ説明してくれるけれど、あなたが言いたいことは、つまるところ、うちの営業マンは単に機械を売るだけじゃなくて、いろんなところへ行ってコンサルタントをしなきゃいけない、とそういうことかね』と言われました。中身のことは全然分かってなかったと思いますが、システムはそれをやらないと売れない。さすがに、そこを掴んでくれました」

節太郎の「やりなさい」の一声で、七五年にシステム事業部が立ち上がったのである。

坂本は、ゼロックス・コーポレーションが開発したパソコンの原型と言えるアルトによるネットワークとプリンターの事業を展開しようとする。ところが、当時はまだ「日本人なんてキーボードは打たないよ。お前はアメリカかぶれしている」と、周囲は真面目に取り合ってくれなかった。

坂本は七七年に再びアメリカに渡る。今度は、西海岸のロサンゼルスだった。パソコンやネットワークを開発しているパロアルト研究所へも頻繁に顔を出した。この時に、副社長だった小林陽太郎が「ゴーサイン」を出したことによって、以後プリンター事業が展開していく。

一方、パソコンやネットワークなどのシステム事業は、花開かなかった。その間の経緯は、前に詳しく述べたとおりだ。坂本が帰国したのは八〇年。二年前に、ダントツ商品の「3500」が完成し、富士ゼロックスは全社を挙げて、デミング賞受賞に邁進していた。坂本の提唱するシステム事業は、あまりに時期尚早すぎたのだろう。

その後、坂本は中部営業事業部長、営業本部長などを歴任し、営業面で辣腕を発揮する。営業本部長時代の九五年、九六年には、「三倍売れ!」と、現場に発破をかけた。

「それはもう営業部隊は必死ですよ。販売会社も含めてね。機械を売るのに。でも、目標は達成しました。そうなると、全てが回ってきます。工場は増産、増産で、コストは下がる。増収増益です」

ところが、三年目になると、営業現場が悲鳴を上げた。「まさか、三年続けてやるわけじゃないでしょうね。もう無理です」と言われて、さすがに坂本も急拡大路線を継続するわけにはいかなくなる。その反動も、九八年度、九九年度の二年連続の減収減益の一因となったのだろう。そのなかでの、坂本社長の登場だった。

「モノ」売りから「コト」売りへ

一九九八年一月、富士ゼロックスは、小林は会長のまま、社長だった宮原を副会長に、副社長だった坂本を社長とする新しい体制を発足させた。小林をCEO、宮原をCo－CEO、坂本をCOOとする「チェアマンズ・オフィス」を設け、トロイカ体制に移行したのである。その狙いについて、小林はこう語った。

「坂本君の持っている前向きで明るいキャラクターが、その時の富士ゼロックスには求められていたと思います。営業や商品企画でも優れた力を示していましたし。ただ私と同じように、大雑把なところがある。そこは、宮原君の緻密さで、特に経理・財務面でカバーしてもらった方がいい。経営の体制としては、一番強いのではないかと考えたんだけれども、坂本君にしてみれば何となく煙ったいという感じはあったかも知れませんね。まあ、宮原君は社長としてはきちっとしすぎていると、ちょっと息抜きできるようなことも必要と、そういうことも一部にはあったんじゃないかという気もします」

社長に就任する直前、前述のとおり、坂本は副社長兼営業本部長として、強いリーダーシップを発揮して、大きな販売実績を上げている。しかし、そこには落とし穴もあったと、小林は指摘した。

「坂本君が中心になって、増収を図っていったことは事実です。しかし、我われの言葉で言えば『ハコ売り』というか、機械の台数を重視する売り方になっていた。これは、利益という意味では、中身が薄くなる売り方です。

いつでもどこでもあり得ることですが、強いリーダーが強力なメッセージを出すと、それに乗ろうという人が増えます。リーダーに物言うというか、こっちの方がいいんじゃないですかと意見する人が少なくなってくる。当時、そういう危惧はありましたね」

機械だけを売ろうとすれば、早晩市場は満杯になることは見えている。そうなれば、競合他社とは価格競争になってしまう。富士ゼロックスの商品は、競合他社より価格が高めに設定されていた。むしろ、機械だけでなく、付属するサービスやシステムが充実していることが、富士ゼロックスのセールスポイントであるはずだった。

機械の台数を売ることに注力して、サービスやシステムといったソフト面の営業がおろそかになる危険は、もちろん坂本も承知していただろう。実際社長に就任してからは、

「モノ（機械）」から「コト（サービスやシステム）」へと、営業の力点を移そうとしている。

「『モノ』はハードです。『コト』はソフトです。両方やるんですと、さんざん話しましたが、やっぱりモノ中心は変えられなかった。当時、エンジニアもソフトは二〇％くらいで、残り八〇％はハードですから。複合機のAble（エイブル）というのができていて、ネットワークだ、ソフトの付加価値を付けてお客さまへのアプローチを変えるのだ、と言っても、専門部隊くらいにしか共感は得られなかったですね」

坂本社長の思惑に反して、当時の富士ゼロックスには「モノ」売り主義が強く根を下ろしていた。坂本自身それまで、「モノ」売りできたのである。多くの営業マンにとっては、手間隙のかかる「コト」を売るより、「モノ」の方が分かりやすい。「モノ」に対する需要は明らかにあるし、価格競争になってもまだ利益は出る。だいいち、業績評価自体が「モノ」中心ではないか。そんな雰囲気が色濃かった。小林は、どう見ていたのだろうか。

「市場の状態、わが社の実態からすれば、『モノ』から『コト』への呼びかけは、ちょっと早すぎたのかも知れません。早すぎるということは、坂本君も分かっていたのだと思います。けれども、将来を考えれば、やらざるを得ない。『コト』をやるとなると、富士ゼロックスは経験が浅いから、外からプロの人たちを連れてきて、彼らを軸に強化を図る必要がある。実際、こうした人材に入ってもらいました。ただ、『モノ』中心の富士ゼロックスのカルチャーのなかで、仕事はやりにくかったのかも知れない。それに対するバックアップが十分だっただろうか、という反省はあります。カルチャーを『コト』に変えていくのであれば、ちょっと過剰ではないかと言われるくらいのバックアップが必要だったのでしょう」

坂本も反省を込めて振り返る。

「我われも見通しが甘かった。『コト』というやつが、すぐにいくと考えていましたから。これは、やっぱりすごく時間がかかる。今にして思えばですが。現在では富士ゼロックスも『コト』に力を置くようになっていると思いますが、そうなるまで一〇年以上かかっています。計画段階では、回収までに一〇年もかかるようなものは作れません。すぐに回収できるような計画を提案せざるを得ない。結果として、そこの損益をカバーする手立てがなく、赤字として露出してしまう。そういう状態でした」

それでも、富士ゼロックスの経営状態が良い時ならば、将来を担保するものとして、「モノ」から「コト」への切り替えを進めることも可能だっただろう。しかし、バブル破裂から一〇年経って、日本経済は良くなるどころか、回復の道筋さえ見えない状況だった。富士ゼロックスも前述のとおり、九八年度、九九年度連続で減収減益という苦しい経営環境にあった。坂本にとって、収益性の改善が急務となっていた。

構造改革で初のリストラ

坂本は一九九八年から構造改革をスタートさせる。柱は、営業関係の販売費と人件費の削減だった。富士ゼロックスは基本的には直販体制を採っているため、代理店制を用いている競合他社より、営業経費や営業の人件費が高くなる。これは、富士ゼロックスの宿命みたいなものだが、売上げが伸び悩んでくると、そのコストが重くのしかかってきた。

最大の問題は、人件費だった。坂本は二〇〇〇人の削減を計画する。早期退職を勧めることと、配置転換などで希望に沿わないなら辞めてもらうことで、人減らしを実施したのだ。いわゆるリストラである。前社長の宮原の時代にも早期退職は実施したが、これは制度を設けたにとどまり、実際の肩たたきはほとんどなかった。その意味では、坂本の二〇〇〇人削減が、富士ゼロックスにとって初めてのリストラと言える。二〇〇〇人の計画に対して、一八〇〇人が削減された。坂本は当時の苦しさを語る。

「それまでは、ニューワークウェイなどもあり、『やさしい・おもしろい』というメンタルでやってきたので、そこに構造改革、はっきり言って人員削減ですから、『そこまでやるのか』という声も出てきます。いろんな形で話をして説得しようとしましたが、なかなか難しかった。反発もあったと思います。でも、やらないともっと沈んじゃうわけだから。

小林さんは快く思わなかったでしょうね。早期退職は制度としてはあっても、人員削減はそれまでやったことがなかったわけだから。チェアマンズ・オフィスで、小林さんと宮原さんに説明した時も、お二人とも全然いい顔をされませんでした。それまで増収増益で来ていたので、いくら説明しても、（リストラが）必要とは思われなかったのかも知れません。その苦しみは、ありました」

この時の人員削減について、小林はどう考えていたのだろうか。

「当然のことですが、九八、九九年の経営悪化は、その数年前の状態が表れてきたものです。その意味では、坂本君が社長に就く二年前ぐらいに、人件費に対してアグレッシブに対処すべきでした。増収増益だったが、トータルの経営効率の問題について、我われの攻め方が十分でなかったということです」

続けて、小林はTQC的体質が弱まっていたことに言及した。

「TQC的な体質が、どこからかすごく弱まった感じがしていました。市場に一番近い現場が、市場が何を我われに求めているかということを冷静に評価し、本社の商品計画について『それは違いますよ』とか『もっと営業力があります』というような意見を出すことが少なくなった。『あれだけ拡大しちゃったのだから、今は思い切ってお客さまとの関係強化に時間を割かないと、先に行ってほころびが大きくなります』『でも、そうしたら売上げが伸びなくなりますが、耐えられるでしょうか』。会社を挙げて、そうした状況をTQC的に詰める体質が弱まっていました。坂本君が社長になった頃には、そういう点がかなり脆弱になっていたと思います。

坂本君にしてみれば、経営のバトンタッチを受けて、即効的に効果をあげなければいけない。そのための人員削減ということだった。今さらTQCがどうのこうのとやっている暇はないよ、という感じだったのでしょう。その点については、結果論だけれども、我われのサポートが足りなかったかも知れない」

構造改革を断行しようとした坂本は、「小林さんや宮原さんは、僕に対してやりすぎだという気持ちを持っていたのではないでしょうか」と話している。

一方、小林は、「それよりも」と振り返った。

「やりすぎというよりも、なぜこれをやらなければならないのか、やった先に何があるのか、そういうことへの説明が不足していたように思います。坂本君の思いが、周囲の一部の人間には伝わっていたけれども、多くの社員へは届いていなかった。それが、やりすぎだという声に跳ね返ったんじゃないでしょうか。坂本君にすれば辛かったと思いますが」

加えて、坂本を思いのほか煩わせたのが執行役員制度だった。富士ゼロックスは、従来からあった社外取締役制度に加えて、九九年四月から執行役員制度を導入する。日本企業がグローバル化するなかで、社外取締役と執行役員制度を取り入れることは、時代の趨勢だった。

特に、富士ゼロックスは外資系企業であり、アメリカ的なガバナンスを採用することは自然の成り行きと思える。また、時を同じくして九九年四月、小林は経済同友会代表幹事に就任し、新しい企業のあり方を提唱している。範を垂れる意味でも、社外取締役と執行役員制度の実施には、タイミングが良かった。

もちろん、坂本にも異論はなく、むしろソニーをはじめとする日本を代表する国際企業を見習うべく、社外取締役と執行役員制度を実行したのである。ところが、これによる負担は想像を超えていたと、坂本は話した。

「執行役員制はいいんですが、その時に設けた委員会制度が問題でした。財務委員会と指名・報酬委員会がありますが、これでスタッフの仕事は倍になりました。例えば、行動計画を作るとすると、従来だと取締役会にかけるだけでいい。それが委員会ができると、委員会での説明をしなければならなくなる。むろん、その後、取締役会で同じことをする。社外役員の方には、事前に個別に説明に伺わなければならない。それだけで、ヘトヘトになりましたね」

だが、新しい役員制度の問題点は、こうした仕事量の増加だけではない。もっと深刻なのは、会社全体をガバナンスしマネジメントする者と、オペレーションの責任を持つ者が異なるという体制に、日本企業が慣れていないことだ。端的に言えば、経営責任者としてのCEOと執行責任者のCOOの二者がいることは、日本企業の風土に必ずしも適していないのではないか、ということだ。少なくとも、馴染むまでには時間がかかる。

先の坂本の「構造改革はやりすぎと思われていたのでは」という言葉の裏にも、最高執行責任者COOとしての苦渋の思いがある。

「会長と副会長がCEOとしてガバナンス、マネジメントを見ます。執行はCOOの私がやります。こういう体制でスタートを切ったわけです。私としては、そうかオペレーションは全部やればいいんだなと思ったわけです。もちろん、人事をはじめとして全てのことは、小林会長の了承を取ります。

でも、いつしか執行側が独り立ちというか、好き勝手にやっているように、見えたんじゃないでしょうか。我われは、それって走りましたから。それが外から見ると、どんどん暴走しているように映ったかも知れません」

社長とCEO

執行役員制を導入した当初、同じような戸惑いを生じさせた企業は少なくない。意外なことに、小林も執行役員制については、慎重な言い回しをしている。

「CEOとCOOというものが、対外的にも対内的にも役割がはっきり分かれているかというと、日本の場合どうかなという気はします。今はCEOと呼ぶアメリカ的なものがグローバルカルチャーになってはいます。もちろん、富士ゼロックスのように国際企業の場合は『最終的に誰に話を通せばいいの？』という時、CEOは誰だれですというのは分かりやすい。

でも、日本の会社は元もとそんなことはなくて、CEOは誰かと言えば、社長に決まっていた。会長や前会長は、社長の相談役。伝統的にそういう形で経営してきて、最終的な責任は社長が負うのが当たり前です。『誰がこの会社のナンバーワンですか？』と聞く人はいなかった。日本には、そんなカルチャーはないわけです」

小林の言葉の端々には、CEO―COO体制が全ていいとは言い切れないというニュアンスが感じられる。

「富士ゼロックスが執行役員制を導入した時、それまで取締役だった人が執行役員になったりもしました。本当に、それで良かったのか。取締役と執行役員が一緒に会議すると、取締役対執行役員みたいな図式になりがちです。この前まで取締役会で一緒にやっていたのに。ＣＯＯの坂本君は、元取締役の執行役員たちを抱えて、彼らの士気をどうやってあげていくか、苦労したと思います。

また、取締役はサラリーマンにとって一つの目標でしょう。来年あたりはと考えていた人にとって、それが遠のいてしまう感じにもなる。取締役になりたい若者が減ってきているとはいえ、取締役を目指すという人がいなくなっては困る。企業の活力という意味でも。そういう人たちが、執行役員ができて、取締役は難しいと思ってしまう懸念もあります」

社外取締役についても、小林は柔軟な考え方を示した。

「僕は、社外取締役は絶対に必要だと考えています。それなしでやっていけるのは、ラッキーなことだと思います。でも、取締役会の半数以上が社外役員でなければならない、ということはない。アメリカでは証券取引の規定などがありますが、それを除いて考えたら、過半数が社外である必要はないんじゃないかと思っています。

取締役が多すぎると十分な議論ができないという話もありますが、これだって全員が参加する必要はないのであって、テーマによって必要な取締役が集まればいいだろうと考えています。取締役会のサイズと、そのなかで社外役員がどのくらいの割合で、どのような役目を果たしていくのかについては、企業ごとのカルチャーも加味して、まだまだ工夫の余地があるんじゃないでしょうか」

小林は、一九八七年五月から二〇〇四年四月まで、アメリカのゼロックス・コーポレーションのボードメンバーを務めている。またソニーをはじめ幾つかの社外取締役を経験してきた。もちろん富士ゼロックスにおける社外取締役と執行役員制度の導入を直接指揮した。その上での小林の見解は、安易にグローバルスタンダード的な経営スタイルに走ることへの警鐘と受け取れる。

アメリカ・ゼロックスが経営危機に

二一世紀を目前にした二〇〇〇年、アメリカのゼロックス・コーポレーションは深刻な経営危機に陥る。四億ドル近い赤字になり、このままでは倒産するのではないかと見られるほどだった。株価も五〇ドル台から二〇ドル台に急落している。ゼロックス・コーポレーションの経営は、一九九九年から僅か一年で急速に悪化したのだ。

その結果、ゼロックス・コーポレーションはリストラ策の一環として、所有していた富士ゼロックスの株式を半分、もう一方の株主である富士写真フイルムに売却することにした。正式発表は二〇〇一年三月五日、この時の売却額は一六〇〇億円と言われる。

それ以前の富士ゼロックスの株主構成は、ゼロックス・コーポレーションが五〇%、富士写真フイルムが五〇%と、完全に半分ずつだった。しかし、株式の売却により、二〇〇一年度から富士ゼロックスの株主構成は、ゼロックス・コーポレーション二五%、富士写真フイルム七五%に変わった。富士ゼロックスは、富士写真フイルムにとりフル連結の子会社となったのである。

また、前年の二〇〇〇年一二月には、ゼロックス・コーポレーションは自身が握っていた中国の商権も、六一五億円で富士ゼロックスに売り渡していた。

これまで安定した株主配当を得られてきた富士ゼロックスの株式と、将来有望な中国市場を売り渡したことからも、ゼロックス・コーポレーションの窮状が察せられる。ゼロックス・コーポレーションが、ここまでの経営危機に陥った理由は何か。小林は一九八七年からゼロックス・コーポレーションの社外取締役に就いており、二〇〇〇年の経営危機の経緯を目の当たりにしていた。

「一九九〇年からCEOを務めていたポール・アレアが引退したいと言い出して、ボードとしては『あと一年残ってくれ』と頼んだんです。その間に、後任として選んだのが、リック・トーマンでした。リックはＩＢＭでパソコン部門を立て直した人物ですが、ＩＢＭにはルー・ガースナーという強力なリーダーがいるのでトップにはなれないと、ゼロックスに移ってきたわけです。ゼロックスとしても、複写機やプリンターから、今後はソリューションへ方向を変えなければいけないと考えていたので、リックはその面でも適した人物でした」

一九九九年に、リック・トーマンはポール・アレアから、ＣＥＯを引き継ぐ。すぐにトーマンは、ゼロックス・コーポレーションの営業組織の改変に着手する。ソリューション・ビジネスを展開するには、それまでの地域本位の営業体制を、業種本位に再編する必要があると判断したからだ。

ところが、当時ゼロックス・コーポレーションは料金回収システムの事務改革に手をつけていたところだった。その改革がまだ済んでいないところに、トーマンの営業組織の再編がかぶさったのである。

営業の現場は大混乱に陥った。事務組織がガタガタになり、顧客に間違った請求書が届くなどのミスが頻発する。一時は営業マンが代金回収に走り回らなければならなくなったほどだ。当然、新規契約は先細りとなる。

それだけならば、時間をかければ修復できたかも知れない。ところが、折悪しく、二〇〇〇年にメキシコの子会社での不正会計をアメリカ証券委員会から指摘される。それによって、株価は急落し、経営は見る見るうちに悪化していった。と同時に、ゼロックス・コーポレーション社内のモラルも低下していく。

「リックが営業現場の情報をちゃんと掴んでいたか、読みは甘くなかったのか、と今なら言えます。取締役会も、現場の情報を掴むために社内取締役を四人増やしました。しかし、彼らも失敗を甘く見て、現場をあまり回っていなかった。結果として、取締役会も現場の負荷のかかり方が分からなかった。

それと、これから会社全体で経費を厳しくカットしようとしているのに、リックが彼専用のプライベートジェット機を増やそうとしたりしたことも、周りの反感を買いましたね。ゼロックス・コーポレーションとしてジェット機は既に何機か持っていましたから、『何を考えてるんだ』という感じでした」

一方で、メキシコの子会社で不正会計が行われた背景について、小林はこう説明する。

「その少し前から、経営体質がプロセス重視から結果重視に変わってきていました。九六年にCFO（最高財務責任者）にバリー・ロメリルが就いた頃から、ボトムライン（利益）重視の姿勢が強くなったんです。利益重視、株価重視という方向です。バリーは個人的には人のいいイギリス人でしたが、ダメモトみたいな要求をしてきます。それに応えようとしたのか、ちょっとくらいルールをいじっても高い評価が欲しい、というような人間的な弱さがメキシコで出てしまった。富士ゼロックスに対しても、九六年あたりから介入的な話が、かなり強く出始めていました」

ゼロックス・コーポレーションでは二〇〇〇年五月に、リック・トーマンがCEOを解任され、ポール・アレアが復帰する。アレアは、取締役でさえなかったアン・マルケイヒーをCOOに抜擢、翌年にはCEOに就任させ、経営の立て直しを託した。小林に言わせるとマルケイヒーは「明るく真面目で努力家の典型的なアメリカンレディ」である。

ゼロックス・コーポレーションで女性初のCEOとなったマルケイヒーは、九万人の社員のうち三万人をリストラするなど経営再建に辣腕を振るい、五年後には八億ドルを超える純利益を上げた。会社を経営破綻から救ったのである。そして、二〇〇九年に、後継として初の黒人女性CEOとなるウルスラ・バーンズを指名して、その役目を終えた。この間、マルケイヒーは、アメリカの有力経済誌「フォーチュン」の「最も有力な女性経営者」で、二年連続で四位に選ばれている。

「七五％株主」富士写真フイルムのプレッシャー

富士ゼロックスに対して、二〇〇一年から七五％の株式を持つことになった富士写真フイルムの発言力が強まっていく。富士ゼロックスの株式購入は、富士写真フイルムの実質的経営トップだった会長の大西實の指揮の下に進んだ。ゼロックス・コーポレーションから、富士ゼロックスの株式を買って欲しいとの打診に、ほぼ二つ返事で応じたという。交渉の主な議題は、価格だけだった。

二〇〇〇年に富士写真フイルム社長に就任した古森重隆は、七五％株主になることの意味を、次のように説明する。

「五〇対五〇の時には、実際の経営に参画することは難しいんですよ。大西さんも、富士ゼロックスの経営には直接タッチしてなかった。一九九七年か九八年の頃だったと思いますが、私は取締役会で『今のような関係では、富士ゼロックスから配当をもらっているだけで、事業的なシナジーは全く得られないんではないか』と発言したこともあったくらいです。技術的な連携をとることもできなかった。何かにつけ、ゼロックス・コーポレーションとの綱引きみたいになって、まさに隔靴掻痒でした」

七五％の株式を所有することによって、富士写真フイルムは「物言う株主」に変身する。そのプレッシャーを一番に受けたのが、富士ゼロックス社長の坂本だった。

「すぐに何かが起きたわけではなかったけれど、大西さんからは『まだ人件費が高い、販売経費が高い、もっと下げろ』とは、随分言われました。五〇対五〇の時は、役員会でも『こうしたら、もっと低くできるじゃないか』といった意見止まりでしたが、七五になると『下げろ』という指示になりますから」

大西にしてみれば、富士ゼロックスのやり方は生ぬるいと映ったのだろう。富士写真フイルムの場合は代理店制、富士ゼロックスは直販制というように、営業スタイルが違う。当然、人件費や販売経費も違ってくるが、大西は理解を示さなかったという。

また、リコーやキヤノンが海外でシェアを伸ばしているのに、ゼロックスは何をしているのかという叱責も飛んだ。実際は、ゼロックスグループでは厳格なテリトリー制が敷かれており、リコーやキヤノンがシェアを伸ばしていたアメリカやヨーロッパ市場に、富士ゼロックスは直接には参入できない。坂本は何回も説明を行ったという。

「しかし、リコーやキヤノンはこんなに伸びているのに、富士ゼロックスはどうしたのかと、言われ続けました。事情を説明しても、またお前は同じことを言っていると、嫌な顔をされましたね。お前はいつも言い訳をしていると取られたんじゃないでしょうか」

コスト意識の徹底している富士写真フイルムが、七五%の親会社となったことで、その後も富士ゼロックスは、プレッシャーを感じ続けることになる。古森は、さらなる収益性の改善が必要だと語った。

「最終的には、営業利益が良ければいいのですが、富士ゼロックスは業界他社に比べまだ改善の余地がある。以前に比べれば、だいぶ上がってきていますが、やはり売上高営業利益率は、早く二桁に持っていって欲しいところです。富士フイルムはデジタル化の波を乗り越えるために、すでに大きな変革を経験しています。富士ゼロックスも、市場の変化に対応していかなければなりません。日本企業が優位をしっかり保っていくためには、何事も厳しく合理的に詰めていって、他国との競争に勝っていく必要がある」

大株主として富士写真フイルムの利益率向上の要求は、坂本の後の社長である有馬、その後の山本に重くのしかかってきている。このことについては、後で詳しく述べたい。

ところで、ゼロックス・コーポレーションが経営危機に陥って、富士ゼロックスの株式を売却しようという時、小林は富士ゼロックスの株式を公開する方法もあると考えていた。実際、ゼロックス・コーポレーションが危機に陥る前から、内部では密かに、公開、上場に向けて試算や実施方法が検討されていた。小林は多くは語らないが、検討をした事実は認めている。

「それまでも以前に、上場したらどうなるのかといった、まさに机上の計算は何回かしたことがありました。二、三回はゼロックス・コーポレーションに対しても、富士写真フイルムに対しても、一〇〇%オープンにするか、過半をオープンにするかは別にして、上場化の話を非公式にしたことがあります。

結論は、五〇対五〇の関係に何らかの影響が出るんじゃないのか。一部オープンにしても、そこは絶対に変わらないのだと、技術的にも法律的にも担保できる手段があれば、もう少し前向きな話になったかも知れない。でも、市場に出してしまえば、とても担保できるものではありません。実際には無理だなということで、シリアスな話になったことは、ありません」

契約上、富士ゼロックスの株式売買では、まずゼロックス・コーポレーションと富士写真フイルムの合意が必要となる。公開は、富士写真フイルムの望むところではなかったのだろう。正式な話としては、富士写真フイルムはおろか富士ゼロックスの取締役会にも上がらなかった。このことについては、坂本も古森も証言している。

坂本は二〇〇二年六月、二期四年（実際は決算期の変更で四年五ヵ月）で、社長を退任した。その時の心境を、こう語った。

「やっぱり苦労をしたし、私も疲れたなという気持ちはありました。まあ、代わってもいいんじゃないかなと。最初は四年かと思ったのですが、早く辞めた方がいろんなことができるなと考え直しました。そのへんは、僕はあんまり引かない方なので」

その言葉どおり、坂本は現在、新潟の亀田製菓の役員を務めている。インタビューした時も、「アメリカで『柿の種』を売るための調査をしてきた」直後であった。

電話で「社長を引き受けて欲しい」

二〇〇二年早々、六月の社長交替期を前に、小林は主だった役員たちに宿題を出す。「現在の経営課題をどういうふうに考えているか。君だったら、今後どうするか」といった内容のレポートを提出させたのだ。小林は「後継者選びといったことも含めて、経営トップ層が富士ゼロックスをどのように捉えているか知りたかった」という。

坂本の後を引き継いで、二〇〇二年六月に代表取締役社長に就任した有馬利男も当然、レポートを提出している。有馬は一九四二年に鹿児島市に生まれ、国際基督教大学を卒業後、六七年に富士ゼロックスに入社した。主に、企画畑を歩み、九二年に取締役に就いている。レポートを提出した当時、有馬はＸＩＰ（ゼロックス・インターナショナル・パートナーズ）社長としてアメリカにいた。ＸＩＰは後述するように、有馬が生んだプリンターの

ＯＥＭ供給会社である。有馬はアメリカから富士ゼロックスを見ていて、「贅肉が付きすぎている。行動も遅いし、コスト体質も悪くなっている」と感じていた。それをレポートにしたためたという。

有馬が社長に就任すると、宮原と坂本は勇退。小林は代表取締役会長として残ったが、坂本と違って、有馬はほぼＣＥＯ的な権限を持たされていた。小林は、こう語っている。

「有馬君の時代には、『こういうことをやりたい』という相談はあったけれども、僕自身が指示を出してウンヌンということは、ほとんどなかった。少なくとも、僕が覚えてる範囲では、僕が注文を付けたのは、有馬君が『半年くらい様子を見たい』と言った時に、『半年は長い。一〇〇日でやれ』と言ったくらいですね。もちろん、有馬君とは定期的に朝食をとりながら、情報交換や相談はしていましたが」

有馬にとって、社長就任の要請は、寝耳に水の話だった。

二〇〇二年五月一日、有馬はアメリカ・シリコンバレーでの会議中に、日本の小林から電話を受ける。何事かと訝る有馬に、小林は「日本に帰ってきて、富士ゼロックスの社長をやって欲しい」と伝えた。突然のことに、有馬は面食らう。電話をかけた小林も「いちばん驚いたのは有馬君だと思います。だいたい、電話で社長を頼まれるのはどうかと思ったに違いない」と話している。

XIPの社長だった有馬の戸惑いは、想像に難くない。XIPは、株式の五一%をゼロックス・コーポレーションが、四九%を富士ゼロックスが持つ合弁会社だ。有馬は一九八〇年代半ばからプリンター事業の必要性を訴え、ゼロックス・コーポレーションとの長く厳しい交渉の末、九一年にXIPの設立にこぎつけ、九六年から社長に就いていた。XIP設立では、ゼロックス・コーポレーションのCEOだったポール・アレアと、「お互い腕まくり」の交渉を行ったという。

「小型プリンターという新しい商売のスキーム、モデルを作るわけですから、ちょっと間違えると後々何年にもわたって影響します。プリンターのOEMは量を稼がなければなりませんから、テリトリーは全世界でないとやれません。アメリカ側にしてみれば、自分のテリトリーを明け渡すことになるので、いかに高く明け渡すか。将来、自分たちも何かする時期が来るかも知れないので、その可能性を見据えて枠をはめておこうとか。お互いが知恵を絞り合って、必死でしたね」

XIPは、大手コンピュータメーカーなどを顧客にして、順調に伸びていった。ところが、その一社であったコンパック(二〇〇二年にヒューレット・パッカードに吸収合併)が取引をやめたあたりから、苦戦に陥る。有馬は、「コンパック・ショックは二度あった」と語る。

「一度目は、取引を始めた時。信じられないような低い価格や極端に短い納期を要求してくるのです。ある意味それは覚悟の上で、それまでの緩い文化のなかでなく、本チャンの勝負をしようという狙いを持っていました。

二度目は、いきなり『取引をやめる』と言われた時で、これは困りました」

九六年に有馬がＸＩＰ社長に就いたのは大口顧客がなくなった頃で、経営は困難を極めていた。二〇〇〇年くらいまでに、ほとんどの顧客が競合他社に取られ、ＸＩＰの社員も大量に辞めていった。退社率が五〇％だったというから、二年で全員が辞める計算になる。有馬は絶望的な気持ちになり、小林に相談を持ちかけた。

「小林さんに状況を説明したら、『僕が行くよ』とおっしゃって頂いて、本当にＸＩＰに立ち寄ってくれました。二〇〇一年ぐらいです。小林さんは、社員全員を集めて、話をしました。細かいビジネスの話なんかはしません。日米関係だとか、ゼロックスのビジネスの考え方とか、わりあい次元の高い話ばっかりです。でも、それで社員みんなが元気づきました」

その後、ＸＩＰは他のコンピューターメーカーへのアプローチに成功する。そのビジネスを本格的に始めようとした矢先に、有馬は小林から「社長に」という電話をもらったのだ。それまでの宮原や坂本が、自然な流れで社長となったのとは違う。有馬自身も「グリーンカードも取得して、アメリカに骨を埋める気持ち」であった。

小林は電話の数日後、日本のゴールデンウィークを利用して、有馬の元を訪れる。ゼロックスグループのゴルフコンペで、有馬は小林とともにラウンドした。

「小林さんからは、『本当に思い切って、会社を変えてくれ』『思い切ってやっていいから』と言われました」

富士ゼロックスは、前年に七五％株主となった富士写真フイルムから、厳しい収益改善を要求されていた。一方、ゼロックス・コーポレーションからは、八〇年代後半から資本の論理を楯として、配当の増額や為替差損の負担など厳しい要求が出始め、九〇年代後半になると前述したとおり株価重視の経営により一層のプレッシャーがかけられていた。

坂本が手掛けた富士ゼロックスの構造改革はまだ道半ばであり、さらなる変革が求められていたのだ。小林は、それを有馬に託したのである。

意中の人物を社長にしなかった訳とは

小林は、坂本の後任社長を選ぶに当たって、二つのことを念頭に置いた。一つは、富士ゼロックスのビジネスを、「モノ」から「コト」に変えていくこと。つまり、これまでの

「ハコ売り」ではなく、「ソリューション・ビジネス」が分かるということだ。もう一つは、ゼロックス・コーポレーションの強まる圧力に、正々堂々と富士ゼロックスの立場を説明し、渡り合っていけることだ。

「ゼロックス・コーポレーションは二〇〇〇年の経営危機で、富士ゼロックスの株式の二五％を、富士写真フイルムに売却しました。でも、それまでは、自分が五一％の株を持ちたいと言っていたくらい、資本のコントロールをチラつかせていました。坂本君の後継者を選ぶ時には、ゼロックス・コーポレーションとの関係をきちんとできる人。富士写真フイルムの立場も踏まえてやっていける人。そのニードは強まっていました」

実は、小林は、坂本の後継として、有馬以外にも意中の人物がいた。髙橋秀明である。髙橋は一九四八年生まれで慶應義塾大学卒業、七四年に米国NCRコーポレーションに入社、九七年には米国NCRコーポレーション上級副社長と日本NCR代表取締役会長を兼任している。富士ゼロックスには、九九年に副社長執行役員として入社、二〇〇〇年に代表取締役副社長となっている。

小林の慶應義塾幼稚舎時代の同級生であり、日本NCR社長を務めた田中稀一郎の薦めもあって、髙橋が米国NCRを退任したのを機に、富士ゼロックスに迎え入れたのである。

小林は「社長を条件に来てもらったわけではない」と断りながら、髙橋についてこう話した。

「髙橋君は、ゼロックスがシステム化を進めていくなかで、ソリューション・ビジネスに詳しい。また、アメリカのNCRのなかでグローバルな経験もあるし、NCRが一時AT&Tの傘下に入った時に難しい資本の論理というものに直面したこともある。彼の経験は、富士ゼロックスにとって、非常に大切なものになると考えていました」

小林は、髙橋を社長に就かせる意向だったのである。周りも、そう見ていた。「富士ゼロックス　次期社長が直面する新たな親会社の意向」（週刊ダイヤモンド二〇〇一年九月八日号）と題して、髙橋を次期社長とするフライング記事も出るくらいだった。

では、小林は、なぜ髙橋を社長としなかったのだろう。

「大方、まあ六〇、七〇％の人は、髙橋君を社長にすることでいいんじゃないかという空気だった。ただ、一方で、富士ゼロックスに来てからのキャリアが浅いのでは、という声も確かにありました。僕はそうした考え方をしないんだけれども、平たい表現で言うと外様の髙橋君を選ぶというのは、結果として富士ゼロックスのなかに人材がいないことを敢えて外に示すことになる、という話です。他にも、社内に候補はたくさんいるんじゃないかと」

これは、小林にとって思っても見ない角度からの指摘だった。しかも「富士ゼロックスが人材不足のように、外から見られるのは如何なものか」と意見した者のなかに、富士写真フイルム会長の大西實もいた。小林に対して普段はほとんど口出ししなかった大西の言葉だけに、小林は重く捉えた。さらに、富士ゼロックスの社風の問題もあると、小林は話す。

「富士ゼロックスは色濃いカルチャーを持っていて、新しく入ってくる人をはじき飛ばしてしまうことがある。特に、トップレベルで入ってきた時には、その人の力量、態度、やり方などの問題もあるけれど、その人が力を発揮できるように、反発があった場合には我われがそれを排除しなければならない。だけど十分できなかったこともある。髙橋君は非常に頭脳明晰だけれど、富士ゼロックス的なカルチャーから見ると、あまりに明快すぎたということがあったのかも知れません」

後任社長の人事権は、実質的に小林が握っていたと言っていい。それでも、さまざまな指摘に耳を傾けて、結果的には有馬に白羽の矢を立てたのだ。こういう場合、小林は自分の意見に固執しない。あくまでも、周りの合意を尊重する。

時として「個人の思い」よりも「全体の調和」を重んじる。この決断の過程にこそ、小林らしさが表れている。「場のマネジメント」の卓抜さと言い換えても良いのだろう。一橋大学名誉教授の野中郁次郎の言うところの「他者との文脈を共有して、場を醸成する能力」に優れているということだ。

小林は、有馬の社長就任のことを、髙橋に告げた時のことをよく覚えている。

「私は、髙橋君が新しい社長と一緒にやっていって欲しいと思ってました。有馬君のことを伝えた時、髙橋君は『有馬さんなら、社交辞令でもなんでもなく、喜んで一緒にやっていきたい』と言ってくれた。掛け値なしで、という印象を持ちました」

髙橋はその後、副社長として、富士ゼロックスに統合基幹業務システムを導入するという難事業に挑む。それまで、富士ゼロックスにはＩＢＭ、ＮＥＣ、富士通、日立、三菱電機という五つのメインフレームが混在していた。それをオラクルのシステムに統一したのである。新しいシステムは、社内で「イーハブ」と呼ばれた。

統合基幹業務システムは、総務、人事、生産、販売にわたる会社の全ての組織が情報を共有できるようにして、経営効率を上げようというものである。そのためには、各部署とも標準化されたシステムに移行しなければならない。場合によっては、システムに合わせて組織改革さえ行わなければならないものだ。導入に際しては、既存部署の激しい抵抗がある。

髙橋も統合基幹業務システムの導入に当たっては、個別部署の説得に苦労した。そのストレスで、体調を崩したほどである。

なんとかシステム導入に目途をつけ、高橋は二〇〇五年六月に富士ゼロックスを去った。そして、二〇〇六年一月に慶應義塾大学大学院の政策・メディア研究科の教授に就いている。

「本格的に全部に手をつけないといけない」

有馬は二〇〇二年六月、社長に就任する。そして、二年後の二〇〇四年三月期には売上げ一兆二三億円と、初の一兆円突破を果たした。しかし、有馬の社長としての道のりは平坦なものではない。

社長に就いてほどなく、有馬は、現場を回り始める。他の役員たちも同行するようになり、経営陣と現場が対話する「トップキャラバン」となった。現場巡りをするうちに、有馬は強い危機感を持つ。

「現場訪問を始めて一〇ヵ月後くらいでしょうか。これは個別に手をつけているようでは駄目だ。本格的に全部手をつけないといけないと思うようになりました。国内市場は成熟化してきて、売上げが伸びない。いくら費用を切り詰めても、サービスコストというか経費率はそんなに落ちない。必然的に、利益率が悪くなる。節約したり、何かを諦めたりすれば、少しは良くなります。必死に頑張れば、売上げもちょっとは伸びる。そういう部分はありますが、長続きはしない。収益構造を大きく変えるということにもなりません」

有馬が目指したのは、富士ゼロックスを本格的に「モノ」から「コト」の会社にすることだった。実は、有馬の念頭には、経営企画部長時代に取り組んだ「第四次長期経営方針（1993～1997）」があった。

そのなかで、富士ゼロックスの将来進むべき事業の方向として、「ドキュメントサービス事業」が謳われている。パソコンの普及が急速に進むと予想されるなか、富士ゼロックスも「ドキュメントを写す」ことから「ドキュメントを作る」、そして「ドキュメントを活かす」方向に進化しなければならないと考えたのだ。つまり、単に複写機を売るだけでなく、ドキュメントに関わる支援サービスを目指すことを明らかにしたのである。つまり、ソリューションサービスを事業の柱とする会社に生まれ変わろうという宣言だ。

現在の富士ゼロックスの姿は、その延長線上にある。種はこの「第四次長期経営方針」にあったのだ。しかし、有馬が社長に就任した時には、まだまだ「モノ」売りの体質が色濃く残っていた。ドキュメントサービス事業を「本気で思い切って進めよう」とした有馬は、大胆な改革を進めることを決心する。それまでやりたくても誰もできなかった二つの改革を実行したのだ。一つは、人事報酬制度の改革。もう一つは、販売会社の完全子会社化である。

人事報酬制度の改革は、有馬が二〇〇三年から始めた「V06（ヴィ・オー・シックス）」という経営改革の一環として行われた。Vは、Vitality（逞しさ）・Velocity（スピード）・Value（価値創造力）などを意味し、06は二〇〇六年までに達成することを示している。V06は、コスト競争力、営業力、技術力、組織競争力、事業競争力など五分野で一六項目のタスクを掲げており、全社的な競争力アップを目指す内容となっていた。

人事報酬制度改革の背景には、アナログからデジタルへの技術移行があった。それまでアナログ主体のビジネスで活躍した人材と、これからのデジタル時代に活躍してもらう人材とは、求められるスキルが違う。しかも、アナログビジネスに就いている人材の方が、総じて年齢が高い。ということは、それまでの報酬制度では適切な対応ができないということである。富士ゼロックスとしても、そこのギャップを埋めることは急務だった。

有馬は、人事報酬制度を、以前の職能主義から職務主義に変える。「役割報酬主義」を導入したのだ。

一般的に言えば、職能主義は能力を格付けするシステムで、その個人の能力が目標や業績の達成に、必ずしも直結しない。それゆえに、成果を処遇するという点では弱い面が出てくる。一方、職務主義は、仕事（役割）をベースとしたシステムで、その個人がやるべき仕事を明確にして、仕事によって報酬を定めるやり方だ。

有馬が採用した役割報酬主義を基とした新しい人事報酬制度では、従来の社員区分が一新された。下から「職能層」、次が「リーダー役割」。その上に、「専門役割」と「管理役割」が並立で置かれている。

「リーダー役割」「専門役割」「管理役割」については、「下位役割を含む他の役割群への任用あり」とされている。つまり降格もあるということだ。

また、賃金については「本給を廃止し役割給に一本化」し、「各役割群の期待役割と成果に応じた役割給の改定」を行った。さらに退職金についても「任用役割に応じてポイントが付与される制度」を導入した。つまり、年功序列型給与をやめたのである。

これらによって、アナログからデジタル、「モノ」から「コト」という変化に、人事報酬面でも対応しようとしたのだ。当然、人件費の抑制という効果も狙っていた。

有馬の前の社長で、構造改革にも取り組んでいた坂本正元は、こう語っている。

「私は、給料にはタッチしたくなかったんです。それまで一〇万円払っていたものを、八万円にすることはできなかった」

しかし、有馬は、富士ゼロックスの競争力を上げ、「モノ」から「コト」へと企業体質を変えるためには、この人事報酬制度の改革は避けて通れないと考えたのである。

地域の販売会社を完全子会社化

富士ゼロックスを「コト」売りの会社にするために、有馬は「本社の営業部隊は『ハコ』売りをやめて、サービス事業に移れ」と号令をかけた。従来の「ハコ」売りは、販売会社に行ってもらうことにしたのである。

そのために、本社で販売、その後は保守・管理していた複写機二八万台を、販売会社の管轄に変えた。複写機ビジネスは、消耗品補充など保守・管理による収益が大きい。その部分を販売会社に渡してしまったのでは、本社の利益に大きな影響が出てしまう。それを防ぐには、販売会社を完全子会社化して、利益を全て富士ゼロックスのものとする必要がある。

有馬は、販売会社の完全子会社化をやらざるを得なかった。と同時に、保守・管理を担当していた本社のサービスエンジニア（カスタマーエンジニア）たちを、販売会社に移籍させなければならなかった。有馬は、こう振り返る。

「職は絶対に守ると言いました。ただ、流動化はさせるということで、サービスエンジニア二八〇〇名近くを販売会社に移籍してもらいました」

アナログの時代には、職人技的な技量を持つサービスエンジニアが活躍できたが、デジタルに移ると職人技はあまり必要とされなくなった。むしろ、サービスエンジニアの人件費が、経営に重くのしかかるようになっていた。そのような背景もあった。

「移籍には、個人個人の承諾が必要ですから、人事に聞いたら延べ五〇〇〇回くらいの面談やら説明会を開いたということでした。組合の支持も必要ですし。小林さんが組合との信頼関係を築いておられたので、私もそれを踏襲させてもらいました。基本的には、お互いの立場を理解して尊重するということです」

サービスエンジニアの移籍にも増して、有馬が気を使ったのは、販売会社のパートナーに対してだった。

「販売会社には、各地方の有力企業にパートナーになってもらっていました。このパートナーと手を結んで合弁企業づくりに奔走したのが、小林さんなんです。そこをどうするかというのが非常に迷ったところだし、辛かった。でも、小林さんには『何でもやっていいよ』と言われていたので」

各地方にある販売会社は、株式の五一%を富士ゼロックスが持ち、残りの四九%を地元の有力企業に持ってもらい、合弁会社として設立された。その四九%を富士ゼロックスが買い取り、一〇〇%子会社にしようと考えたのだ。地元企業は、その多くが小林の個人的なつながりからパートナーになってもらったという経緯がある。有馬が販売会社の完全子会社化のことを伝えた時、小林の反応はどうだったのか。

「小林会長には、もう誠心誠意、説明しました。若干、沈黙はありましたが、それから『分かった』『いいよ』と言って頂きました。その後は、何もおっしゃいませんでしたね。後で、何社か、ご自分で電話をしたり、手紙を書いたりされて、応援してもらいました。私なんか行っても相手にされない、もう大物の人たちですが、小林さんとは肝胆相照らす仲と言うんでしょうか。完全子会社化が本当に良かったかどうかは、歴史が証明するんでしょうけど、やっぱりあの時ああいう手を打っていたことで、いま引き続きいろんなことができるのだと思います」

パートナー企業や販売会社の反応は、どうだったのか。

「パートナーさんは、全社回りました。これも誠心誠意ご説明して、難しいところも一、二社ありましたが、大体収まりました。『小林さんから、お話があったから』ということで、すっと。むしろ、販売会社の社長たちからの抵抗が強かった。抵抗というよりも、懸念ですね。ただ、これも小林会長が『分かった』とおっしゃって頂いたことが伝わると、それ以上のことはありませんでした」

富士ゼロックスでは、二〇〇四年四月にニューチャネル推進部を立ち上げて、パートナー企業から「ハイバリュー」で株式を買い上げ始め、翌二〇〇五年一〇月には事業移管を完了し、全国の販売会社の再編を終えた。資本関係が切れても、パートナー企業の代表者が、販売会社の会長や取締役に残っているところも多く、富士ゼロックスとの付き合いの深さを物語っている。

この販売会社の完全子会社化については、さまざまな意見があった。地方の販売会社戦略を立案し、設立に尽力した横田昭は、こう述べている。

「完全子会社化の動きは、九〇年代後半から二〇〇〇年くらいには出ていたと思います。時代の趨勢で、やらざるを得ないということでは、あったのでしょう。同じパートナーさんでも、大きなところでは影響はそうなかった。ただ、小規模なパートナーさん、市場規模が小さい県のパートナーさんにとっては、インパクトが強かったようです。そうした企業の場合、販売会社から上がってくる利益は、小さくないですから。完全子会社にするにしても、もう少し穏やかなやり方があったのではないかという気はしています」

人事部長としてニューワークウェイを実行し、二〇〇四年当時は専務執行役員（営業本部長）だった小山眞一は、こう語る。

「結局、一〇〇％子会社化せざるを得ないくらい、富士ゼロックスから経営リソースを投入していたということです。人、物、金だけじゃなく、情報や情報システムも。販売会社の利益がパートナーさんの方にも行ったら、もう富士ゼロックスが成り立たないくらいの状態でした。そこの事情は、私たちが一社一社、トップの方にご説明して、分かって頂きました。今でも、その方々で販売会社の社外取締役に残って頂いている人が結構います。普通なら、あり得ない話だと思います。未だに、そういう形でサポートして下さっているのですから。やはり、小林さんの人柄や考え方に共感したパートナーさんたちが、支えてくれているのだと思います」

北海道ゼロックス販売を立ち上げ、一八年間社長を務めた山本宏は、こう言う。

「僕の場合、パートナーは伊藤組さんでした。配当はきちんと払っていましたが、基本的には伊藤組さんは経営に口は出してきませんでした。お名前は貸しましたが、思うようにやって下さいという感じです。もちろん、いろいろと力になってもらいました。北海道で、伊藤組さんの力は大きいですよ。その意味で、最高のパートナーでした。

一〇〇%子会社化は仕方ないんじゃないですか。パートナーさんにはそれまで、少ない出資で多くのリターンがあった。でも競争が激しくなって利益が減ってくると、なかなか利益を配分する余裕がなくなってきますから。富士ゼロックスも、株式の七五%を富士フイルムが持つようになって、そちらからの要求もあるんじゃないですか」

バランスシートには表れない「無形資産」

自分の人脈を駆使して販売会社の設立に奔走した小林は、完全子会社化について、複雑な思いを持った。

「一〇〇%子会社化したいと聞いた時は、正直『えっ』と思いました。本当に、それでいいのか。元もとパートナーに株を持ってもらったのは、パイ全体の大きさも重要だが、地域との関係においてのパイの厚み、パイの中身の濃さを増していくことの方が、長い目で見れば利益という点からしてもプラスが大きいと考えたからです。だから、利益が我われに集中するような形での経営が必要だといっても、そこは悩みました。

最終的には、どっちが絶対に正しいというわけじゃない。ただ、一番大切なのは、その時の経営陣がやろうとしていることについて、責任を持って展開していくことだと考えました。有馬君にしても、これまでの経緯を知らないわけではない。従来とは違うけれども、長い目で見て必ず富士ゼロックスのためになると、有馬君以下の執行部がそう考えているのならば、思い切っていこうよ、と踏み切ったわけです」

小林の懸念は、完全子会社化はやむを得ないが、これまで築いてきたパートナーとの信頼関係を損ねたくないという点にあった。

「従来からのパートナーシップ、我われの間にある信頼関係には、絶対に手をつけるつもりはありません。今までお世話になりましたがこれで御役御免です、ということでやるつもりはありません。そういうことを、パートナーには分かって頂きたかった。全社は回りきれなかったけれども、古いパートナー、僕が直接お願いしたパートナーには、説明に伺いました。感情的なしこりが全くなかったわけではありませんが、全体としては一〇〇%子会社化はスムーズにいったと思います」

また、小林は販売会社のこれまでのあり方について、パートナーから指摘されたことも含めて、こう語っている。

「販売会社を生かして総攻撃をしていこうというのであれば、もっと徹底的にやるべきだという声はありました。富士ゼロックスは、僕自身のあり方も含めて、良く言えば『慎重』、悪く言えば『ほどほど』。富士ゼロックスが反省するとすれば、新しい体制をとって、販売なり開発なりを進めようとする時、ある程度の成果がバッと評価できるところまでの踏ん切りの仕方が足りないということでしょう。パートナーさんの半分くらいは、そのあたりの富士ゼロックスの体質について、今一つ飽き足りない思いを持っていたのではないでしょうか。思い切って進めるということに対して、我われボードが少し安全パイ的に、これ以上進めて大丈夫かというふうにブレーキをかけた、ということはあったでしょう」

　さらに、小林は、販売会社を設立して二〇年、三〇年経つと、世代交代が行われ、経営に対する考え方も変わってきたと言う。

「販売会社をスタートさせた最初のジェネレーションと、現在のジェネレーションは代わってきています。僕は、富士ゼロックスが展開しようとした販社構想に、よくあれだけのみなさんが参加して頂けたと感謝に堪えません。その意味でも、販売会社は明らかに成功したと思います。

　ただ、パートナーシップ、フィフティ・フィフティというきれい事を言っているうちに、何か中途半端になり、チャンスなのに攻め切れないともどかしさを感じる人たちも出てきました。そのへんは、有馬君も気にしていたと思います」

　販売会社の完全子会社化は、基本的には、販売会社の利益を富士ゼロックスにフル連結決算させることと、サービスエンジニア二八〇〇名を販売会社に送り込むために行われた。外から見れば、そう捉えられる。しかし、小林は今なお迷いを隠さない。

「実際にフィフティ・フィフティでやるより、富士ゼロックスがマジョリティを持っていた方が、やりやすかったのか。フィフティ・フィフティの時にできなかった決断が、できるようになるのか。利益への貢献が大きくなるのか。そこはもう少し突っ込んで分析しないと、本当の意味の結論は出ていないと思います」

現在、国内の販売会社は三四社ある。今後、この体制を維持していくかどうかも問われることになる。社長の山本忠人は、二〇一〇年七月の段階で、こう語っている。

「営業体制の見直しは、いま検討中です。三四ある販売会社もバラバラのままでいいのか。かつては、大手企業の出先でも、決裁権を持っていました。現在は、連結決算ということもあって、地方の出先に決裁権は少なくなってきています。みんな本社が、集中購買するので。だから、地方で売ろうとしても売れない。しかも、お客さまの方も中央と地方がネットワークで結ばれている時代ですから、地域のためだけに機械を納めてもダメなわけで、全体を統合しての効果をアピールしないと提案になりません。

地域ごとにコンピュータシステムが違ったり、経営のやり方に違いがあるというのは、時代にそぐわなくなってきた。コンピュータシステムは統合したけれども、販売会社は完全子会社化したままの状態です。『モノ』売りから『コト』売りへ、ソリューション営業とかサービス営業に切り替えていくために、どのように全国の営業を統合していくか。それが今後の課題です」

富士ゼロックスでは既に、全国の販売会社を六つのブロックに分け、ブロック内で管理部門を統合したり、統一の営業戦略を立てたりしている。コールセンターにいたっては、東日本と西日本の二つに統合されている。販売会社のさらなる再編について、小林はどう考えているのだろうか。

「何事も、三〇年、四〇年を超えて、原形のままでいいということは、もちろんあり得ない。

販売会社は、数字（利益）の上で得たメリットも大きいんですが、違うカルチャーの優れた企業とパートナーシップを組めたことが、一番大きいと思っています。パートナーとなった企業の会長さんや社長さんに、販売会社の会長として参加して頂き、富士ゼロックスの幹部人材を育ててもらいました。富士ゼロックスプロパーだけでは得られない経験を持って、育ててもらった。これが、一つ。

もう一つは、地元との密着度。最初から富士ゼロックス一〇〇％でやっていたら、とても得られなかったような地元の支持を、パートナーのお陰で頂けた。これも間違いないところです。

この二つが損なわれない限り、どんな形を取ったっていいんじゃないか、と思っています」

こうした決算書のバランスシート（貸借対照表）には表れない価値を、小林は大切にし、判断の基準としてきたところがある。こうした価値を、小林は「無形資産」と表現する。

人を育てる、人との信頼関係を築く――これなどは典型的な無形資産だろう。

販売会社の完全子会社化は、富士ゼロックスのバランスシート上では有益に働くが、同時に失うものも少なくない。小林は口にこそ出さないが、そう心を痛めたであろうことは、想像に難くない。

富士フイルム古森社長の豪腕

有馬の社長時代には、もう一つ大きな動きがあった。二〇〇六年一〇月一日、富士フイルムグループの持ち株会社となる富士フイルムホールディングスが設立されたのだ。

この持ち株会社は傘下に、富士写真フイルムから商号変更し事業を継承した富士フイルム、富士ゼロックス、創薬メーカーの富山化学工業（二〇〇八年三月より連結子会社化）などの事業会社を持つ。富士ゼロックスの株式の七五％は、それまでの富士写真フイルムから富士フイルムホールディングスに移っている。社長は、富士写真フイルムの社長だった古森重隆が就任した。

連結売上高は二兆二〇〇〇億円、連結営業利益は一四〇〇億円（いずれも二〇一一年三月期）という巨大グループだ。富士フイルムホールディングスにおいて、富士ゼロックスは売上高、営業利益とも四割を占めており、グループ内で最大の事業分野となっている。

富士フイルムホールディングスについて、有馬はこう話している。

「ホールディングスができて、より富士フイルムの意向とかを意識するようにはなりました。売上高とか利益率とか、財務上の期待値はありますから。七五％株主として、連結決算になっているわけで、責任を感じざるを得ません。我われの影響というのが決算上四割くらいあって、我われのパフォーマンスがすぐに、ホールディングスのパフォーマンスに影響する。ホールディングスは上場しているので、我われも実質的に、ほとんど上場企業ですよ」

富士フイルムホールディングス社長の古森が、富士ゼロックスの収益性の改善を厳しく要求していることは、先に触れたとおりである。古森は二〇〇〇年に富士写真フイルムの社長に就き、二〇〇三年には社長ＣＥＯになった。同時に、二三年間にわたり代表権のある社長・会長を歴任し、「天皇」と呼ばれた大西實が、代表権を失っている。名実ともに、古森が富士写真フイルムの実権を握ったのだ。

古森は一九三九年、長崎県出身。小林陽太郎より六歳年下になる。東京大学を一九六三年に卒業して、富士写真フイルムに入社した。大学時代はアメリカンフットボール部に在籍しただけあって、今でもがっちりとした体つきをしている。富士写真フイルムの入社では、小林陽太郎の父である小林節太郎の面接を受けたという。

古森は節太郎の印象を「歴代の社長のなかでも、大西さんとは違う怖さがあった。自ずから持っている何かがありました」と話す。その節太郎が、写真感光材料以外の新しい事業をやろうと設けたのが産業材料部だった。ここでは、印刷、感圧紙、記録メディアなどの事業が展開される。古森は、その産業材料部に配属された。その経験が、後に写真フィルムから液晶、医薬、化粧品といった新しい事業への構造改革を推し進めるのに役立つ。

古森はCEOに就いてから、構造改革に豪腕を発揮する。背景には、切羽詰まった事情があった。デジタルカメラの急速な普及で、写真フィルムの需要が激減したのだ。二〇〇〇年には利益の六割を稼ぎ出していた写真フィルム部門は、僅か五年後の二〇〇五年には赤字に転落する。古森は「第二の創業」を宣言し、リストラを断行する一方で、液晶パネル用フィルムや医薬・化粧品など新しい分野への進出を強めていった。

その効果が表れ始めて、二〇〇八年三月期には富士フイルムホールディングスの当期純利益は一九九三億円まで回復した。ところが、その年の九月、リーマンショックが起こる。世界同時不況が、新しい収益の柱だった液晶パネル用フィルムなどを直撃した。二〇〇九年三月期の当期純利益は九四億円にまで減り、二〇一〇年三月期には四二〇億円のマイナスとなる。二〇一一年三月期にやっと一一七一億円の黒字に回復した。

写真フィルムの需要激減、リーマンショックと、二度の荒波を、古森は厳しい事業構造改革を断行することで乗り切ってきた。今では、自信をのぞかせている。

「二〇〇〇年をピークに、フィルムの需要が急激に落ち込んでいきました。まさに鉄火場にいるような激しい変化を味わったんです。その次に、リーマンショックでしょう。この時も、対象市場の二五％くらいの需要がなくなってしまった。

必死にいろいろと手を打って、今では八掛けくらいの売上げになっても、一〇％近い利益率が出せるような企業体質を作りました。固定費がうんと下がっているから、後は売上げを増やせばいい。新製品をどんどん出しながら、売上げを高めていけばいい。ここ数年は、そういう闘いですね」

「血みどろの闘いを続けてきた」古森から見れば、富士ゼロックスは余裕のある会社、つまりまだまだ甘さが残っていると映るのだろう。そこには、企業風土の違いもある。富士フイルムには、良くも悪くも堅苦しいといったイメージがある。古森は「それは、大西さんのやり方が反映しているのでは」と語った。

「大西さんの個性というのは強烈でした。几帳面というか、きちんとしているというか。シビアというか。社員としては、もうちょっと自由に伸び伸びとやる方がいいんじゃないかと、僕は思っていましたが。

富士フイルムと富士ゼロックスの社風に、違いがあるのは当たり前です。それぞれ個性があるのですから。ただ、両社には共通点も多いと思っています。技術重視とか、世の中に本当にいい製品を提供するとか。非常に良心的で、真面目で、責任感が強いと言うか。そういう意味では、共通の非常にいい社風があります」

「ガリガリやる」会社と「おっとりしている」会社

富士フイルムホールディングスができてから、特に富士フイルムと富士ゼロックスの相乗効果をどのように上げていくかが、注目されている。だが時に、両社の企業風土の違いを懸念する声も聞かれる。誤解を恐れずに言えば、「堅物で、ガリガリやる」富士フイルムと、「スマートで、どこかおっとりしている」富士ゼロックスでは相容れないのではないか、という懸念だ。小林は、どう見ているのだろう。

「カルチャーの違いはやむを得ないことであって、前向きに捉えてやっていかなければなりません。ざっくり言って、富士フイルムは伝統的にきちんとした会社です。あまりいい加減なことは許さない。富士ゼロックスがいい加減なことばっかりやっていると言うつもりは、さらさらないけれど。

例えば、富士ゼロックスがニューワークウェイでワーワーやるようなことは、富士フイルムでは考えられないことでしょう。ニューワークウェイを否定するのではなくて、ワーワーお祭り騒ぎ的にやらなくても、普通にしっかりやればいいという感じです。何かをやる時、勢いに乗せて突き進むのが富士ゼロックス流だし、大切なのは中身だから整然とやっていけばいいと考えるのが富士フイルム流でしょう」

それは、小林と古森の経営スタイルの違いにも表れている。

「古森さんは非常に個性の強い方だと思います。でも、物事を決めるまでは、相当緻密に考えられている。そして、実行の段階では、強く表に出すし、揺るがせにすることもありません。僕の場合は、わりといろんな人の意見を生かして、決めていくスタイルです。バチッと決めて、バチッとやっていく手法とは違う。何回も言うようだけれど、お祭り騒ぎ的に周りを乗せてやっていくのが、富士ゼロックスだったから」

富士ゼロックスの資本が、ゼロックス・コーポレーション五〇％・富士写真フイルム五〇％の時は、両社が拮抗していて、逆にその狭間で富士ゼロックスの独立性が保たれていた面がある。現在は、富士フイルムが七五％を所有しており、富士フイルムの子会社という性格が強まっている。新しい関係のなかで、富士ゼロックスと富士フイルムとのシナジーを、どのように上げていくのか。小林の見方は、こうだ。

「富士フイルムが七五％株主になったことで、いい意味で『富士フイルム化』ということが、富士ゼロックスでも起こっていると思います。『富士フイルム化』と言ったら変ですが、富士フイルムナイズされた考え方と言うかね。これに違和感を覚える人もいるかも知れないし、逆に良かったと考える人もいるでしょう。私は、富士フイルム化することが、富士ゼロックスの経営の足を引っ張ることはないと感じています。

富士フイルム自体が、業容を思い切ってケミカルの方向に変えてきています。これに、富士ゼロックスはどう絡んでいけばいいのか。共通のストーリーを創り上げていくことが必要でしょう。富士ゼロックスから見れば、富士フイルムグループの価値を上げることに貢献しながら、独自性を担保していくにはどうしたら良いかということです。そうした議論が、今かなり突っ込んだ形で進められています」

いずれにせよ、富士ゼロックスが富士フイルムとどのようなシナジーをあげるか、富士ゼロックスが富士フイルムグループのなかでどのような立ち位置をとるのか、そしてその成果が見えるまでには、もう少し時間が必要だろう。

富士ゼロックス初の技術系出身社長

二〇〇七年六月、富士ゼロックスに初めて技術系出身の社長が誕生した。山本忠人である。山本は一九四五年生まれで、神奈川県小田原市の出身だ。山梨大学工学部機械工学科を一九六八年に卒業し、「ひょっとすると外国に行けるかも知れない。ゼロックスという響きには、そういう匂いがあった」と、富士ゼロックスに入社してきた。

当時、富士ゼロックスは設立六年目の若い販売会社で、三年後に工場買い取りによる製販合同を計画していた。その製販合同を見越して、山本は技術系プロパーの一期生として採用されたのだ。

山本を社長に選んだことについて、小林はこう話した。

「それまでの社長は、事務系出身者ばかりでした。だいぶ以前から、富士ゼロックスの経営トップに技術屋さんを入れるべきだという議論はあった。将来、社長になることも含めて。プロパーの技術屋さんのなかで、山忠《やまちゅう》は、社長候補として早くから名前が挙がっていました。山忠は開発出身と言っても、経営的なことも含めて、さまざまな経験を積んできているし、視野は広いですよ。

ゼロックス・コーポレーションでも二〇〇九年にCEOになったウルスラ・バーンズは技術系出身です。そうした時期にさしかかってきたのかなあとも思います。たしか、山忠はバーンズとは以前から顔見知りのはずです」

小林の言うとおり、山本は開発一筋の技術者ではない。入社五年目にはアメリカのゼロックス・コーポレーションに派遣され、日本でノックダウン生産される複写機について、それをやりやすくするために設計段階から参加する。新婚間もない山本は、三年をアメリカで過ごした後、イギリス行きを命じられた。イギリス・ウェールズでは、一分間に九二枚をコピーできるという高速機の開発などに携わり、ここでも三年を過ごす。

大学の卒業論文を英語で書いたほど海外志向の強かった山本には、充実した日々だっただろう。ただ、実際の英語には悩まされた。アメリカでは語学学校のベルリッツに通い、何とか会議での議論もできるまでになったが、イギリスではウェールズ訛りの強い英語に再び苦闘したという。

帰国したのが七九年。富士ゼロックスは全社を挙げてデミング賞受賞に向かって突っ走っていた頃だ。六年ぶりに日本の開発現場に帰ってみて、山本は「TQCは軍隊のようだ」と感じる。このことは、既に述べた。

その後、カラー複写機の開発などを手掛け、一九九二年にVIP事業部長に就く。VI

Pは、Volume Incentive Productの略で、小型プリンターのOEM生産・販売を行う部門だ。山本にとっては初めての事業部長である。この時、小林に言われたことが印象的だったと、山本は語った。

「それまでコストが高い、コストが高いと言われ続けていました。僕は、ともかく量を作らせて下さい、そうすればコストは下がりますからと、いろいろな場で話していた。そうしたら、ある時、小林さんに呼ばれたわけです。VIPをやれと。僕がVIPって何ですか?と聞いたら、小林さんがこう言うんです。『お前の望むように、とにかく世界で半端じゃない数を売る事業をやらせてやるから、お前は伸ばすだけ伸ばせ。これはお前のために作ったような事業だ』。VIP事業は、それまでとは非常に違う意味で、勉強になりました」

それから二年後の九四年には、山本はVIP事業部長のまま取締役になる。四九歳。当時、最も若い役員だった。さらに二年後の九六年、常務取締役に昇進して、開発部門全体を担当することとなった。

その一年後に前述した「辞表提出事件」があったが、小林は取り合わず、九八年には常務取締役のまま鈴鹿富士ゼロックスの社長に就いた。鈴鹿富士ゼロックスは、複写機部品・消耗品などを製造する国内の生産拠点である。山本はここで初めて生産分野の仕事を、トータルで本格的に経験することになった。

山本は、鈴鹿富士ゼロックスの社長を二年九ヵ月務め、二〇〇一年四月に富士ゼロックス本社に常務執行役員として復帰する。三年弱ぶりに本社で仕事をすることになった山本は、自分が担当する開発と生産の部門がガタガタになっていると感じた。

「鈴鹿に行っている間に、ガラッと変わっていました。トップライン（売上げ）が伸びなくて、競合にも追い上げられ、構造改革というかリストラ的な動きをせざるを得なくなっていた。僕は子会社（鈴鹿富士ゼロックス）にいたので、あまり分からなかったけれど、社員のモラルサーベイでも最悪だったのは二〇〇〇年頃でしょう。本社に戻った時はまだカンパニー制をやっていて、ドキュメント・プロダクト・カンパニーのプレジデントに就いたけれど、商品のラインアップはきちんとできていない、在庫は山だ、品質は必ずしも良くないといった状態でした。それを、半年くらいかけて、全部整理したわけです」

危機感を抱いた山本は、開発部門の中堅社員を集めて二〇〇二年から「山本塾」を開く。

「やっぱり、人づくりですから。僕らが第一線の頃とは、会社の状況が大きく変わっている。できそうな人間をもう一度鍛え直そうと思ったわけです。やったことは、簡単ですよ。会社の事実を伝えること。いま会社は、こんなことになっているぞと。技術バカになって、自分はここだけの仕事をやればいいと思い込んでいる者たちに、会社の正確な状態を知ってもらい、ならば何をやらなければならないか考えてもらう。みんな目を丸くしていましたね」

生産の現場でも次第にコスト意識が高まった。それまで、原価と言っても部品の価格くらいしか考えず、利益率なんて経営部門が計算するものだと思っていた技術者たちが、自分のこととして捉えるようになったのだ。

技術者が社長になるメリット

二〇〇二年には有馬が社長に就任し、ほどなく収益改善のための経営改革V06が開始されるのは前述のとおりだが、それを生産面で支えたのが山本であった。山本塾はその後、D&M（開発・生産）シニアマネージメント塾となり、現在も続いている。小林は、その山本の働きを次のように評した。

「山忠《やまちゅう》は、営業そのものとか本社スタッフとかの経験はないけれども、しわ寄せのいく在庫などのことは、よく分かっていた。在庫の何が悪いのか、どうしたらいいのか。商品が悪いんじゃないか、技術が悪いんじゃないか、それとも部品コストが高すぎるのか。言わば、こうしたことを、それまで一身に受けながら、やってきたわけですから。

もちろん、彼は商品そのものが会社の将来を決める上でとても大切であることは、身にしみて知っています。一生懸命に生み出した商品のはずなのに、なぜ在庫になっているのか。捨てなきゃならない在庫か、それとも捨ててはいけない在庫か。もちろん、技術の現場にいる時と、経営陣のなかにいる時とで、見方は違ってくるでしょう。でも、富士ゼロックスとして、技術屋さんが社長になったことのメリットは、そういう面でも大きくあったと思います」

前述のように、小林は二〇〇二年、主だった役員に富士ゼロックスの課題についてレポートを書かせた。山本もその一員だった。山本は、そのレポートで次のように訴えた。

「当時、構造改革については、随分と議論されていました。生産でいえば品質を良くしよう、原価を下げようというようなことです。要するに、コストカット。僕は、自分の担当部署をステアリングしながら、一生懸命にやった。これは一定の効果がありました。

でも、コスト意識は強まったけれども、お客さまに対して富士ゼロックスがどういうことを訴求できるのかという意識は弱くなっていると感じたわけです。会社を全部、お客さまに対して上手く機能するように持って行かないとまずいのではないか。そこがポイントだと書きました」

この時レポートにしたためた思いを、実行しなければならない立場に、いま山本はある。

技術者を営業に回す

二〇〇七年六月、社長に就いた山本は、「複写機は卒業した」と宣言した。「モノ」売りから「コト」売りへの流れを強める決意表明である。

それこそ一九六〇年代、七〇年代であれば、複写機を導入すること自体が事務効率化になった。極端に言えば、複写機を購入すれば、それがソリューションだったのである。ところが、今では複写機を購入しただけでは、何のソリューションにもならない。「こういう使い方をすると、こういう効果があります」と提案することから、ビジネスを始めなければならない。

一例を挙げると、山本はMPS（マネージド・プリント・サービス）というソリューション・ビジネスに力を入れている。これを富士ゼロックスでは、XOS（ゼロックス・オフィス・サービス）と呼ぶ。XOSは、富士ゼロックスが顧客企業のプリンターや複合複写機の管理運用を受託するサービスのことだ。企業から印刷関連業務をアウトソーシングしてもらうことで、印刷関連コストを二〜三割削減させるというビジネスである。出力機を適正配置することで、台数やコピー枚数を減らせるという。結果として、富士ゼロックスの製品の導入が計られる。

しかし、「モノ」から「コト」への転換は、簡単ではない。山本は端的に表現した。

「ソリューション・ビジネスを進めるためには、営業のやり方を変えなければならない。『モノ』売りの時は、色がきれいだとか、スピードが速いというような複写機の特性を一生懸命覚えて、お客さまにいかに上手く訴えるかが、営業マンの腕でした。ところが、今はそれでは売れません。そういう闘いは終わったんだと、敵は半額だぞ、このままじゃゼロックスは負けるぞと、言いました」

二〇〇八年になると、山本は「Go To Customers」というスローガンを掲げる。「お客さまの元に通おう」ということだ。「モノ」売りから「コト」売りへの転換を図るためには、相手の企業がいま、何に困っているかをよく知らなければならないからだ。それなしには、ソリューションの提案もできない。しかし、それまで製品を売っていた営業マンに、いきなりソリューションの提案型営業をしろと言っても無理である。それは山本も理解していた。

「今まで『モノ』売りをしていた人に、明日から『コト』を売れと言っても難しい。実は、ソリューションを分かっているのは、開発生産の人間なんです。品質とか在庫管理とか、コストダウン、サプライチェーンなんかで日々頭を悩ましているわけですから。このあたりは、お客さまも困っているところでしょう。コストダウンと言っても、考え方もいろいろあります。そのお客さまにとって一番良い方法を提案する。そうした営業が、必要になってきているのです」

山本は二〇〇九年、非営業職の社員二四〇〇名を配置転換する。二四〇〇人は、富士ゼロックスグループの国内従業員の一〇％に当たった。二四〇〇人のうち、グループを去った者が一二〇〇人。いわゆる早期退職によるリストラだ。残る一二〇〇人のうち、六〇〇人を国内営業の強化に、もう六〇〇人を開発生産の新しい成長領域に注ぎ込んだという。

「営業を強化するために、生産開発の人間を営業の前線に出しました。もちろん、ソリューション・ビジネスを進めるためです。でも、営業の現場からはブーイングが出ました。技術系の社長になったら、俺たちの領分にまで開発生産の人間を送り込んでくるのか、というようなイメージがあったのでしょう。

実は、それ以外にも背景があります。以前にも開発生産から営業に人を回したことがありましたが、この評判が良くなかった。言葉は悪いですが、そのとき開発生産から営業に回った人たちというのが、あまり優秀でなかったわけです。営業にしてみれば、使えない人材を押し付けられたという気になってしまった。今回は、本当に営業を強化しなければならないので、開発生産からピカイチとは言わないけれども、かなり優秀な人材を出すように指示しました。今では、『本当に役に立つ』という声が聞こえてきています」

山本の営業強化策を、小林はどう判断しているのだろう。

「山本社長が、技術屋さんたちを営業職に回したのは、正しい判断だと思います。技術的な知見が営業の時に邪魔になるかというと、そんなことはありません。むしろ、プラスになります。

営業力をどうやって強化するのかというのは、富士ゼロックスが生まれた時からの永遠の課題です。富士ゼロックスは元もと販売会社でスタートしました。営業マンは半年、徹底的に訓練されて現場に出される。そうしたトレーニングを受ければ、富士ゼロックスに入社するような基礎的な能力を持った人は、誰でも営業ができるはずなんです。社員をマルチ能力化していく意味でも、サービスエンジニアの人たち、開発生産の人たち、事務部門の人たちを、営業で起用することはいいことでしょう」

「売ってなんぼ」の営業観を変える

ただし、富士ゼロックスに今なお残っている「営業へのメンタリティ」に、小林は一抹の不安を感じている。

「富士ゼロックスのなかでも、営業は特殊な分野という感じは、残っていると思いますね。成果主義が際立って適用されるという意味で。富士ゼロックスがスタートした時には、給与体系は一本でした。営業も同じだった。それが、創立三年目くらいの時、イギリスのランク・ゼロックスの会長が、富士ゼロックスの取締役会で『日本では営業にコミッションを払っていない。イギリスでも、アメリカでも払っている。なかには社長より稼いでいる者がいるくらいだ。日本人のセールスマンは金が嫌いだという話は聞いたことがない』と発言して、インセンティブ制度が導入されることになった。

平たく言えば、売ればぼんぼん稼げるようになったわけです。なかには、機械の設置条件を無視して販売してくる営業マンもいた。後で、サービスエンジニアが設置に行ってトラブルになる。サービス部隊から批判が出て、コミッションを個人ベースからチームベースに変えたりもしました。

けれども、社内では、営業は稼げるけど、あの世界には行きたくないという雰囲気がありました。喜んで行くのは一〇人中二人か三人で、残りは嫌々行くとか、できれば避けたいとか、思っていたんではないでしょうか。さすがに、最近はそこまでのことはないでしょうが、営業に対するメンタリティを変えていくことが重要だと思います」

確かに、富士ゼロックスが設立されて一〇年ほど、中途採用された一匹狼的な辣腕営業マンが、高いコミッションを得ていた時代があった。まさに、ボーナス袋が立った時代である。言わば、個人技的な営業手法が大手を振るっていた。

一九八〇年頃からは、TQCによる科学的営業手法が導入され、客観的なプロセス管理が導入され、プロパーの営業マンたちも増えていった。営業の体質も大きく変わっていった。それから、既に三〇年が経つ。

ところが、小林の目から見れば、まだまだ「稼ぎ主義、成果主義」の色彩が強く映るようだ。それが先の発言につながっている。小林は「もっと大切なことは、営業へのメンタリティのベースにある営業観です。営業とはこういうものだ、という固定観念を変えなければならない」と話した。

「モノ」売りでは、「一台売ればいくら」という具合に、結果が分かりやすい。「コト」売りでは、プロセスにおける労力や、それによって得た成果の評価が分かりにくい。販売台数だけで判断するわけにはいかないからだ。ソリューション・ビジネスでは、「売ってなんぼ」という営業観をもっと変える必要があるということだろう。会社も、個人もだ。山本も新聞のインタビューに、こう答えている。

「顧客企業へのコンサルテーションから入って、ソリューションやサービス提供に注力する。必ずしも機器やソフトウエアを販売する必要はなく、顧客ニーズによって業務の全体ないし一部を外部委託して当社が受託、代行してよい」

ピタリの品質

山本は、社長就任以前から、担当役員として富士ゼロックスグループの開発・生産部門の再編・統合を進めてきた。有馬社長時代の二〇〇四年、生産拠点を中国に移す際、それまでの国内主力工場だった神奈川県の海老名工場の停止を考えたのも山本である。

「中国への移転は九五年くらいからやっていました。ただ、海老名工場を停止して生産拠点を中国へ移そうというのは、僕の判断です。最初は、ブーイングでしたよ。だったら、中国人と同じ給料になるぞって言いました。まあ、このままでは競争力はないということで、日本人として中国でできないことをやれ、という意味ですが」

海老名工場は二〇〇五年末に向けて生産を縮小していき、翌二〇〇六年三月には生産を停止する。だが、生産拠点は中国に移しても、「モノづくりの基本の基本は、海老名でやる」ということで、二〇〇八年一月に一〇〇億円を投資して「生産技術工場」として甦らせた。ここでは金型の生産や、工場ラインでの生産性向上のための技術開発などが行われている。つまり、中国の生産拠点が上手く動くための基礎的な技術を作り込んでいく役目を担っているのだ。

山本は二〇一〇年四月から、開発と生産部門の大規模な再編・統合を実施する。それまで、海老名、竹松、新潟、富山、鈴鹿などに分かれていた開発・生産会社を、開発系と生産系の二社に再編・統合したのだ。

生産系は、富士ゼロックスマニュファクチュアリング株式会社という。本社は海老名事業所に設けられ、生産現場のスリム化や、生産技術の強化により、業界ナンバーワンの競争力を獲得することを目的にしている。

開発系は、富士ゼロックスアドバンストテクノロジー株式会社という。こちらの本社は、同じく二〇一〇年四月に新しく稼働した横浜・みなとみらいの富士ゼロックスR&Dスクエアに設けられた。それまで分散していた開発部門を一つにまとめた形だ。新しい開発プロセスを確立し、高品質、低価格、短納期を実現させることを目的としている。さらに、お客さまの経営課題に迅速に対応するソリューションを提供することも謳われている。

このR&Dスクエアは、研究開発部門には珍しく、横浜駅から歩いて一〇分という都会の真っ只中にある。地上二〇階地下一階の楕円柱複層ガラス張りの近代的な建物だ。すぐ隣には、日産自動車のグローバル本社が建っている。

先にも述べたとおり、R&Dスクエアは顧客と開発技術者が直接顔を合わせることで、これまでにない価値を迅速に生み出すことを狙っている。R＆Dスクエアでの製品開発について、小林は改めて「品質とは何か」を考える必要があると説いた。

「品質に、高いとか、低いとかいうものはないと思います。では、品質は何かと問われれば、それは『お客さまの求めているもの』でしかないのです。世の中では、よく高品質を求めてというような言い方がされますが、求めるべきは最適品質なのです。

富士ゼロックスの製品は、品質が高いけれども価格も高いと言われました。何とかしなくちゃならないと考えました。高い品質って、何だろう。Aのお客さまが求められている品質と、Bのお客さまが求められている品質が違う場合、どちらかが高くて、どちらかが低いということではないと結論付けたわけです。どちらのお客さまも、それぞれの『ピタリの品質』を求めているのです。

富士ゼロックスはこれまでも最高品質を求めてきたのではありません。昔から最適品質を求めてきたのです。品質とはお客さまの求めるものですから、極端に言うと、品質はそのお客さまにピタリのものと、ハズレのものしかありません。もちろん、狙うのはピタリです。ただ、中国やインドのお客さまの要求する『ピタリの品質』を持った商品をなかなか出せなかったことなど、これまで反省する点もあります」

しかし、数多くいる顧客の全てに「ピタリの品質」を提供することは無理だろう。最大公約数的な「ピタリ」を狙うということか。

「最適な品質と言った場合の最適には、二とおりの意味が含まれています。一つは、まさにピタリという意味の最適。もう一つは、オプティマムという意味の最適。オプティマムの場合、最適は最適でも平均に近いと言うか、どこか角を取って丸めて手を打つというイメージです。

ピタリとオプティマムは、きちんと使い分ける必要がある。例えば、何十万かのお客さまがいて、ニードで分ければ一〇〇種類くらいになるとします。一〇〇全部は無理だから、三〇に絞るとする。そのうち二〇くらいはオプティマ的な最適、一〇はピタリの最適を考える、といったように。

その時に大切なのは、全日本みたいなもので平均化しないということです。ソサエティ的なニードを強く意識していかないと、品質は出てこない。横浜・みなとみらいのR&Dスクエアでは、研究陣にお客さまと直接対話することによって、何かを見つけて欲しいと思っています」

この小林の言葉の意味を一番理解しているのは、開発生産分野を一貫して担ってきた山本に違いない。

第7章

「企業の社会的責任」とは何か

利益は、人間にとっての健康みたいなものです。
健康は大事ですが、健康が人生の目的ではない。

なぜ経済同友会に力を注いだのか

小林陽太郎が経済同友会に入会したのは一九七九年八月のことで、当時四六歳であった。小林は五〇代には既に、日本きっての国際派経営者と評されている。富士ゼロックス社長を一四年務めた後、一九九二年に五八歳で会長に就いてからは軸足を徐々に財界活動に移していったのは、自然な流れだろう。

経済同友会では、経済政策委員会の委員長をはじめ要職を歴任し、一九九五年には副代表幹事にも就いていた。そして、一九九九年四月、代表幹事に就任する。小林が財界人として最も注目を集めたのは、この経済同友会代表幹事の時代であっただろう。後で述べるように、小林は経済同友会の活動に、並々ならぬ思い入れがある。

他方、経団連（経済団体連合会・現・日本経団連）でも、一九八六年に初代の国際企業委員会の委員長となり、続いて日本ＥＦＴＡ（欧州自由貿易連合）委員会の委員長を務めている。

実際、東京電力会長で経団連会長であった平岩外四やソニーファウンダーの盛田昭夫は、小林を経団連副会長に就けたいと考えていた。外資系企業の経営トップが主要な経済団体の副会長になることは、当時異例なことである。それを押してまでも、小林を経団連副会長にしようというのは、日本経済が本格的な国際化を迎えつつあったことも要因だが、やはりそれまでの小林の財界人としての言動を評価してのことだろう。

小林夫人の百代によれば、盛田は何回も無理な相談を持ちかけていたという。

「やっぱり外資系企業というのがあったんでしょうね。小林に『富士写真フイルムに帰れ』とおっしゃったことがあるんです。富士写真フイルムは日本の企業だから。私が『どうやって帰るのよ』と言って、喧嘩腰の話になったこともありましたよ」

ただ、百代は「小林は初めから、同友会の方が向いていると思っていた」と話している。

経済同友会は原則として個人参加の組織である。経団連などが企業として会員になるのとは違う。個人資格で会員になる分、経済同友会での発言は自由度が増す。経済同友会の特徴でもある「大胆な提言」を行えるのも、こうした背景があるためだ。

もちろん小林も発言の自由さに魅力は感じていたが、それよりも惹かれていたことがあったという。

「同友会では昔から企業と社会の関わり方、今で言う企業の社会的責任というような議論がなされていました。同友会が設立されてすぐ大塚萬丈さんが『修正資本主義』を唱えられたり、高度成長期に木川田一隆さんが『企業の社会に対する責任』を言われたりしています。企業経営と社会をどうやってつなげていくか。その問題意識が色濃くありました。それが、僕が同友会の活動に惹かれた大きな理由です」

二代目代表幹事の大塚（日本特殊鋼管社長）が一九四七年に発表した「企業民主化試案」には、「企業は経営、資本、労働の三者の共同体として、意思決定や利潤配分も三者で行う」と記されていた。また、六〇年代から七〇年代にかけて代表幹事を務めた木川田（当時・東京電力副社長）は、人間尊重をベースにした協調的競争を訴えている。

経済同友会には、こうした言わば「社会的責任」重視派が存在した。一方で、昭和電工社長の鈴木治雄に代表される「市場」重視派もいた。企業と社会の関わり方に強い関心を持つ小林が、経済界のなかでも先導的な経済同友会の議論に惹き付けられていくのは、当然だった。

前述したように、小林自身も一九九二年に「よい会社構想」を世に問うている。よい会社とは、「強く・やさしく・おもしろい」会社のことであると訴え、富士ゼロックスが目指すべき会社像として提示したのである。「強い」とは、経営としてのパフォーマンスが高いということだ。「やさしい」とは、地域や社会に対して貢献するということである。「おもしろい」とは、従業員がいきいきと働くことができ、生活を楽しめることを意味している。

つまり、企業は、事業、社会、個人の三つの分野に対して、等しく責任を持っているという考え方である。小林は今も、この考え方を変えていない。いや、むしろ確信を深めている。ここ十数年、ＣＳＲ（Corporate Social Responsibility＝企業の社会的責任）が脚光を浴びてきたからだ。資本市場でも、ＣＳＲを重視した経営を行っている企業に投資するＳＲＩ（Society Responsible Investment＝社会的責任投資）が、欧米を中心に急拡大している。

「よい会社構想は、まさにＣＳＲそのものです。ただ、ＣＳＲにはまだ誤解が多い。ＣＳＲは企業活動全般のものであって、なにか『企業の社会的責任』という分野があって、それをやっているとか、やってないとかいうことではありません」

よくある誤解は、ＣＳＲとは「その企業が上げた利潤のなかから、メセナ活動を行ったり、環境保護活動をすること」というものだ。これでは小林が危惧するように、「社会的責任という分野」へ利益の一部を振り分けたにすぎない。小林によれば「ＣＳＲとは経営のある部分を指しているのではなく、経営全体のことを意味している」のだ。

ちなみに、小林は、社会的責任という言葉の「的」に不満がある。「的」は何か曖昧な感じを受けるので、「社会的責任ではなく、社会への責任と言った方がいい」と話している。

「よい会社構想」はCSRそのもの

小林は、CSRの意味をこう説明する。

「企業は、社会から預かった人や土地、お金などさまざまな資産を使って、新たな価値を社会に提供していくのが使命です。では、企業が生み出す価値とは何か。一つは経済的な価値です。商品やサービスを提供することで経済的な価値を生み出す。二つ目には、社会的な価値があります。分かりやすいのが、雇用を生み出すこと。それによって地域の活性化に寄与することもある。三つ目は人間的価値です。そこで働く人に賃金だけでなく、成長や自己実現などの喜びを与えるのは重要な価値となります。

企業はこうした価値を提供しなければなりません。それぞれの価値は独立のものですが、ともすれば経済的価値が優先されがちです。CSRは三つの価値を、バランスを取って実現しようというものでなければなりません」

経済、社会、人間の三つの価値は、「よい会社」の強い、やさしい、おもしろいに当てはまっている。小林が「よい会社構想はCSRそのもの」という所以だ。その三つの価値創造のバランスを取ることは、その企業のステークホルダーズ（利害関係者）にバランスよく利益を還元していくことに他ならないだろう。小林は、こうも説いた。

「企業には、消費者、株主、従業員、取引先、得意先、地域社会など数多くのステークホルダーズがいます。全部に等しく満足を与えるというのは難しい。その時どきに応じて、優先順位を決めるのがマネジメントの責任だと思います。極論を言えば、一時的な減益があったとしても、持続的にステークホルダーズのトータルのリターンが大きくなるように考えていく。それが経営者に求められていることでしょう」

小林にとって、ステークホルダーズを経営の中心に考えるということは、目新しいことではない。一九五六年にアメリカのペンシルベニア大学ウォートン校に留学している時、既にステークホルダー経営が取り沙汰されていたのだ。まだ社会経験のなかった小林には、なかったがゆえに純粋にステークホルダー論に向き合え、生涯にわたる経営理念として身に付けられたのだろう。小林が、経営における正しい判断を言う時、念頭にはステークホルダー経営がある。

だが、ステークホルダー主義は、市場主義の台頭で次第に脇に追いやられていく。ところが、最近になって、市場・株主至上主義のアメリカでも、ステークホルダー経営を見直す動きが出てきたという。

スタンフォード大学経営大学院教授のジェフリー・フェファーは以下のように述べてい

る（ダイヤモンド・ハーバード・ビジネス・レビュー二〇〇九年一一月号）。要約してみよう。
《五〇年代から六〇年代のアメリカでは、「ステークホルダーは神様である」という考え方が主流で、企業の成功とはこれらのステークホルダー全員の利益を満たすことに他ならなかった。ところが、七〇年代になると「株主を最優先すべきである」という考え方が支配的になる。これは、市場は効率的かつ合理的な判断を下すという理解が広がったためだという。
ところが、現在では、株主資本主義はもはや社内の共感を呼ぶ考え方ではない。このやり方では、社員を動機づけ、高業績が生まれてくることはない。最近企業の収益性と生産性が向上しているのは、投資家の利益を最優先させたからではなく、社員のやる気を高める取り組みを実践したことによるからだ。》
ＣＳＲやステークホルダー経営に対する小林の思いは、代表幹事として経済同友会の活動に大きく反映することになる。

牛尾同友会が提唱した「市場主義宣言」

話は少し遡る。一九九五年四月、ウシオ電機会長の牛尾治朗が経済同友会の代表幹事に就任した。この年の一月一七日、阪神・淡路大震災が発生。二ヵ月後の三月二〇日には、オウム真理教による「地下鉄サリン事件」が起きる。日本経済は、バブルが破裂し、急速に不景気風が吹き始めていた。大きな社会不安のなかで、牛尾同友会は発足したのである。

バブル経済が消滅した後、日本経済は何とか浮上しようともがいていたが、その兆しは見られなかった。絶対に倒産しないと思われていた大手金融機関も破綻に追い込まれる。一九九七年には、山一證券、三洋証券、北海道拓殖銀行が相次いで経営破綻した。九八年には日本長期信用銀行、日本債券信用銀行が国有化に追い込まれる。

出口が見えない日本経済に、牛尾の危機感は募った。果たして「財界の暴れ馬」と称された牛尾は、どこに突破口を見出そうとしたのか。

「バブルの後で、日本経済は市場の活性化が非常に欠けていました。金融機関は不良債権問題で身動きがとれない。個人の投資家は大きな損失を受けて元気がない。そういうものを解決するには、政府の指導とか、地方自治体の支援とか、業界団体や大企業からの救済なんかではなく、市場経済しかないと考えました。事実、アメリカやイギリスは、同じような状況を市場に委ねることで、市場を活性化させて乗り切っています。その際、政府はルール作りとか監視の役割に徹すればいい。それで、倒産するものは倒産させればいい。市場経済というのは、新陳代謝が盛んで、多くの廃業があっても、その後に新しい産業が生まれることで、生産性も上がり、活性化が図れるわけだから」

バブル経済が崩壊して二〇年以上経った現在でも、牛尾は「ゾンビ企業」が生き残っていて、それが経済の足を引っ張っていると指摘した。

「日本企業には、首を切らないというノー・レイオフ、倒産を最小限に食い止めるミニマム・ルーザー、株を持ち合うミューチュアル・ホールディングという三原則がありました。バブル後も、そうした体質で、倒産が少なかった。逆に言うと、本来なら退場すべきところが生き残って、ゾンビ企業が生まれた。株の持ち合いや終身雇用は崩れていきましたが、なるべく倒産をさせないという業界主義はまだありますね。それがゾンビ企業が残るもとになっている。ゾンビ企業というのは生産性が低い。イノベーションする力もないので、従来のものを安く作るしかない。で、デフレになる。解決のためには、市場経済をもっと徹底させなければならないというのが、僕の考えでした」

牛尾は、バブル後の閉塞した日本経済を立て直すには、市場主義しかないと判断したのである。そのためには、小さな政府を実現して、大胆な規制緩和を行い、市場機能を高めて非効率な企業活動をなくすことが必要だと考えた。それらを実現することで、新しい産業や雇用の創出を促すことが、日本経済復活の道であるとしたのだ。

一九九七年一月、牛尾は経済同友会として「市場主義宣言——二一世紀へのアクション・プログラム」を発表する。この「市場主義宣言」には、前述した牛尾の理念が全面的に投影され、こう記されていた。

《我が国経済はすでに地盤沈下しつつあり、放置すれば破局を迎える。最早これ以上、時間を浪費できない。

我が国の経済システムを市場を中心としたものに作り替えることが改革の目指すところである。》

そして、基本理念として、以下の三点が強調されている。

①国際化、情報化、経済の自由化、価値観の多様化の流れの中では、もはや市場機能を通じて発揮される先見性によらずしては、誰も先を見通すことはできない。先行して改革を進める諸国の例を見るまでもなく、市場はできるだけ自由に、かつ競争はできるだけ広い範囲で展開されねばならない。もちろん、市場は野放図な自由放任の世界ではない。明確なルールに基づいて運営されなければならない。

②個人、企業、政府の役割分担を再確認する必要がある。政府は、市場の活動に直接関与することは避け、事後的監視に徹する。一方、真の社会的弱者の救済や社会的に許容される限度を超える所得格差の解消など、市場の外で問題解決を図ることが政府の役割となる。

③もはや経済活動に国境はない。我が国企業が国内にとどまってなお十分な国際競争力を維持できるようにするとともに、我が国に世界から経済活動を呼び込むことが不可欠である。真の空洞化の危機とは、我が国が経済活動の舞台として世界から見向きされなくなることである。

「市場主義宣言」では、市場経済の徹底を謳っている反面、このようにルールの明確化や弱者救済を掲げている。さらに牛尾は、企業側の情報開示と破綻した企業が再出発できるような制度の創設も訴えている。

「情報開示はITの普及で、以前より格段に進んでいます。敗者復活では、アメリカのチャプター11（連邦破産法第一一章）のような制度が日本にもあった方がいい。市場主義は素晴らしい制度だけれども、行きすぎると具合が悪い。やはりセーフティネットは必要でしょう。またアダム・スミスも『道徳感情論』という本のなかで言ってますが、社会に道徳理念がなければ、自由経済はあり得ないと。市場経済の前提に、倫理や規律が確立した社会というものがあるわけです。日本で言えば儒教的な精神、欧米ではプロテスタンティズムのような風土がないと、おかしなことになる」

しかし、こうした牛尾の思いを超えて、「市場主義宣言」は市場の評価を最優先する市場原理主義を称揚するように、世の中から受け取られたきらいがある。確かに、それまで日本企業が株主を軽んじてきた面は否定できない。だが、一転して、株主の利益のために、市場での評価つまり株価を上げることが、経営の最大目標と捉えるのは、極端にすぎただろう。

小林は「パブリックマインド」を訴えた

牛尾が「市場主義宣言」をまとめていた頃、副代表幹事だった小林は経済政策委員長として「日本をこう変える――一二の具体策」という提言をまとめていた。

この提言は、「いま改革をしなければ、日本経済に明日はないのではないか」（小林）という問題意識の下、民主主義、市場原理、法治主義の三つの基本理念を尊重することとして、一二の具体策が示されていた。以下に、項目だけを挙げておく。

①国会の予算委員会を「財政評価委員会」に改組。②予算編成部門と税制企画・徴税部門を完全分離。③公的金融を原則民営化。④厚生年金を私的年金化。⑤議員の立法スタッフを増強。⑥地方自治の独立性を強化。⑦地方議会の財政評価監視機能を拡充。⑧独禁法を厳格適用。⑨司法機能の強化。⑩会計基準制定の独立性を強化。⑪税制のグローバルスタンダードへの適合化。⑫納税者背番号制、確定申告の選択性を導入。

「日本をこう変える」は、「市場主義宣言」が提唱された二ヵ月後の一九九七年三月に発表される。牛尾の「市場主義宣言」は野村総研から出向していたメンバーと経済同友会のスタッフが中心になって作業をしていた。小林の「日本をこう変える」の方は、経済政策委員会の委員だった企業から出向してきたスタッフが取りまとめていた。

基本となる考え方は一緒である。市場原理をより強め、規制を緩和して小さな政府を実現し、グローバル時代に対応した開かれた制度を確立するものだった。「日本をこう変える」の方が、より具体策を示している。

当時の経緯を、経済同友会執行役の岡野貞彦はこう語った。

「当然、同じようなところを議論しているので、中身は似てきちゃうわけです。『日本をこう変える』を取りまとめていたメンバーからは『市場主義宣言が先に出てしまっては……』という声が上がりました。その時、小林さんが『パブリックマインドのことを、もっときっちりと言わなければならないんじゃないか』とおっしゃって、そこを味付けすることになりました。そういう意味で、『日本をこう変える』が『市場主義宣言』と大きく違うところは、パブリックマインドを訴えているところですね」

パブリックマインドは、社会を形成する人間として最も大切にすべき通念として、小林が以前から訴えてきたものだ。言葉として表せば「政治を超え、行政を超え、企業を超え、個人を超えて共通する大切なもの」ということになる。小林は、こうも述べている。

「パブリックマインドが醸成され、それを守ることが国民の常識となり、その気風が社会に横溢してこそ初めて、新しい民主主義国家としての日本への改革が可能になります」

「日本をこう変える」では、パブリックマインドは、民主主義、市場原理、法治主義の三つの基本理念を支える社会通念とされた。

「市場主義を徹底するということは、企業業績の回復のために野放図な首切りを認めることではありません。まして、利己的な利益追求や個人の権利の主張のみが行われているのでは、真の市民社会はできない。法律に触れなければ何をやっても許されるということでは決してない。だから、パブリックマインドが必要なんです」

分かりやすく言えば、パブリックマインドとは「社会全体が正しいと認める常識」のことだろう。小林自身、人間として「正しい常識」を身に付け、それを実行しようと模索し続けてきたに違いない。

「『市場主義宣言』を超えて」の波紋

一九九七年に「市場主義宣言」が出されてから、小林には気がかりなことが生まれていた。

バブル経済が破裂して、後年「失われた一〇年」と揶揄された時期の真っ只中で、日本企業は存亡を賭けてリストラに取り組むようになる。終身雇用は崩壊し、早期退職や首切りが当たり前のように行われた。その苛烈なリストラにお墨付きを与えるような形で、市場主義が用いられるようになっていたのだ。

「時代の趨勢としては、企業はやっぱり株主のものだと、だから株主に対して責任を負う以外、何もないじゃないかというような議論が、声高になされ始めていました。日本では長い間、欧米に比べると株主が低く扱われていたので、もっと株主を重視しなければならないということは理解できます。しかし、一に株主、二に株主、三に株主みたいな極端な議論が、同友会でもされるようになってきたのには、違和感がありました。ちょっとそれはおかしいんじゃないか、という感じを持ち始めていたわけです」

小林から見れば、ステークホルダーズのなかで株主だけを特別に重視することは、経営のバランスを欠いていることになる。

「牛尾さんは、それまでの日本企業が株主軽視、市場軽視、競争軽視でやってきて、なあなあ型というか談合型になっていると見たわけです。それでは明らかに国際競争のなかでは成り立たない。だから、もう一度市場というものを見直して、市場中心の競争を導入しようと考えた。ただし、何でもかんでも市場で決まるわけでもないし、明確なルールも必要だと述べています。そういう意味で『市場主義宣言』は、非常にバランスの取れたものになっていました。

ところが、人によっては『市場主義宣言』を、『市場原理主義宣言』みたいに捉えて、極端な競争市場を良しとしたり、株価だけを重視する様相が出てきてしまった。せっかくの『市場主義宣言』が誤解されてしまうのは、好ましくないと思いました」

そうした思いを、小林は一九九九年代表幹事に就くと、就任挨拶で「『市場主義宣言』を超えて――四つのガバナンス確立を」として表明する。この「『市場主義宣言』を超えて」は、牛尾が掲げた「市場主義宣言」を否定するものではないかと、大きな反響を呼んだ。

小林は、「『市場主義宣言』を超えて」のなかで、次のことを強調している。

《市場主義の貫徹は当面の、しかも重要な課題ではありますが、最終ゴールではないと考えるからであります。われわれの最終ゴールは、市場主義の先にあり、それが何かを探求する中で、市場主義だけで新しい時代の日本を築けるのか、といった問いに答えを見つけ出さなければなりません。》

そのために、小林は四つのガバナンスを探求することを掲げる。企業、社会、世界、個人の四つのガバナンスであった。ちなみに、ここでいうガバナンスとは「それぞれの世界における秩序とダイナミズムを自律的におさめる仕組みと哲学」と定義されている。
①企業のガバナンスとは、企業の「市場性」と「社会性」を、その時代の中でより高い次元で調和させることだ。そのために、企業とステークホルダーズとの関係、ステークホルダーズ間の秩序について理論的な枠組みが求められている。
②社会のガバナンスとは、これまでの政・官・業の関係をオープンで緊張感のある関係に再構築するとともに、それに市民を加えた「四角形」によって社会を運営していく仕組みを創り上げることだ。
③世界のガバナンスとは、日米中の関係を含めた日本とアジアとの関係をどう再定義していくか、それを踏まえた日米関係・日欧関係を、そしてこれからの日米欧三極関係をどう再考していくかということだ。
④個人のガバナンスとは、人の問題、教育の問題のことだ。一人ひとりの生きる力、問題探求能力を育むとともに、外国語によるコミュニケーション能力を高める教育が重要である。そして、パブリックマインドとか、有徳・品格といった価値観が当然のものとして根付いた社会を取り戻すための教育を探求しなければならない。
小林は当初、代表幹事の就任挨拶では、「四つのガバナンス」というタイトルで話をし

ようと考えていた。ところが、親しくしていた新聞記者のアドバイスによって、『市場主義宣言』を超えて」に変えたという。そのアドバイスとは、次のようなものだった。

「ガバナンスの話は小林さんらしいけれども、テーマをガバナンスにすると、みんな分からないんじゃないですか。小林さんの言おうとしていることは、『市場主義宣言』が出て、それが悪いわけじゃないけれども、曲解や誤解が生まれている。それに対する警鐘でしょう。そこを、もう少し考えたらどうですか」

このアドバイスを受けて、最後の最後に小林は「『市場主義宣言』を超えて」というタイトルに変えたのである。このタイトル自体に、経済同友会内部からも異論が持ち上がったように、「『市場主義宣言』を超えて」への反響は、大きなものがあった。経済同友会事務局でも危惧の声が聞かれたと、執行役の岡野は語る。

「市場主義を否定しているように取られたら困るな。金融危機などがあって、世の中に社会民主的な動きが強まっている時でしたから。市場を中心とした経済の仕組みを作ること自体がおかしいのだと、そう誤解されることへの危惧が強かったですね。マスコミなどに、小林さんが牛尾さんを否定したように取られないように、我われも必死でした」

ところが、実際には、牛尾イズムの否定のように捉えた人もいた。また、「小林は市場軽視なのではないか」「そもそも個人にガバナンスなんてあるのか」といった疑問の声も上がった。当の牛尾本人はどうだったのだろうか。

「確かに、市場主義を否定するのかと言った人もいました。でも、『市場主義宣言』にも倫理観や節度を失ってはいけないというようなことを書きました。市場主義を貫徹しなければいけないことは、小林さんもよく分かっていましたから、僕は代表幹事を終えた後、一切口出ししていません。まあ、パブリックマインドというのは、ちょっと分かりにくかったかな。経営者は社員の人生観まで立ち入るわけにはいきませんし。やっぱり優れたリーダーが、地位に就くようなメカニズムを持つことでしょう。

小林さんを後任にしたのは、時代的にワークライフバランスやグローバリゼーションが重要になってきたし、バランスの取れた経営者として適任と考えたからです」

「市場の進化」とは何か

経済同友会代表幹事の就任から一年八ヵ月後の二〇〇〇年一二月、小林は「21世紀宣言」をまとめた。この宣言は、「『市場主義宣言』を超えて」で投げかけた問いに対する答えである。そのなかで、「市場の進化」という新しい考え方が打ち出されていた。

《わが国では未だに市場のダイナミズムが不十分であり、市場原理は徹底していない。

我々は改めて、市場機能の徹底活用の必要性を強調したい。「自由」「公正」「透明」な市場の構築には、「信頼」「正義」「規律」といった規範が不可欠であり、我々は実効あるコーポレート・ガバナンスの確立、市場のルールや規範の遵守を徹底する。

我々は、市場機能のさらなる強化とともに、市場そのものを「経済性」のみならず「社会性」「人間性」を含めて評価する市場へと進化させるよう、企業として努力する必要がある。市場は、価格形成機能を媒介として資源配分を効率的に進めるメカニズムを備えているが、社会の変化に伴い市場参加者が「経済性」に加えて「社会性」「人間性」を重視する価値観を体現するようになれば、それを反映して市場の機能もより磨きのかかったものとなるダイナミズムを内包している。いわば市場は社会の変化と表裏一体となって進化するものである。》

つまり、今のところ市場は、経済性重視で評価を下しているが、そこに社会性や人間性を加味して評価を下すように進化させようというのだ。そのために、企業は市場がそのように進化することを促すようにしなければならないという。そして、市場が経済性に加えて、社会性や人間性を重視する評価を下すようになれば、そのことで社会が変わっていくということだ。

この「市場の進化」を提案したのは、後に日本銀行総裁となる福井俊彦である。当時、福井は、大蔵省・日銀の接待汚職問題の余波を受けて日銀副総裁を辞任し、富士通総研の理事長に就いていた。日銀副総裁辞任から富士通総研理事長就任までの一年弱、福井は個人で会費を払い、電車で経済同友会に通っていたという。

その福井が提唱した「市場の進化」は、小林の琴線に触れた。

「市場を大切にしなければならないのは当たり前です。ただ、市場は完璧ではない。現在の市場は、あまりにも目に見える株価、あるいは目に見える短期的な利益、そういうものに偏って企業を評価しているのではないか。もう少しバランスを見る、ある意味では非経済的な部分も含めて、企業の社会に対する貢献度をちゃんと測るようにしていかなければならないということです。市場がそういう方向に向かうことを、我われは『進化』と呼びました。それは市場無視でも市場軽視でもありません。『市場の進化』と捉えたわけです」

「21世紀宣言」に対する小林の思い入れには、並々ならないものがあった。岡野は「小林さんは、一九四六年に経済同友会が創立された時に出された設立趣意書の二一世紀バージョンを作ろうと考えたのではないでしょうか」と話す。

小林は、経済同友会の会合で、しばしば設立趣意書を引用した。

《日本はいま焦土にひとしい荒廃の中から立ち上がろうとしている。

新しき祖国は人類の厚生と世界文化に寄与するに足る真に民主主義的な平和国家でなければならない。

日本国民は旧き衣を脱ぎ捨て、現在の経済的、道徳的、思想的頽廃、混乱の暴風を乗り切って全く新たなる天地を開拓しなければならないのである。

今こそ同志相引いて互いに脳漿をしぼって我が国経済の再建に総力を傾注すべき秋ではあるまいか。》

小林の目には、戦後に日本が直面した困難と二一世紀を目前にした日本の困難が同じように映っていたのではないだろうか。「21世紀宣言」は、こう訴えている。

《八〇年代後半にはバブル経済を招き、バブル崩壊後もその清算と本質的な改革を先送りしつづけてきた。そのため、世界の潮流変化への対応が遅れ、今日なお経済は低迷を続けてきた。


我々が、今、新しい国づくりに取り組まねばならないと考えるのは、経済に対する危機感からだけではない。政治は、派閥意識や利権構造が根深く、民意に応える政策論議は乏しく、国のガバナンスの中核として機能していない。社会は、戦後半世紀にわたり経済を最優先してきたことが人々の価値観に大きな影を落とし、歪みをもたらしている。個人主義や民主主義は私益優先の風潮となり、個人の責任や義務の意識も希薄である。新しい国

づくりにはこのような国のあり方や社会の再構築が不可欠であり、また、それなくしては活力ある経済の再生もなしえない。》

「21世紀宣言」で「市場の進化」を訴えた小林は、それから二年三ヵ月後の二〇〇三年三月、代表幹事を退くに当たって、第一五回企業白書をまとめる。この白書は、小林同友会の集大成であり、次期代表幹事である日本IBM会長の北城恪太郎へのバトンでもあった。この第一五回企業白書では、CSRとコーポレート・ガバナンスに重きを置いた企業評価基準を提案している。「市場の進化」を促すために、経済同友会として新しい企業評価基準を打ち出したのだ。

CSRについては、「市場」「環境」「人間」「社会」の四分野で八三項目の設問が用意されている。コーポレート・ガバナンスについては、「理念とリーダーシップ」「マネジメント体制」「コンプライアンス」「ディスクロージャーとコミュニケーション」の四分野二七項目の設問がある。経営者が自ら設問に答える形で、自分の会社を評価できるようになっている。小林は、その意図するところを、次のように語った。

「全てが株主のためというのも間違いなら、全てが従業員のためというのも間違い。どういう形でバランスを取るのか。そう考えた時に、経営者の参考になるツールとして、具体的なものを示そうと思いました。ステークホルダー経営を本当に意味のあるものにするためにも役立つように。本当は、この企業評価基準によって、同友会が経営者賞とか、日本における最も称賛される企業賞などを設けるといいんですが」

しかし、残念ながら、この新しい評価基準は大きな広がりを見せていない。合計一一〇項目という設問の多さも影響している。また、本当の意味で、CSRが日本に根付いていないということもあるだろう。今のところ、結局は「それら全てを含んで株価に反映されているのではないか」という見方が勝っているようだ。

激論！「社会派」小林 vs「市場派」宮内

小林は、経済同友会を舞台に市場主義の見直しを進めたと言える。現在でこそ、アメリカのサブプライムローン問題に発する金融市場の混乱で、市場原理主義、市場万能主義に対する批判・反省が広まっているが、小林が代表幹事を務めていた二〇〇〇年前後には、市場主義への信奉が強かった。特に二〇〇一年に小泉内閣が発足し、構造改革が国家命題になるに及んで、市場の役割がますます重要視されていた。

経済同友会内部でも、市場を巡る議論は活発だった。小林が唱えた「『市場主義宣言』を超えて」に対して、大きな疑問を投げかけたのがオリックス会長・グループCEOの宮内義彦である。宮内は、牛尾代表幹事時代に、副代表幹事として「市場主義宣言」を強く進めた一人だった。

「僕は牛尾さんの市場主義を貫くという考えは、当時も今も正しいと思っています。ですから、『超えて』と言われた時には、違和感を持った。市場主義にもなっていないのに、なぜ超えるなのか。僕は、何としても市場主義を本当に取り入れないと、日本経済は世界から遅れちゃうと考えていました。それが終わってもいないのに、超えてと言われると、ちょっと待ってという感じでしたね。

『市場の進化』の時も、僕はウ〜ンと思ったんじゃないでしょうか。『分かりにくいな』くらいは言ったかも知れません」

宮内の考え方は、こうだ。企業は最も効率的な組織運営をして利潤を上げ、納税や雇用を行うことが社会に対する責任である。そして、企業は、社会から経済的な富を最も効率よく作り上げることが期待されており、それが最優先となる。そのためには、市場原理に基づく競争が最も有効である。

当時の小林・宮内論争は、今なお語り草となっている。二〇〇〇年七月に軽井沢で行われた経済同友会の夏季セミナーでは、以下のようなやりとりがあった。事務局がまとめた「討議内容」から拾ってみよう。

小林　現実に世界の中で高いパフォーマンスを上げ、高い信頼を得ている企業は、他への配慮もされ、それにふさわしいトップを選び、経済的存在のみならず社会的存在としても、堂々とパフォーマンスしていることをきちんと認める必要がある。

宮内　今の経営者は根源的な責務を果たしていないと思う。日本の経営者の約半数が統制経済、行政との間で既得権益を持ち、ぬくぬくと経営し、ユーザーの犠牲において、ステークホルダーズ重視と称して効率を上げず、社会的に高い地位にあり、不当にも大きな発言権を持ち、社会全体に影響力を与えている現状は全くおかしい。我々は根源的な責務を果たすことこそが重要であり、人間として立派であるかどうかではなく、経済的価値を作り出すテクノクラートとして最高でなければ企業の経営者として社会で認められるべきではない。

欧米の経営者はボトムライン（利益）をしっかり見ている。日本の場合は、一〇年間赤字経営を続け累損があってもお金を貸すといった、市場経済からみれば考えられないような経済構造の中で、大きな企業が存立している。

小林　ボトムラインを満たしている企業は、さらに高いところを目指して一つのモデルを創り出すべきではないだろうか。それすら満たしていない企業は批判されるべきで、一括りにはできない。宮内さんのメッセージは、最低の経済的パフォーマンスレベルに到達していない企業に対するものだと受け止めたい。

さらに二〇〇二年七月の同じく軽井沢の夏季セミナーでは、「市場の進化」を巡って議論となった。

宮内 企業がその存在を許されているのは、社会の負託を受け、社会の必要とする経済的富を最も効率的に供給するからである。企業が社会性や人間性をつくるのではなく、社会が存在していて、その中で企業はそれにサーブしている存在と考えるべきである。

企業が効率的に富を生産するためには、市場がしっかりと確立していなければならないが、日本では市場が確立していない。「市場の進化」の前に「市場の構築」が必要なのではないか。

世界的な競争の中で我々のスタンダードをどこに置くかについて考えた場合、あまり理想に走ると株主が許さないだろう。

小林 きちんとした市場が構築されなければならない、企業は社会からの負託やニーズに応えているかどうかで評価される、という宮内さんの考えはそのとおりである。

しかし、社会のニーズが変わってきていることも認識すべきである。環境問題に見られるように、これまで経済価値として顕在化していなかった部分を顕在化、数値化して評価していく必要がある。そのためには、社会のニーズがどこにあるかを探らなければならない。その意味で、宮内さんの認識は古いのではないか。

宮内　私は収益が目的と言ったのではない。収益は結果である。経済的な富を最も効率的につくりあげることを社会から期待された企業が、そのとおりその負託に応えた場合に収益が生まれる、そういう仕組みをつくった方が社会の経済運営にとっては良いという意味である。

日本は、効率的に富を生み出すというエンジン部分の活用が下手であり、その意味で社会の負託に応えていないというのが最大の問題である。その部分を構築せずに、その他の議論に集中し、そこに経営者が逃げてしまうことになれば、日本の経営危機は収まらない。

小林　市場を機能させるようにしなければならないという点については、みなさん意見が一致している。「市場の進化」で主張してきたのは、企業が最終的に評価される資本市場においては、企業は何をもって評価されるのかということである。この点は、私と宮内さんの意見が違うところだろう。

「市場の進化」という言葉にはいろいろな解釈の余地がある。「みんなが聖人になって現実から逃げることなのか」という批判もあるが、むしろモラル・スタンダードのハードルを高くして、それに挑戦していくものであり、ダイナミズムを大切にしていることを、十分再認識して頂きたい。

「直ちには経済価値に還元できないような価値についても、これを重んじるような社会づくりが重要であり、企業として積極的に働きかけていく」という本来の趣旨に沿って議論して欲しい。

「論敵」宮内を社外取締役に

このように、社会的責任派の小林と、市場主義派の宮内が、がっぷり四つに組んで議論を戦わせている。宮内は今でも「同じテーマで議論したら、同じことを言うでしょうね」と話す。

「日本の企業は一番重要なミッションである経済価値をつくるということを忘れても、他のものを背負いすぎている。下手をすると、政府の代わりみたいなことさえやっている。

上場していると、毎日、株価が気になります。株価が落ちると、何でなのか。機関投資家が売っていったのは、なぜなのか。そういうことを、しょっちゅう考えているわけです。

株主をないがしろにして、経営が上手くいくとは全然思えませんね。もちろん、だからと言って、従業員がどうでもいいと考えたことは一度もありません」

対して、小林はこう評している。

「宮内さんは、表現の仕方が非常に直線的だから、やや市場原理主義的に見られた面もあると思います。現実問題としては、宮内さん流のバランスの取り方をしている。タイムスパンのなかで、日本の企業はもっと競争しなければならないとか、規制は緩和・撤廃しなければならないと、大きく言っていかなければならないということでしょう。さもないと、元のなあなあ状態に戻ってしまうと」

宮内が「小林さんは啓蒙的経営者」と称するように、小林には「正しさ」を追い求めていく感じが強い。軽井沢セミナーでは「まず経済性を高めて、それから社会性、人間性に進めばいいのでは」という「段階説」も出されたが、小林は次のように一蹴している。

「経済効率性、つまり配当や利益もきちんとしなければいけない。しかし、社会的ニーズは、それだけではいけない。段階説は一見常識的だが、新しい企業モデルという意味では、社会の批判に堪え得ないのではないか」

その後のCSRの広がりを見れば、小林の主張は時代を先取りしていたと言えるだろう。

しかし、経済同友会のなかでも、「富士ゼロックスは非上場だから、多数の株主を前にした厳しい株主総会を経験していないだろう」「そうは言っても、オリックスは首切りのようなことはしていない。でも、富士ゼロックスはリストラをしてるじゃないか」と、小林に批判的な声が聞かれたのも事実だ。

こうした批判は、小林も理解していただろう。そして、危惧も抱いていたはずである。その証拠に、小林は一九九九年三月から七年間、宮内に富士ゼロックスの社外取締役を頼んでいる。一九九九年三月といえば、小林が『『市場主義宣言』を超えて』を発表する直前である。その後、数年にわたり激しい小林・宮内論争が続いたことは、前述のとおりだ。

宮内を社外取締役にしたことについて、小林はこう語る。

「富士ゼロックスは非上場ですが、上場企業と同じような厳しさを持って経営に当たる必要があると考えたわけです。確かに、宮内さんと私は考え方が全然違うのではないか、と危惧する人もいました。でも、逆にそれくらい思い切って、競争とか市場の厳しさを経験し、はっきりモノが言える宮内さんに、社外取締役になってもらうことで、富士ゼロックスの取締役会にも厚みが出ると考えました」

小林から社外取締役を頼まれて、宮内はどう思ったのだろう。

「だいたい日本人というのは、意見が違うと仲が悪くなるんですよ。でも、僕は意見が違うほど楽しい。おそらく、小林さんも同じように思ってもらったんでしょう。だから、逆に、非常にお付き合いが深くなった。それは、とても貴重なことでした」

宮内は「僕が役に立ったかどうか、よく分からない」と話していたが、富士ゼロックスに大きなインパクトを与えたようだ。小林は次のように振り返る。

「宮内さんに入って頂いて、まず競合企業との関係を言われました。なぜ勝っているのか、なぜ負けているのか。負けている原因は何なのか。それに対して、何をやっているのか。そういうところの突っ込みは、社内でもやっていたけれども、社内だとゼロックス流の言葉で逃げるところがあった。ゼロックス流の技術用語で市場や競争、お客さまの要求を考えるわけで、なぜそうなるのか、外の人には分かりにくいわけです。宮内さんは『私にも分かるように説明して下さい』と、曖昧さを排除してくれました。

また、上場企業には、上場による資金調達など大きなメリットがあり、我われが気付かなかった点も、ずいぶん指摘してもらいました。宮内さんには大変感謝しています」

小林と宮内は現在も、年に何回かプライベートでゴルフをする仲である。

利益は、人間にとっての健康と同じ

CSR（企業の社会的責任）は、二一世紀に入って急速に注目を集めるようになる。背景となったのは、企業の不正行為が目立ってきたことだった。

アメリカの巨大エネルギー産業企業だったエンロンが不正会計問題で二〇〇一年一二月に経営破綻。大手電気通信会社のワールドコムも粉飾決算が明らかになり、二〇〇二年七月に経営破綻した。両社とも、自社の株価を下支えするために、財務状況を隠蔽し、粉飾会計に手を染めていたのだ。

これを契機に、コンプライアンス（法令遵守）が、世界的に叫ばれるようになった。そのため、一時はCSRの主要な項目としてコンプライアンスが取り沙汰されたのである。しかし、本来「コンプライアンスは当たり前のことで、議論するのもおかしいこと」（宮内義彦）だろう。企業が、法律や一般常識を守ることは当然だからだ。

ところが、実際は、市場での評価を求めるあまりに、法律違反ギリギリといった行為に走る企業が少なくない。それをいさめるために、CSRという考え方が使われたのである。だが、CSRとはコンプライアンスとかメセナ活動だけを意味するものではないと、小林が説いていることは既に述べた。

「CSRとは企業活動そのものです。だから、本来は個々の企業の存在理由までさかのぼって考える必要がある。例えば、富士ゼロックスの場合、まず第一に富士ゼロックスが社会に貢献できることは何かと。それは他社さんではできない商品やサービスを提供していくことです。それによって利益を生み出し、税金も払えば、投資家や従業員にも報いていく。もちろん、他のステークホルダーズにも還元していく。そういうことをバランスよく行うのがCSRなのです」

小林はよく近江商人の例を出す。近江商人には「三方よし」という考え方がある。売り手よし、買い手よし、世間よしというものだ。自分にも、お客さまにも、社会にも良くなるように商売をしろとの教えだ。小林によれば、これなどは典型的なCSRとなる。だから、CSRは欧米発のものでもなければ、最近生まれたものでもない。実際、小林が老舗の家訓などを調べたところ、似たような文言がたくさんあったという。

CSRの視点に立てば、企業の目的は社会に役立つことにある。「利益はそのための手段」というのが、小林の考え方だ。

「利益は、人間にとっての健康みたいなものです。健康はとっても大事ですが、健康が人生の目的ではない。人は、健康で何かをやりたい。つまり、健康は、人生の目的を達成するために必要なもの、手段だと思います。利益は、会社にとっての健康みたいなものです。とても大切なものではあるが、それが最終目的ではない。個々の人間にそれぞれの人生の目的があるように、個々の企業にもそれぞれの目的があり、社会への役立ち方はいろいろだと思います」

経済同友会は二〇一〇年四月に「日本企業のCSR―進化の軌跡」をまとめた。これは会員企業四五五社にアンケート調査したものだ。前回は四年前の二〇〇六年に実施しており、この間二〇〇八年にリーマンショックが起きている。リーマンショックに端を発した世界的な経済危機は、日本の経営者のCSRに対する意識に、どう変化を与えたのだろうか。アンケート結果を見てみよう（いずれも二〇〇六年に比べて、二〇一〇年にどのようになったかを示している）。

〈CSRへの取り組み〉・組織面＝拡大した一三％、変化なし八二％。・予算面＝拡大した一四％、変化なし七四％。

〈貴社のCSRにはどのような項目が含まれるか〉・所在する地域社会の発展に貢献すること＝七二％から七七％に上昇。・雇用を創出すること＝五七％から六二％に上昇。・フィランソロピーやメセナ活動を通じて社会に貢献すること＝四六％から三九％に減少。

〈貴社のCSRに関する取り組みはどの段階か〉・企業戦略の中核として取り組む＝一六％から三一％に上昇。・法令や社会から求められたことに取り組む＝四七％から三四％に減少。

このアンケート結果を見る限り、CSRはリーマンショック後も日本企業に根付きつつあるようだ。小林は、この動きをさらに進めたいと考えている。そのために、「CSRはコストではなく投資である」と訴えている経営者が多いと思います。しかし、本当は、「企業にとって、CSRはコストと考えている経営者が多いと思います。しかし、本当は、CSRは投資なのです。堅苦しく言えば、いち早く社会のニーズを捉え、新しい価値や市場を創造していくための投資。すぐには経済価値に結びつかないニーズでも、それをイノベーションによってブレークスルーし、企業活動に合致したものにしてゆく。それが企業の役目です。

また、将来に向かってのより良い企業イメージを得るとか、社会から親しまれ存在意義を認められる企業になる、そうしたための投資という面もあります」

経営が苦しくてCSRどころではないという企業もあるのでは、という問いに、小林はこう答えた。

「ここ何年かは経営危機だから、格好のいいことは言ってられない。なんとか倒れないように、少しでもお客さまを獲得して、少しでも借金を返していく。それでいいんです。今までお世話になった人たち、ステークホルダーズに迷惑をかけないように必死に頑張る。それもCSRだと思います。見事にバランスを取っている話であって、そんな時にメセナなんて言い出したら、それこそおかしい」

小林は「くどいようだけど」と続けた。

「ＣＳＲは大企業、小企業を問わずに、業種を問わずに、きちんと理解され実行されていくことが必要です。まさに企業の社会に対する責任というあまりに根本的な問題だから、一時の流行とかで終わらせては絶対にいけないと思います」

ＣＳＲには、小林が求める「正しい判断」の基準となるものが横たわっている。

第8章

「再アジア化」論と中国

これからはアジアの国々に支持されてこそ、日本の価値が高まる。

日本を代表する国際派経済人として

「小林さんが、国際派の経済人として、日本のエース級と見なされ始めたのは、一九八〇年代後半からでしょう」

そう語るのは、民間外交の草分け的人物である日本国際交流センター理事長の山本正である。山本が、日米欧委員会（現・三極委員会）の事務局長として、小林を長い間支えてきたことは既に触れた。

日米欧委員会とは、日本、北米、ヨーロッパの三つの委員会によって運営され、参加国は「先進工業民主主義国」となっている。第一回は一九七三年一〇月に東京で開かれ、以来日本、北米、ヨーロッパの持ち回りで開催され今日に至っている。小林は八〇年に委員、九四年に副委員長、そして九七年にアジア太平洋委員会（日本委員会を改称）の委員長に就いた。

三極委員会は、デイビッド・ロックフェラーらが働きかけて設立された。共産主義国に対して、西欧先進国が民間レベルで共通の国内・国際問題を協議する場である。当初は、日本を民主主義国家として「独り立ち」させようという狙いもあった。

こうした国際会議の舞台を経験して、小林の名前は海外にも広く知れ渡っていく。その様子を見ていて、山本は「やっと、本当に国際的に通用する人物が出てきた」と感じた。小林は現在も、アジア太平洋委員会の委員長を務めているが、山本は「海外に行って要人と会うと、早く盛田（昭夫・故ソニー会長）や小林の後をつくれと、しょっちゅう言われる」と、困り顔を見せる。それほど、海外における小林の存在は大きいのだ。

小林は一九九〇年代に入ると、国際派経済人として、日本を代表する顔になっていく。一九九三年一二月に盛田が病に倒れると、代わって日米財界人会議（日米経済協議会）の日本側議長を引き受ける。この時期、日米間には、自動車交渉、半導体交渉、さらには包括協議と、難題が山積していた。

この間、日本側議長の小林を裏で支えたのが、米村紀幸だった。米村は一九九二年に通産省から富士ゼロックスに移ってきた人物で、現在は国際経済交流財団で市場経済化知的交流グループ事務局長に就いている。

米村は、小林のイニシアティブで、日本の業界別の市場アクセスの実態をまとめたり、逆にアメリカにおける市場アクセスをアンケート調査したりした。アメリカ経済界の「日本市場は非常に閉鎖的だ」という非難に対し、双方の実態を明らかにするのが目的であった。国際会議での小林の姿を、米村はこう言う。

「モノの捉え方がフェアでしたね。国際社会では、自分のことだけ、自国の国益だけを主張しても通用しません。短期的にはいいかも知れませんが、長期的にはアクセプト（受け入れ）されません。小林さんは日本の国益を前面に押し出してどうの、というようなことはしませんでしたね。常にグローバルな視点から、フェアネスという考え方をしていました」

山本も同じような感慨を持っている。

「日本が国際社会のなかで役割を果たしていく。その思いが、小林さんには強くあります。役割というものを果たすために、日本という国が経済的に発展していき、社会も安定していることが大切だと考えているのではないでしょうか。見方によっては国益的ですが、背景には国際的な文脈を持っているということです」

この小林の態度が、海外では高く評価される。米村も山本も、「ホテルなんかで食事をしていると、海外の要人たちが『ハイ、トニー（小林の愛称）』と気軽に声をかけてくるんです。会議の場だけじゃなく、個人的にも尊敬されているのが分かります」と異口同音に話している。

一方で、小林は実践的な面も見せた。小林は日米財界人会議の日本側議長に就くと、会議委員に定年制を導入したのだ。一期二年で二期まで。つごう四年で定年である。

それまで日本側委員には業界や大企業の重鎮が多く、一種のサロン化してしまうきらいがあった。そのため、実質的な協議を望むアメリカ側から、たびたび不満の声が上がっていたのだ。小林も、日米財界人会議をお飾り的なものにするのではなく、双方の意見をぶつけ合う場にして、何らかの具体的な成果に結び付けたいと考えたのだろう。

「再アジア化」提唱の真意

富士ゼロックスがアメリカのゼロックス・コーポレーションと富士フイルムホールディングスの合弁会社であることや、小林自身がアメリカのペンシルベニア大学ウォートン校でMBAを取得していること、国際舞台での活動がアメリカやヨーロッパ中心だったことなどから、小林は欧米派、特にアメリカ派の国際経済人と見られがちだ。

ところが、意外なことに、小林本人が国際交流で最も印象深いのは、新日中友好21世紀委員会での活動だと語った。新日中友好21世紀委員会は、二〇〇三年五月にロシアのサンクトペテルブルクで行われた日中首脳会談によって設置が合意された。日本側は当時の総理大臣の小泉純一郎、中国側は国家主席の胡錦濤《こきんとう》による合意だった。この委員会は、日本と中国の友好と発展を促進するために、民間人によって構成された政府の諮問機関と位置づけられた。

ちなみに、前身の日中友好21世紀委員会は、中曽根総理時代の一九八四年に発足し、九八年まで一二回の会合を開いている。この間、九二年には天皇の訪中があり、九八年には日中友好21世紀委員会の提言を受け入れる形で「平和と発展のための友好協力パートナーシップの構築」が、両国政府間で合意されている。

それから五年。新日中友好21世紀委員会の設置が合意された背景には、当時の日本と中国の冷え切った政治状況があった。小泉は二〇〇一年四月に総理に就くと、八月には靖国神社参拝を実行する。これに、中国側が大きく反発したが、小泉は二〇〇一年八月、二〇〇二年四月、二〇〇三年一月と毎年参拝を続けた。中国側は態度を硬化させ、この時期日本と中国の外交は停滞を余儀なくされていた。

反面、中国の目覚ましい経済成長で、日本と中国の経済的結びつきは深まっていく。このような状況は、「政冷経熱」と呼ばれた。日本政府は、民間ベースの交流拡大によって事態の打開を図りたいと考える。そこで生まれたのが、新日中友好21世紀委員会だった。

日本側の座長は、小林である。この人選について、小林は「僕は中国の専門家でもないし、中国語も話せない。びっくりした」と語った。小林に限らず、日本側メンバーは、経済学の東大教授である伊藤元重、地球物理学の東大教授の松井孝典など、その道の専門家であっても、中国問題には詳しくない者が多かった。宇宙飛行士の向井千秋にいたっては「宇宙からは何回も見ていたが、まだ中国の土を踏んだことがない」という具合だった。専門家と言えるのは、慶應義塾大学教授で日本側の幹事役を担った国分良成など僅かである。

秋田で行われた新日中友好21世紀委員会にて鄭必堅氏と。

中国問題は専門ではないとする小林だが、中国に対する関心は以前より強かった。小林は一九九一年頃から「再アジア化（Reasianization＝リ・アジアニゼーション）」を唱えている。冷戦時代が終わり、アメリカの一国主義が台頭し始めた時期である。そのなかで、小林は「日本のホームは、アジアしかない」との思いを強めたのだ。日本は明治以来「脱亜入欧」で近代化を進めてきたが、「これからはアジアの国々に支持されてこそ、日本の価値が高まる。そのためには、アジアを正面に見据えた外交に変えていくべき」と訴えたのである。

これはアメリカに偏りすぎていた日本外交の見直しを迫るものだった。もちろん、それはアメリカを軽視するものではない。アメリカの協力がなければ、日本の対アジア外交がスムーズに進まないのは、分かりきったことだからだ。その上で小林が描く未来像とは「日本と中国が共同議長のような形をとり、アジアをリードしていく」というものであった。

一九九二年、アメリカ・スタンフォード大学国際問題研究所の諮問委員会で、小林は「日本の再アジア化」を提言する。アメリカ派と見られていた小林だけに、反響も大きかったという。

「みなさん、非常に関心を示されて、日本の再アジア化とはどういうことなのかと、いろいろ質問されました。アメリカ離れを意味するのか、大東亜共栄圏の再来なのか。もちろん、アジア化とは、アメリカ無視とか、まして大東亜共栄圏なんかではありません。ただ今の流れを見ていると、資源も人もアジア中心の方向に向かっている。そのなかで、中国が非常に大きな地位を占めつつあり、それは見過ごせません。これは好き嫌いの問題ではない。これからの日本には、中国を理解して、中国人とコミュニケーションを取ることが必要なのです」

投げかけられた質問に、小林はそう答えた。小林の頭のなかには、明治以降の近代化路線で養われてきた考え方では、価値観の多様なアジアの国々に、日本はどれだけ理解が得られるのか、という危惧があった。日本のリーダー層も、アジアを視野の正面に据えるような人びとを育てないと、日本はどんどん置いてきぼりを喰ってしまう。折しも、一九九二年は、当時の中国最高指導者であった鄧小平《とうしょうへい》によって、市場経済が導入された年である。小林が「再アジア化」論を唱えたのには、そうした背景があった。

小林は、日米欧三極委員会にも、中国の参加を促している。三極委員会の性格から、民主主義国家ではない中国をメンバーにすることはできない。それでも、二〇〇二年には、中国をゲストメンバーとして迎え入れ、議論には正式メンバーと同じく参加できるように、体制を変えたのである。これからの世界システムを語る時に、もはや中国の存在なしでは済まなくなっていたからだ。小林がスタンフォード大学で「再アジア化」論を述べてから、僅か一〇年あまりのことである。

中国共産党の最高理論家と「君子の交わり」

新日中友好21世紀委員会は、二〇〇三年一二月の第一回会合から二〇〇八年一二月の第八回会合まで六年にわたって続けられた。この間、小泉は総理在任中の二〇〇一年から二〇〇六年まで毎年靖国神社参拝を行い、中国側の反発を招いている。また二〇〇五年には、日本の国連常任理事国入りに反対して、中国国内で反日デモが繰り広げられた。北京オリンピックのあった二〇〇八年にも、日本では中国製冷凍餃子による中毒事件、中国ではチベット暴動などが起きている。

このように、新日中友好21世紀委員会が開催されていた六年間は、日中関係がギクシャクしていた期間である。外交面で関係改善が図られたのは、唯一、安倍晋三が内閣総理大臣に就いて間もない二〇〇六年一〇月に中国を訪れ、国家主席の胡錦濤や首相の温家宝《おんかほう》に会い、「氷を砕いた」と評される首脳外交を行ったことくらいだ。

正式の外交ルートでは日中間の動きが停滞するなか、日本政府からは新日中友好21世紀委員会でなんとか両国間の硬直した関係をもみほぐして欲しいという期待もあった。厳しい情勢のなかでの新日中友好21世紀委員会の船出だったが、日本側の幹事役を担った国分

中国温家宝首相と会談（2006年10月）

によれば、委員会の雰囲気は良かったという。

「日本側の委員は、それぞれの世界で認められた人ばかりですから、一家言ある。いろいろな意見が出されますが、座長の小林さんは黙って聞いていて、最後にまとめてくれました。小林さんがガイドラインを示してくれるので、非常に楽でした。みんなも仲良くなって。一回の会合で三泊、四泊するのですが、ほとんど修学旅行といった雰囲気でしたね。会合自体もオープンにしました。取材もオープンです」

新日中友好21世紀委員会における小林の存在の大きさを、国分は次のようにも話している。

「委員会での大きなグランドデザインは、基本的に小林さんが自ら考えました。自分のアイディアなども、全て基調講演に盛り込んでいました。我われは、それを実行していく。情勢的には逆風のなかでしたが、楽しかったですよ。

それと、委員は全て無報酬です。出張旅費とかは外務省から出るのですが、ホテル代など一万数千円。中国側委員が成田に着いても、車の送迎はなしで、電車賃しか出ない。まして、中国側との宴会の費用など出ません。それらは全て小林さんが負担して、補ってくれたのです。小林さんは、物心両面で新日中友好21世紀委員会を支えてくれました。もう、我われは頭が上がらないという感じでしたね」

しかし、それよりも大きかったのは、小林が中国側座長の鄭必堅《ていひっけん》（チョン・ビーチェン）と、すぐに信頼関係を築けたことだと、国分は指摘する。鄭は当時七二歳、中国共産党中央党校の筆頭副校長だった。中国問題を専門とする国分の「研究対象」でもある。

「鄭必堅さんは、中国共産党ナンバーワンの理論家です。一三億人を指導する政党の理論を作り上げる人で、その能力は普通のものではない。飛び抜けちゃっています。かつて私も、民主化論を言って、彼に噛み付いたことがありますが、立場を超えてすごい理論家だと感じました。実際、中国共産党の指導者たちは、彼の下で勉強してきている。胡耀邦《こようほう》さんの秘書もやってましたし、胡錦濤さんのブレーンでもあります」

その鄭必堅と小林が初めて顔を合わせたのは、新日中友好21世紀委員会の第一回会合が大連で開かれる直前、北京へ中国共産党要人を表敬訪問した際だった。その時の印象を小林は次のように話した。

「ちょっとオーバーな言い方になるけれど、これまで会った日本人、アメリカ人、ヨーロッパ人も含めて、誰よりも印象深かった。一言で言うと、この人はすごいという感じです。彼のたたずまいと言うか……、こういう人が中国側にいるならやりがいがあるなと思いました」

鄭必堅は英語が堪能ではない。小林との会話も、通訳が入って行われた。鄭必堅は小林を見るなり、一九〇センチ近い長身を少しかがめるようにして、小林の顔を見入った。そして、こう話し始めた。

「小林さん、あなたは顔相を見ますか?」

「いや、僕は残念ながら、そうした趣味はないんですよ」

小林の答えを聞いて、鄭必堅はおもむろに切り出した。

「私たち二人は、長年にわたって、君子の交わりができると、自分は思いました。よろしくお願いします」

中国共産党の最高理論指導者から、「君子の交わり」つまり立派な人間同士として付き合おうと、小林は言われたのである。二人の信頼関係が、生まれた瞬間でもあった。その様子を間近で見ていた国分も、「二人がやっていける」ことを感じたという。

「二人の知性というか人間性というか、そういうものが立場を超えて融合した感じが分かりました。その信頼感みたいなものが、委員会を支えたと思います。お二人が君子の交わりをしようと言った時から、これは信頼できると。その後、今でも二人の友情は続いています。二人の信頼関係が、委員会のトーンとしてあったので、委員がお互いにいろんなことを言い合っても平気だと、自由な討論ができたと思います。二人が最後までじっと黙って聞いていてくれ、しかも絶対に威張らない。もう大丈夫という感じでした」

会合が進むにつれて、鄭必堅の小林に対する信頼は増していったという。

二〇〇五年一月、小林の自宅玄関近くの植え込みに、燃えた形跡のある火炎ビンが置かれているのが見つかる。一〇日後、今度は拳銃の実弾が郵便で届けられた。前年には、右翼の街宣車が押しかけたこともあった。

これは、二〇〇四年九月に東京で開かれた新日中友好21世紀委員会の第二回会合の後の記者会見で、小林が「個人的には、小泉総理の靖国神社訪問は、やって欲しくない」という内容の発言をしたことに、反感を覚えた団体がいやがらせのために行ったものと見られた。当時のことを、小林夫人の百代はこう振り返る。

「最初は、所轄の警察署が警備に当たってくれました。私は必要ないって、言ったんだけ

新日中友好21世紀委員会の席上で資料を読む。奥は鄭必堅氏

れども。脅しに決まっているでしょ。そう言ったんだけれども、警察の人たちは頑として聞かなかったわ。それからしばらくして、民間の警備会社が張り付いてくれたんだけれども、私には費用の無駄遣いのように思えて仕方なかった。こちらが大騒ぎするから、相手も喜んでやるんでしょう。まあ、主人は慎重なので、警備してくれるなら警備してもらいなさい、と言ってましたけどね」

　百代が平然としていたことは、小林も心強かっただろう。しかし、企業経営者でもある小林は、被害が自身だけでなく、会社へも及ぶことを懸念したに違いない。それでも、小林の姿勢は変わらなかった。ただし、新日中友好21世紀委員会の場で、小林が小泉の行動を批判したことは一度もなかった。国分は

「こうした小林の態度を見て、鄭必堅さんはますます信頼を深めたと思います」と語っている。

日中の「戦略的互恵関係」を提案

新日中友好21世紀委員会の第一回会合や第二回会合では、日中双方が自分の立場を言い合うようなシーンが多かった。しかし、三回目の会合あたりから、この委員会のミッションは「中長期的な日中関係をどう作るのか、建設的で具体的な提案を議論することだ」という雰囲気に変わってくる。

つまり、両国には、靖国神社参拝や尖閣列島、東シナ海の資源開発といった現実の問題があるが、その解決は外交で図るべきとして、新日中友好21世紀委員会では日中関係の将来ビジョンを作ることを主眼に置いたのだ。そうしたなかで「戦略的互恵関係」という考え方が生まれてくる。

「戦略的互恵関係」とは何か。国分の解説はこうだ。

「戦略的というのは、必ずしも軍事的な用語ではありません。大局的な長期的なという意味で、小林さんがずうっと繰り返してきたものです。

互恵関係というのは、お互いが相互の利益を考えるということですが、これは日中の二国間だけの話ではありません。世界のなかで、日中関係が共にどのような役割を果たしていくかということです。これだけ経済大国となった日本と中国が、二国関係だけでなく、我われが存在するこの地域の共通の課題を、一緒になって解決してゆこうと考えたわけです。環境問題にしても、安全保障、病気、麻薬などにしても、お互いにもっとポジティブな関係のなかで、地域に貢献していこうというのが、戦略的互恵関係です」

言い換えると、それまで日本と中国は「両国の友好関係」を築こうとしていたが、「戦略的互恵関係」では両国で世界、特にアジア地域に貢献していこうという姿に変わったのだ。長期的な視野を持って、世界に貢献できる国を目指そうというのは、小林の持論である。新しい日中関係を築く上でも、小林の国際感覚は大いに生かされたと言えるだろう。

実際、その後、日本と中国の間では、この「戦略的互恵関係」という言葉が、目指すべき方向として使われるようになる。例えば、「氷を砕いた」安倍首脳外交でも、強調された。また、二〇一〇年の中国漁船衝突事件の際にも、政府は事故処理の隠れ蓑にするかのように「戦略的互恵関係」の重要性を訴え続けた。

一方、新日中友好21世紀委員会で「戦略的互恵関係」が提起されてから、中国側も「歴史問題」を取り上げなくなる。二〇〇七年四月に温家宝が日本の国会で「日本は何度となく歴史問題についてお詫びをしてくれた。中国政府と人民は深く高く評価している」と演説し、事実上歴史問題にピリオドが打たれた。

この温家宝の来日に合わせて、中国中央テレビ（国営放送）は日本を紹介する番組を一〇回シリーズで放映した。新日中友好21世紀委員会の中国側委員であり、中央テレビのキャスターである白岩松《はくがんしょう》（パイ・イエンソン）が、今の日本を取材し、中国の人びとに知らせようとするものだった。

白岩松はモンゴル出身で、それまでも中国のさまざまな社会問題を取り上げ、中国では三本の指に入るほどの人気キャスターである。白岩松は、作家の渡辺淳一や歌手の浜崎あゆみ、松下電器（現・パナソニック）社長の大坪文雄、元総理の中曽根康弘などを取材している。この番組は、中国国内で大きな反響を呼んだ。国分は「白岩松さんは、中国側の委員で、最も大きな役割を果たしてくれた人の一人」と評する。

「白岩松さんは、委員会で何回も日本を訪れるうちに、日本の社会の持つ厚みや葛藤などに惹き込まれていったのだと思います。高齢化社会とか、ゴミリサイクルとか、町内会まで、日本の社会のシステムがどうできているかという番組を作りました。それが中国で放映されて、中国の人びとの日本に対する評価がだいぶ上がりました」

こうした意味でも、新日中友好21世紀委員会の功績は大きい。

新日中友好21世紀委員会で「未来を切り開く日中関係」について講演

新日中友好21世紀委員会は、「戦略的互恵関係」の構築を進めるために、青少年交流、日中文化スポーツ交流、資源共同開発、歴史共同研究、ジャーナリスト交流などを提言し、二〇〇八年一二月に幕を閉じた。

最後に、小林の印象に残ったのは、鄭必堅の言葉だった。小林が「中国はどのような国を目指しているのですか」と尋ねたところ、鄭必堅は迷うことなく次のように答えたという。

「中国は三つのことで、大国を目指しています。一つ目は、平和の大国。二つ目は、文明の大国。三つ目は、親しまれる大国です」

小林はそれを聞いて、「これは日本が掲げてもおかしくない目標だ」と感じた。そして、「大国に相応しい振る舞いが必要になっているんじゃないでしょうか」と応えたという。新日中友好21世紀委員会での経験を踏まえて、小林はこう述べている。

「まず歴史的な視野に立って、将来を展望する能力が必要です。日本の歴史的展望を押し付けるのではなく、それについて中国を含めた他の国々と意見交換して、どういった見方が可能なのかシェアしなければならない。むしろ風呂敷を広げて展望を述べて、これについてどうですか、そのなかで中国にはこういう役割があるのではないですか、と。そういう言い方には、中国側からも抵抗はありませんでした」

国際的な「人縁」を大切にする

さらに、小林は人的交流の大切さを訴える。

「ヨーロッパやアメリカのエリートたちは、実は昔から中国志向を強く持っています。中国語ができたり、中国古典に詳しい人も結構いる。最近は、特に中国を意識したリーダーシップの育成にかなり腰を据えて取り組んできています。これからのアジアの問題は、やっぱり中国がキーでしょう。ほんとうに息の長い形で友人づくりをする必要があります」

二〇一〇年に起きた尖閣列島の中国漁船衝突事件の際にも、小林は「中国だけじゃなくて、アメリカとかキーの国に対して、いざという時に、特使的な役割を頼める人材が枯渇してきている。たまたまその国に人脈のある特定の誰かに頼むということじゃなく、国としてそうした人材を育てていかないといけない」と危惧を漏らしていた。

この時、小林は「人縁《じんえん》」という言葉も口にした。

富士ゼロックスは、初代社長であり小林陽太郎の父である小林節太郎の功績を記念して、小林節太郎記念基金を一九七七年に設立した。この基金では八〇年代半ばから、アジアから日本に来る留学生に資金援助を行っている。

中国漁船衝突事件で、日中関係が険悪になっている最中、小林は在日中国大使夫人に会った。夫人は、一九九二年から九五年に東大大学院に留学した際に、小林節太郎記念基金の援助を受けていたという。小林は、大使夫人から「あの時は、大変お世話になりました」と感謝の言葉を言われたという。

「富士ゼロックスにだって、こんなご縁があった。世の中にはいろいろな人縁があるでしょうから、それらを掘り起こして、いざという場合に使える形で維持していくことも大切です」

人縁を大切にする小林は今も、古い友人の誕生日パーティに出席するため、アジアであれば日帰りでも出かけてゆく。

第9章

アスペンの夢

意思決定を迫られる人は、「なぜやるのか」ということが最終的に問われる。

古典を基にして「対話」を行う

初夏の輝くような日差しが、コンベンションセンターの会議室に差し込んでいる。部屋には、ロの字型に机が並べられ、四〇、五〇代と思われる男女二〇名ほどが、やや緊張した趣で席に着いていた。目の前には、分厚いテキストが広げられている。これから始まるセッションを見守るように、壁際にはオブザーバーや事務局スタッフ七、八人が座っていた。

テキストの表題には「セッションⅡ　自然・生命」とある。このテキストには、自然・生命に関する八つの古典から専門家によって選び抜かれた抜粋文が、掲載されていた。分量はA４判で六〇ページに及んでいる。これから、このテキストを基に、参加者たちが「対話」を行うのだ。

参加者たちの大半が、一流企業の取締役か執行役員である。普段はビジネスの前線で身を粉にして奮闘している人たちだ。テキストにあるダーウィン『種の起源』、ミシュレ『山』、ユクスキュル『生物から見た世界』、ゲーテ『科学方法論』、カーソン『沈黙の春』、J・パウロⅡ世『法王庁科学アカデミーへの進化に関する教書』、ハイゼンベルク『部分と全体』、中村桂子『自己創出する生命』（サブテキスト）などは、学生の時以来、目にしていないものだろう。

セッションは、モデレーターと呼ばれる司会役の進行によって始められた。今回のモデレーターは、哲学者で東大名誉教授の今道友信だった。今道は世界的に高名な美学者・中世哲学研究者である。もうすぐ八八歳になろうという上に、大病後ということもあり、体は不自由そうだった。

しかし、今道が発する言葉は、的確にポイントを掴み、参加者たちの気持ちを逸らさず、彼らの対話をより深いものへ導いていく。世界最高の頭脳の一人でありながら、教え諭すような素振りは露ほども見せず、参加者たちからさまざまな意見が出ることを楽しんでいるふうだ。

その様子に後押しされるように、参加者たちも徐々に自分の考えたこと、思い付いたことを発言し始めた。意見を述べる際には、自分の前に置かれているネームプレートを縦にして、発言の意思があることを示し、モデレーターに指名してもらう。そして、まずテキストにある古典のどの部分について述べるかを明確にしてから、発言を行う。

例えば、ダーウィンの『種の起源』の抜粋に、次のような一文があった。

《〈生命の大樹〉も世代を重ね、枯れ落ちた枝で地殻をみたし、分岐をつづけるうつくし

い枝々で地表をおおっているのであると、私は信じるのである。》

この一文を巡って、参加者たちからさまざまな意見が出された。

「ダーウィンは絶滅を是認しているのではないか。その上に種の多様性があると言っているのでは」

「『枯れ落ちた枝で地殻をみたし』には、冷たさのなかに温かさを感じる」

「自然淘汰、適者生存と言うが、変革の目は弱い立場から出てくるのではないか」

「ユニバーサルデザインのように、弱者の立場からも、新しく人類に役立つものも生まれる」

セッションには、モデレーターのほかに、リソース・パーソンという専門的な知見から参加者たちの対話を補足する役目の人物が何人かいる。今回のセッションでは、ＪＴ生命誌研究館館長の中村桂子が分かりやすく説明を加えた。

「一人ひとりが読み取るのは自由ですが、ダーウィンに社会的な見方への広がりはありませんでした。絶滅ということについても、ダーウィンは情緒的な捉え方をしていません。生物は続いていこうとするものです。種が多様化するのは、その方が生き残れるからです。あくまでも『続く』ことが目的で、『多様化する』ことが目的ではありません」

こうした対話が、八冊の古典を題材に、三時間半続いた。その間、参加者たちは、生命とは何か、自然とは何かを自らに問いかけたことだろう。

リベラル・アーツ軽視が日本を駄目にした

およそ日常とは縁遠い哲学的思索に没頭する。それが、このセミナーの特徴だ。主催しているのは、小林陽太郎が理事長を務めている一般社団法人の日本アスペン研究所である。後述するように、小林は一九七七年にアメリカ・コロラド州のアスペン人文科学研究所で「エグゼクティブ・セミナー」を受講し、いつかは日本でも同じようなアスペン・セミナーを開きたいという希望を抱いてきた。そして一九九八年、ついに二〇年越しの夢を実現させて、日本アスペン研究所を設立したのだ。

日本アスペン研究所が行っている「エグゼクティブ・セミナー」は、五泊六日で、参加費用は六五万円ほどかかる。ほとんどは、企業から派遣された役員クラスが受講する。午前中は「対話」のセッション、午後は自由時間や美術館ツアーなどが組み込まれている。夜は、レセプション、夕食会、パーティがある。夫婦同伴で、どちらかがオブザーバーとなることが原則だが、実際は一人での参加が増えている。

先に記したのは「セッションⅡ　自然・生命」だが、セッションは全部で六つあり、いずれも三時間半が費やされる。他は「セッションⅠ　世界と日本」「セッションⅢ　認識」「セッションⅣ　美と信」「セッションⅤ　ヒューマニティ」「セッションⅥ　デモクラシー」だ。

いずれも、名立たる古典からの抜粋をテキストにしている。テキストは全部で五〇〇ページに上る。参加者は、セミナーの二ヵ月前に送られてくるテキストを読んでからセッションに臨むことが義務付けられていた。半端な覚悟では、このセミナーには参加できないのだ。自由時間や夕食後も、テキストの予習に余念のない参加者が多い。

前述した「エグゼクティブ・セミナー」は二〇一〇年七月に、千葉県木更津市のかずさアカデミアパークで行われたものである。日本アスペン研究所は発足以来、この「エグゼクティブ・セミナー」を年に三回開催しており、通算で四〇回ほどになる。内容はほとんど変わっていない。

しかし、なぜビジネスマンに古典なのか。それも、一週間もの時間をかけて。参加者のなかには最初、「こんなに忙しい時に、勘弁してくれ」と思った者も少なくないはずだ。

日本アスペン研究所設立に際し、小林はこう述べている。

「私自身もある時期、ヨーロッパの大学などで哲学や文学をやっているのを見て、そんな大学を出たってビジネスができるわけじゃない、と侮っていました。ところが、ヨーロッパだけでなくアメリカでもリベラル・アーツ（一般教養）を大切にしていた。ビジネススクールやロースクールなど高度な職業専門教育機関が整備されている一方で、小さいけれども伝統のある素晴らしいリベラル・アーツ専門の大学もある。そこで基本的な教養を身に付けてからビジネススクールに行ったりするわけです。欧米のリーダーは、まずこの基礎的な教養の教育をしっかり受けています。日本でも戦前には、旧制高校のような幅広く人文・教養を学ぶことが重視される場がありました。それが戦後、六・三・三制のなかで、リベラル・アーツが軽視されるようになる。実に残念なことです」

そして、経済界の責任にも言及している。

「企業も高度成長期のなかで、言われたことをそつなくこなす即戦力を求めてきた。広い視野で深く考察したり、課題の探求あるいは解決能力のある創造的な人材を、強くは要望してきませんでした。教育現場にもそうした面が反映されてきました。その意味で、経済界にも責任があります」

さらに、こうした人材育成が、日本にリーダーシップの不在を生んだと指摘している。

「バブル崩壊後の一〇年を、私は単にマイナス成長や不況の継続だけでなく、必要とされているリーダーシップが出て来なかったという意味で『失われた一〇年』と呼ぶべきだと考えています」

小林は、真のリーダーシップは「教養のない専門家」には生まれないと指摘する。
「日本人の指導者が、これから世界で確固たる立場を占めていくには、世界に通用する普遍性と日本人独自の価値観が試されることになるでしょう。その時に必要なのは、真の知性と教養です」

今の世の中を振り返ってみても、個人も企業もモラリティの欠如がはなはだしい。震災を材料にした詐欺が横行し、利益のためには法を犯すこともやむを得ないとする風潮など、かつての日本社会では見られないことだった。

これは、「なぜ人は生きるのか」「何のために企業はあるのか」という根源的な問いを考えなくなったことと無関係ではない。「なぜ」「何のために」を自ら問うためにも、リベラル・アーツは重要だと、小林は考えている。

若き小林がアスペンで受けた衝撃

小林がアスペンを知ったのは、富士ゼロックスの取締役だった一九七〇年頃のことである。まだ、四〇歳になっていなかったものの、富士ゼロックスの長期計画立案の責任者を任されていた。

「長期と言っても、五ヵ年計画です。まだ市場規模予測も定かでなかった。最初は人材に対する投資が必要だから、二年間は赤字で、三年目で単年度黒字、四年目から累積赤字の解消を目指す。そんな計画を作りました」

小林は、その計画をゼロックス・コーポレーションのCEOだったジョー・ウィルソンに説明する。と、ウィルソンから「それは典型的なホッケー・スティックではないか」と指弾されてしまった。

ホッケーで使うスティックの形は、先の部分から少し下がってきて、そこから手元にかけて大きく上に伸びている。この形状に例えて、最初は赤字だが、行く行くは大きく黒字になることを意味する表現で、「いい加減な計画」の代名詞だった。苦心して作った五ヵ年計画を「ホッケー・スティック」と言われて、若い小林はカチンとくる。

「利益は当然出さなければならないが、できたばかりの会社なので、当面は投資が必要になります。すぐに利益を出せなんて言わないで、先を見据えていろいろなことをやらせて下さい。アメリカの企業は短期利益志向だから、かえって日本企業にガンガンやられてしまうんじゃないですか」

その時のウィルソンの受け止め方が「実に立派だった」と、小林は述懐している。ウィルソンは、こう答えたのだ。

「アメリカ企業が短期利益志向だという批判は、そのとおりかも知れない。四半期ごとに利益をうんぬんするのは、私も含めて多くのアメリカの経営者が必ずしも良いこととは思っていない。思ってはいないが、それが市場の実態だ。実態からは、逃げてはいけない。実態は、受け入れないといけないのだ。その上で、短期の利益を考えながら、長期の見通しを立てるのが、経営者の仕事なのだ」

さらに、ウィルソンは次のように付け加える。

「君は、コロラドのアスペン人文科学研究所を知っているか。そこにはビジネスマンも来ているから、君も一度行ってみるといい。アメリカのビジネスマンの違った側面が見られるから。その上で、君の考え方が変わらないと言うのであれば、また議論をしよう」

小林が、コロラド州にあるアスペン人文科学研究所のエグゼクティブ・セミナーに参加するのは、一九七七年夏のことだ。夫婦同伴で一〇日間ほどのセミナーだった。そこで小林はまさに「目から鱗が落ちる」体験をする。そこに集まっていたのは、一流企業のエグゼクティブたち。なかには、アメリカ以外からやって来ていた経営者もいた。そうしたバリバリのビジネスマンたちが、セミナーにいる一〇日間ほど、プラトン、アリストテレス、ゲーテを論じ合っていたのである。

「どう見ても、普段は僕よりも、売上げを上げろ、営業はどうしたと、ビジネスに血道を上げているような経営者ばかりでした。その彼らが哲学や芸術を堂々と論じている。聞いていると、付け焼き刃ではなく、かなり深い理解に基づいているのが分かりました。これは、非常な驚きでした」

アスペン人文科学研究所の設立は一九五〇年。前年の一九四九年にコロラド州アスペン市で、ゲーテ生誕二〇〇年祭が開かれる。その席上、シカゴ大学総長のロバート・メイナード・ハッチンスは、次のようなスピーチを行った。

「現代は専門化、瑣末化が進み、このままでは狭量の専門家によって社会が占拠される危険を感じる。文明にとって最大の脅威は、無教養な専門家による脅威である」

この発言を受けて、アメリカの政財界、学界、文化関係者などが即座に応じ、「古典に戻って、そこから現代の問題を眺め、各界のリーダーが交流できるダイアログ（対話）の世界を作ろう」と、アスペン人文科学研究所が設立されたのだ。これが、六〇年以上も昔の話だから、驚かされる。アスペンでは、人類の知の遺産とも言うべき古典をひもとき、他者と「対話」することでさまざまな価値観に触れることを目指している。

アスペンから戻った小林は、しかしウィルソンと再び議論をすることはできなかった。ウィルソンは一九七一年に死去していたからだ。アスペンから帰国した小林は、翌日に父節太郎の死去という不幸に遭う。それでも、アスペンでの興奮は残った。そして後年、日本アスペン研究所設立のために尽力することになる、小林の部下だった鈴木信成は、その様子を覚えている。

「私が慶應義塾大学のMBAに行かせてもらうことになって、小林さんのところに挨拶に行ったのです。アスペンから帰られてほどない頃でした。私の話などどこかへ行ってしまって、アスペンのことばかり。アスペンとは、こういうところだ。アスペンはすごい。アスペンは素晴らしい。小林さんは珍しく興奮していましたね」

小林はこの時すでに、日本にもいつかアスペン研究所を作ろうと決めていた。ただ、それが実現するには二〇年の月日が必要だったのである。

小林が参加したアスペンのセミナーには、偶然にも日本IBMの椎名武雄も出席していた。椎名もまたアスペン・セミナーに感銘を受ける。椎名は独自に、日本IBMによる「天城セミナー」を始めた。また、セゾングループの堤清二も同じような「八ヶ岳セミナー」を実施する。さらに、モービル石油が「ペガサス・セミナー」を開始した。

小林自身も一九九一年から「キャンプ・ニドム」という私的勉強会を催している。初回が北海道苫小牧市の高級リゾート地ニドムで開かれたのが名称の由来だが、第二回以降は富士ゼロックスの軽井沢倶楽部で行われている。「キャンプ・ニドム」には、ウシオ電機の牛尾治朗、オリックスの宮内義彦、資生堂の福原義春、キッコーマンの茂木友三郎、一橋大学の野中郁次郎といった錚々たる顔ぶれが揃う。ちなみに「キャンプ・ニドム」の命名者は、ビューティフルキャンペーンを小林とともに実行した電通の藤岡和賀夫だ。

「キャンプ・ニドム」は夏休みの期間に、夫婦同伴で二泊三日で行われる。既に二〇回。毎年テーマを決め、斯界の碩学を招いて話を聞き、参加者たちで意見を交わす。テーマは、「不確実性」「自然論」「日本の外交史」「Jファクター」「日本人のアイデンティティ」「ノーブレス・オブリージュについて」など多彩だ。

こうした個々の活動を基に、一九九二年に日本アスペン協議会という組織が国際文化会館のなかに設けられた。この協議会は主に情報交換の場であり、統一したセミナーの実施などは、一九九八年の日本アスペン研究所設立まで待たなければならなかった。

モデレーターを誰にするのか

一九九五年に富士ゼロックス総合教育研究所の社長に就いた鈴木信成は、翌九六年に小林の呼び出しを受ける。「日本でもアスペン・セミナーを展開したいので、プロジェクト長をやるように」とのことだった。富士ゼロックス総合教育研究所は教育・研修事業を手掛ける会社である。アスペン・セミナーも同じような事業ということで、鈴木に白羽の矢が立ったのだ。

鈴木は他の三人のメンバーと共に、すぐにアメリカのアスペン・セミナーを視察に訪れ、その年の暮れには日本アスペン研究所立ち上げのための企画書をまとめている。鈴木は、アスペン・セミナーを成功させるためには、三つのキーファクターがあると考えた。

一つ目は、使用する教材だ。アメリカで作られたものを、そのまま翻訳するのでは、日本人には合わない。日本に適した教材をいかにして用意するかが問題となる。

二つ目は、その教材を作成し、セミナーでモデレーターとなってくれる先生を誰に頼むかだ。当然、モデレーターは教材の内容に詳しく、参加者の意見を活発に引き出してくれる人物でないと務まらない。

三つ目は、質の高い参加者を募ることである。セミナーに参加する人の知的レベルによって、対話の内容は大きく左右される。中身の濃いセミナーを実現させるためには、できるだけ高質な参加者を集めなければならない。

鈴木が苦心したのは、誰にモデレーターを頼むかであった。逆に、素晴らしいモデレーターさえ確保できれば、教材作りもスムーズに進むと思われた。参加者の方は、協力してくれる企業に「これぞという人物」を出してもらえそうだった。

小林は親しくしていた朝日新聞の元論説委員長である松山幸雄に相談を持ちかけた。松山は後に日本アスペン研究所の理事となり、セミナーなどにも積極的に協力している。その松山が冗談まじりに、かつてこう言ったことがある。

「私が日本のアスペンに貢献したのは、二つだけです。一つは、うまい食事を食べられるようにしたこと。本場のアスペンの食べ物は美味しくなかったですから。もう一つは、モデレーターに本間先生を推挙したことです」

松山は小林に、東京大学教授で政治文化史・アメリカ思想の大家であった本間長世をモデレーターに推薦したのである。鈴木は、本間の人柄をこう称した。

「その道の碩学でありながら、ちっとも偉ぶらない人です。人柄が素晴らしい。まさにアスペンスピリットを体現しているような方です。アスペンのポリシーの一つは、謙虚さですから」

小林は松山の推挙を受けて、すぐに本間に会う。東京・虎ノ門のホテルオークラのオーキッドルームだった。それまで二人は会合やパーティで顔を合わせたことはあったが、特段親しい関係ではなかった。それぞれが、顔と名前を知っていたくらいである。その二人が一対一で向かい合った。挨拶もそこそこに小林はアスペンについて熱く話し始めたと、本間は振り返る。

「小林さんは、私が以前、アスペンのスペシャルプログラムでコ・モデレーターをしたことがあるのを知っていたんでしょう。単刀直入に、自分もエグゼクティブ・セミナーに参加して深い感銘を受けたこと、日本の企業家も会社の業績を上げるばかりでなく教養を身に付ける必要があることを、熱心にしゃべられました。仕事ばかりしていては、かえってその仕事自体も充実したものにはならない。だから、日本でもアスペン・セミナーのようなものをやってみたい、と。ついては、その設立にぜひ協力してもらえないだろうか、というお話でした」

学者としての研究もあり、教育者として学生の指導もあり、さまざまな公職にも就いていた本間にとって、五泊六日のセミナーに年三回も参加するのは、時間を取るだけでも大変な苦労が予想された。しかし、本間は小林の熱意に動かされて、アスペンへの協力を約束する。

一九九七年、本間は、東大名誉教授で哲学の世界的権威である今道友信とともに、アメリカのアスペン「エグゼクティブ・セミナー」に参加した。本間と今道は日本アスペン研究所創設以来、ともにモデレーターを務め続け、日本のアスペン・セミナーを今日まで導いてきた功労者である。本間は、アスペンの取り組みについて、次のように語った。

「モデレーターというのは、決して教えるのではなく、対話の流れを調整していく役割です。必要に応じて、ミニマムの古典の情報を提供するだけ。あまりに古典の解説が多いと、古典を読んだことになってしまいますから。古典を基に対話することが大事なんです。それと生の古典にぶつかること。注釈書や解説書ではなく、生の古典に、敬意をもって取り組むこと。エグゼクティブの方は、人生経験としては学者なんかよりも遥かに苦労されている。そうした方々が改めて古典を読むということに、意味があると思います」

アスペンの核になる二人のモデレーターを得て、鈴木は教材づくりに取り組む。他にもリソース・パーソンになる何人かの碩学を交えて企画委員会が立ち上がった。そこで、侃々諤々の議論が続く。どのようなセッションを設けるのが、日本に向いているのか。それぞれのセッションで取り上げる古典は、どのようなものが適しているのか。その古典のなかで、どこを抜粋するのが良いのか。その議論には、小林も加わった。

結果として、先に述べた六つのセクションと四〇にのぼる古典が定められた。アメリカのアスペンのテキストを参考にしながらも、かなり日本独自の部分が生まれている。例えば、前述した「自然・生命」というセッションはアメリカにはない。逆に、アメリカにあるような「財産」というセッションは日本にはない。この時に制定したセッションや教材は、一〇年を過ぎた現在でもほとんど変わりなく用いられている。

初島でトライアルコースを実施

一九九六年に小林がプロジェクトを発足させて以来、鈴木を中心に日本版アスペン・セミナーの準備は着々と進んでいく。だが、日本アスペン協議会のメンバーたちは、その実現に二の足を踏んでいた。

バブル経済の破裂で、日本経済が混乱し、立ち直りの兆しさえ見えない当時の状況の下で、「アスペンどころではない」というのが経済界の本音だったのだろう。協議会メンバーからは「同じやるんでも、古典ではなくて、品質管理のような実務的なものにしてはどうか」という意見も聞かれた。

つまり、日本アスペン協議会の会合では、ちょっと待ったをかけられる形となってしまったのである。その会合に参加していた鈴木は帰り際、小林に呼び止められ、一緒に車に乗るように勧められる。車内で、小林は話し出した。

「鈴木君ね、これはなかなか口で言っても分かってもらえないよ。実際、日本でやるとどういう形になるのか、やって見せなければ駄目だ。トライアルコースを作ってみよう。それが良ければ、日本アスペン研究所を作る。駄目だったら、この話は没にする。だから用意周到にして、いいセミナーにしよう」

　このトライアルコースは、一九九八年二月に静岡県熱海市から船で三〇分ほどの初島で開かれた。日本アスペン協議会のメンバーたちが、自社から役員クラスの人を参加させている。また協議会メンバー自身も多くが夫婦同伴で、オブザーバーとして出席した。

　鈴木は「いま思い起こしてみても、第一回の参加者の会話というのは質が高かった」と言う。モデレーターを務めた本間も、「第一回が上手くいかなければ次はないことは分かっていた」と話した。

「そういう思いでしたから、緊張の連続でしたね。こっちとしては、可能な限りの準備をして臨みましたが、ブロードウェイの芝居みたいなもんで、当たらなきゃ三日でお仕舞いになってしまう。最後の日の午前中に、レビュー・セッションというのがあって、そこで今までの六回のセッションでみなさんが対話されたことのポイントを、私が解説するわけです。前の晩に打ち上げパーティがあって、それからみなさんとバーに行って、その後で私は部屋でレビュー・セッションの準備をする。終わるのが、午前三時とか四時。今では、もうできませんね」

　鈴木はもっと率直に「もう初島には二度と行きたくない」と話した。事務局として、参加者やオブザーバーの世話を一手に引き受けていたからだ。「六日間で、睡眠時間は一〇時間もありませんでした」と言うから、その苦労は並大抵ではなかったのだろう。

鈴木たちの努力が実って、初島における第一回のアスペン・セミナーは好評裏に終わった。躊躇していた日本アスペン協議会のメンバーも、日本アスペン研究所設立に前向きな姿勢を見せるようになる。協議会メンバーには、新しい研究所の理事に就任してもらう、一社一〇〇〇万円を出資してもらう、エグゼクティブ・セミナーに役員クラスの人物を出してもらうなどの条件を承知してもらう必要があったが、もはや発足まで時間はかからなかった。日本アスペン研究所は初島トライアルから僅か二ヵ月後の一九九八年四月に誕生することになる。

「小林さんが言うのならやりましょう」

ただ一つだけ、問題が残されていた。初島のセミナーが終わって、鈴木が「片手間にやれることではないので、自分の代わりの専任の事務局長を置いて欲しい」と訴えていたのである。鈴木には、富士ゼロックス総合教育研究所社長という本職があったからだ。

「小林さんは、そうかとすぐ了解してくれました。でも、人がなかなか決まらない。アスペンの事務局長には、二つのことが特に要求されます。一つは、モデレーターやリソース・パースンになって頂く学者の先生たちと上手くコミュニケーションが取れること。もう一つは、小林さんのテイストをよく理解していることです。そう考えると、なかなか適当な人物が思い当たらなかった」

日本アスペン研究所の設立を二週間後に控え、困り果てた鈴木は小林に「なんとか事務局長を決めて下さい」と直訴する。小林が指名したのが、富士ゼロックスで広報を担当していた岡野雄治だった。岡野は日米財界人会議の裏方などを務め、小林をよく知った人物である。鈴木から直訴を受けたその場で、小林は岡野の上司に電話し、岡野の日本アスペン研究所事務局長就任の了解を取った。そして、直ちに岡野を呼んだ。

上司から小林のところへ行くように言われた岡野は、全く事情を知らない。岡野は訝った。

「てっきり小林さんが新しい役職に就いたので、その裏方をやるようにと言われるものと思いました。ついに、経団連の副会長でも受けたのかな?くらいなものです」

ところが、小林から日本アスペン研究所の事務局長をやって欲しいと頼まれて、岡野は「まさか」と呆然とする。

「前にアスペンのことを聞いたことはありましたが、二月の初島のことも、そう意識していませんでしたから。それが五二歳の時で、以来一〇年以上もやることになるとは思いも寄らなかったですね。でも、ずうっと小林さんの近くで仕事ができて、幸せでした」

日本アスペン研究所は一九九八年四月三日に設立総会を開き、正式に発足した。当初は、年三回の「エグゼクティブ・セミナー」だけだったが、次第に活動を広げていく。現在では、以下のようなセミナーも実施している。

三〇代から四〇代前半のマネージャー層を対象にした「ヤング・エグゼクティブ・セミナー」。やはり古典を軸としたセミナーで、二泊三日で実施される。

高校生を対象にした「ジュニア・セミナー」。創立一〇周年を記念して二〇〇八年から実施している。高校二年生に三ヵ月連続で月一回一日集まってもらい、古典を基に「より善く生きるとは」「何のために学び、働くのか」などを話し合う。参加費は無料だ。

他に、人事院の協力で中央官庁幹部の育成のために行っている「人事院・日本アスペン・セミナー」、石川県を中心に北陸の県職員幹部を対象にした「石川・日本アスペン・セミナー」などだ。

また、二〇〇一年からは、「エグゼクティブ・セミナー」参加者を対象として、フォローアップのために、休日を利用した「ウイークエンド・セミナー」も開催されている。

既に、エグゼクティブとヤングのセミナーを受講した人は、一〇〇〇名を超える。

事業内容が大幅に増えた日本アスペン研究所の現在の悩みは、モデレーターやリソース・パースンが足りないことである。岡野によれば、碩学の学者だけでなく、ビジネスマンからもこうした役割を担えるような人材を育てているという。

「エグゼクティブ・セミナーに参加して、結構いい発言をして、先生方も認められている人物で、本人もやる気があって手伝いたいと申し出てくれる人。そのような人には、先生方が集まるワークショップや勉強会に参加して頂き、モデレーターやリソース・パーソンになって頂きたいと思っています」

実際、今では現役のビジネスマン数名がモデレーターやリソース・パーソンとして活躍している。

「ヤング・エグゼクティブ・セミナーなどでは、ビジネス経験者のモデレーターの評価がすごく高い。高名な学者の方に『そこは、ちょっと』などと言われると、参加者たちは自信を失いがちです。むしろ、ビジネスマンが相手だと言いやすい。モデレーターも、自分のビジネス経験を踏まえて発言したりします。直接仕事に引きつけた発言はしませんが、対話が弾むということもあります」

このようにアスペンの輪が広がりつつあることについて、岡野は小林の貢献が大きいと話している。寄付のお願いの電話などを、大上段に構えずパッパッとしてくれるといった実際面での貢献もあるが、それより大きなものがあると言うのだ。

「やはり小林さんがやっているから手伝おうという先生や経営者の方が多いのです。小林さんが言うのならやりましょう。小林さんなら変なことはないでしょう。何回も、そうした言葉を頂きました」

アスペンが成功した最大の要因は、小林の人柄にあったと言えるかも知れない。

アスペンの目的はリーダーシップ養成

アスペンが行う各種セミナーは、古典をテキストに参加者たちの対話を促す形で進められるのが、基本である。しかし、それは教養を身に付けることが第一の目的ではない。何よりも、リーダーシップを養成するためのものなのだ。「古典でリーダーシップ」と聞くと、奇異な感じを受けるが、そこをつなぐのが「対話」である。

前述した二〇一〇年七月の「エグゼクティブ・セミナー」でモデレーターを務めていた哲学者の今道友信は、期間中に「企業人とアスペン・セミナー」と題する特別講演を行った。そこで、この老碩学は「アスペン・セミナーの目的は、真のリーダーシップを養成することにある」と言い切っている。

「このアスペン・セミナーというものは、働いている人にどんな意味があるんだろうか。

現実に戻った時にどんな意味があるんだろうか。実は、アスペンというのは、リーダーシップを養成するものです。

このセミナーの特長として、二つのことがあります。一つは、古典テキストを中心とした対話のセミナーであること。二つ目は、一回の発言を三分間で終えることです。みなさんは普段、情報交換以外の対話というものを、どのくらいしていますか。少ないのではないですか。また、みなさんは三分間という短い時間で、何か大切なものを相手に伝えられますか。

アスペンでの対話は、情報交換ではありません。同じテキストを材料にして、共通の基盤の上に共通の問題を見つけて、対話していくわけです。テキストの何ページの何行目かを、まず指定して、問題を提起する。みなさん同じ文章を見ているのに、違う考えが出てきます。それは素晴らしいことなのです。共通の土壌から、個人が出てくる。個性や差異性を自覚できるわけです。これが大切であり、生きてゆく喜びにもなります」

今道は、自分と違う人格、意見を認めることが、リーダーには必要だと説く。また、短い時間で簡潔に自分の意見を相手に伝える能力も欠かせないと話した。それらを身に付けることが、アスペン・セミナーの意味だと語ったのである。

今道は、それ以前にもリーダーシップについて語っている。二〇一〇年一月一六日のアスペン・フェローズ・プログラムで、「二十一世紀の課題」と題した講演だ。今道は前年に大病を患い、本人は「最終講演」と話していた。ここで、リーダーについてより明確に説いている。

「リーダーという言葉は、日本語にはありません。指導者と言うと、インストラクターかディレクターになるでしょう。戦国武将がリーダーかと言えば、違います。あの程度の人をリーダーとは呼ばない。せいぜいヒーローです。リーダーは、『人類に対する未来の幸福』というものを持っていないと駄目です。そして、リーダーは『謙虚さ』を持たなければなりません」

今道の言わんとするところは、リーダーは全人類に通用する「理念」と、自分と違う人の立場や意見を尊重する「謙虚さ」を持ち合わせなければならないということだろう。今道は分かりやすく「リーダーとは、自分から挨拶をする人だ」とも話している。そして「リーダーは、地位に無縁である」と続けた。

「私は、社長を養成してきたわけではなく、リーダーを養成しようと務めてきました。社長であると同時にリーダーであって欲しいとは思いますが、リーダーはいろんな部署にいる。営業部にも研究部にも、リーダーはいます。

リーダーは地位に無縁です。そして、リーダーは自称するものではなく、他律的な称号なのです。人をオーガナイズすることができる者はオーガナイザーであって、リーダーではありません。周りの人から信頼され、頼りにされ、羨ましがられるようにならないとリーダーではないのです」

今道によれば、「自分がオーガナイズしたものでも、仲間から本当のリーダーが出てきたら、辛くともその人に任せなければならない」ということになる。

世界的な哲学者がアスペンを通じて訴えたかったことは、「理念」と「謙虚さ」というリーダーシップの真髄だった。そして、リーダーシップは、どんな人も持ちうるということである。

「正しい判断」を求め続ける意思

小林が一九七七年、アメリカのアスペン・セミナーに参加して、強く心に残ったことがある。

「数百ページの古典を読まされて、もちろん全部消化できたわけではないけど、古典という材料を巡って、さまざまな意見が出されていました。その時のモデレーターはコロンビア大学の教授でしたが、みんなの意見の吸い上げ方がものすごく優れていて、対話を盛り上げていくのが上手だった。これも、いろんな意味で、その後の僕の経営者としてのあり方に大きな影響がありました」

この時、小林は富士ゼロックスの副社長だった。そして、五ヵ月後社長に就任する。人の話をよく聞くというスタイルは、アスペンでの経験を通して、小林のなかに根付いていったのだろう。

しかし、人の話を聞くのは、簡単ではない。聞く側に強い信念と安定した心がないと、すぐ人の意見に左右されたり、ガス抜きだけで聞き流したりすることに終始してしまうからだ。相手との違いを認め、その上で、よりよい解決法を共に探していこうとするのが、小林のリーダーシップと言える。

そのためには、二つのことが必要だ。一つは、相手の言うことには、自分より優れている部分があるかも知れないという気持ちを持つことだ。小林がよく口にする「謙虚さ」である。

もう一つは、自分という次元を超えて、より善きことを目指すという意思を持つことだ。日本アスペン研究所設立当初から小林を見てきた東大名誉教授の本間は、こう述べている。

「これからの人類というのかな、要するに人間の文化や文明は何に向かっていくべきなのか。そう考えた時、企業の果たす役割は大きい。学者が本を書くだけじゃ、世の中はなかなか動かないけれども、企業には大きな力があるし、同時に責任も非常に大きい。

小林さんの見据えているものは、人類全体の将来ということだと思います。これから人類がよく生きていくことの意義というか。ソクラテスが説いた『善く生きる』とはどういうことなんだと、それを考えるということです」

つまり「善という理念」、分かりやすく言い直せば「良識」ということを、第一に考えるということだ。こう言われると、小林は面映ゆいに違いない。だが、小林の次の言葉は、確かに問題意識がそこにあることを示している。

「意思決定を迫られる人は、『なぜやるのか』ということが最終的に問われる。そして、それに答えなければなりません。その時に、非常に単純な、非常に狭いビジネススクール的な教育からくる答えでは不十分。そういう局面は多々あります」

だからこそ、小林はリベラル・アーツの必要性を強く訴えてきたのだ。アスペンの活動も、その延長線上にある。

小林のリーダーシップの基礎となっているのは、「謙虚さ」と「良識」であると言っていい。小林は、そのリーダーシップを持って、「正しい判断」を行おうとしてきた。

「正しい判断」と「賢い判断」――。前者のキーワードは「なぜ＝Why」であり、後者は「どのように＝How」である。また、前者は長期的視点を求め、後者は短期的視点を重視するとも言える。「正しい判断」とは、まさに正しい事を行おうとするためのものだ。「賢い判断」とは、事をよりよく行うためのものである。

例えば、戦争について、「正しい判断」と「賢い判断」を考えてみよう。なぜこの戦争をするのか、この戦争は正しいのか――これを考えるのが「正しい判断」である。どのように効率よく戦争を遂行するのか、つまりいかにして自分の被害を少なくして相手を倒すことができるのか――これを求めるのが「賢い判断」である。

これは、極端にすぎるかも知れない。だが、「戦争」を「市場主義」に置き換えてみれば、経営者にとってその意味するところは身近になるだろう。

これまで詳しく見てきたとおり、小林は「正しい判断」を真摯に求め続けた経営者である。その根底にあるのは、「なぜ何のために会社は存在するのか」という「Why」だった。そのことを口にすれば、「理想主義的」「お坊ちゃん的」と冷ややかな視線を受けたことも度たびあった。改めて、小林に問うてみた。

――会社は誰のものなのか？

「形の上では、株主のものでしょう。しかし、やっぱり社会全体が会社を持っていると考えなければなりません」

――経営者にとって一番大切なものは何か？

「正直、オネスティ、ということです。仕事に対しても、自分に対しても、正面から向き合う。ウソをつかない。経営人としても、人間としても、それが一番大切だと思っています」

――人はなぜ働くのか？

「確かに、食べるために働くということはあります。しかし、人間は、働くことが何らかの形でおもしろいと思えるから働くんだと思います。辛い仕事も楽な仕事もあるけれど、基本的におもしろいと思えない仕事は長続きしない。仕事に限らず、人間が高い関心を持ち続けるために、おもしろいということは重要なエンジンです」

柔和な表情を崩さず、小林は迷うことなく答えた。きっと、数え切れないくらい自問自答してきたことなのだろう。小林はこのような考えを基に、さまざまな判断を行ってきたのだ。もちろん、本書でも述べたように、小林がいつも思いどおりに「正しい判断」を下せたわけではない。手痛い失敗や思い出したくもない後悔も、胸の内にはあるはずだ。ただ、これだけは言える。

「正しい判断」を求めようとする小林の意思がくじけることはなかった、と。

（了）

あとがき

気が付くと、取材を始めてから、本が出来上がるまで、二年の月日が過ぎ去っていた。その間に、東日本大震災が起きている。この未曾有の災害から九ヵ月経った頃、小林陽太郎に話を聞く機会があった。小林は、二つのことを言った。

一つは、人間の強さというものを、改めて感じたということだ。

「現地の被災者のみなさんは、口では言えないくらい大変でしょう。しかも、テレビなんかでは地震や津波の様子を繰り返し流している。それを見せられても、笑顔で『前向きにやっていかなきゃならない』と話す。やっぱり、人間の強さというのはすごい、と僕は思いますね」

そして、こうも話した。

「被災地のみなさん、あれだけ一生懸命やっている人たちを、おてんとうさまが放っとくはずがない。来年よくなるとか再来年よくなるとか、そんな安易な話じゃないけれど、あの人たちの努力は必ず報われる」

人間に対する、いや人間の努力に対する肯定感は、小林の生涯を貫いているものである。

もう一つは、大震災に向かい合う時、企業の果たすべき役割は「雇用」であるということだ。今回の災害で壊滅した地元の産業を復活させるという意味だけではない。人間にとって、働くということの意義を説いていた。

「とにかく食べるために仕事が欲しい、ということはあるでしょう。と同時に、人にとって働くということがどれだけ重要な意味合いを持つのか考えて欲しい」

働くということは人間存在の尊厳にかかわる、というのが小林の考えである。話を聞いていて、筆者はテレビで見たあるシーンを思い出していた。気仙沼の漁師がビールを飲みながらボソッと言う。「補償金もらって、酒飲んだってうまかねえ」。つまり、そういうことなのだ。

「企業と社会の関わりを考える上で、今回の震災は『雇用』という問題を浮かび上がらせた。非常に切実に『雇用』というものについて、企業がもっと直接的に責任を持つようにしてもいいんじゃないかな」

こうした小林の姿勢を「理想主義的」と揶揄することは容易い。しかし、小林を知る誰もが、そのことを小林が本心から言っていることを疑わないはずだ。これは、小林への信頼がなせる業でもある。

長きにわたった取材で、深く考えさせられたのが、この「信頼」であった。経営者にとって一番大切なものは何か。小林の答えは「正直であること」だった。

「僕自身がちゃんとできてるかどうかということはあるけれど、正直、オネスティです。他人に対してもそうだし、自分に対しても正面から向き合うこと。これは、経営人としてもそうだし、人間としてもそう。だから、ウソをつかないということが大切です」

小林は信頼関係こそが全ての基本と考え、誰とでも信頼関係を築くことに腐心してきた。そのためには、正直であることが一番だろう。そして、相手を信じることだ。それが「甘いと言われても、性善説でいこう」という姿勢につながっている。相手が家族であろうとも、部下であろうとも、経営者であろうとも、海外の要人であろうとも、それは変わらない。

本書で書いてきたように、小林はカリスマ型の経営者ではない。しかし、その優れたリーダーシップは異論のないところだ。つまるところ、小林は「信頼」を武器にリーダーシップを発揮してきたと言える。どんなに優れた戦略を述べられても、どんなに見事な未来図を描かれたとしても、信頼関係がなければ、全ては空しい。信頼のないところにリーダーシップはないのだ。小林の人間としての歩みは、そのことを教えてくれている。

本書のために、貴重な時間を割いて取材に応じてくれたみなさんには感謝のほかない。ありがとうございました。また、長期の取材を支えてもらい、編集面でも尽力頂いたプレジデント社の長坂嘉昭、桂木栄一、今井道子の各氏に、改めて謝意を表したい。
なお、文中は、敬称を略させて頂いた。

二〇一二年春

樺島弘文

◉主な取材協力者（順不同・敬称略）

小林陽太郎　小林百代　溝尾久　小山眞一　横田昭　本間長世　今道友信　鈴木信成　岡野雄治　土屋元彦
宮原明　坂本正元　有馬利男　山本忠人　山本正　国分良成　岡野貞彦　山本宏　日比谷武　米村紀幸　松
井功　藤岡和賀夫　牛尾治朗　宮内義彦　古森重隆　中島康光　坂田政一　硲一郎　坂東正章　三好英里　野
中郁次郎

●主な参考文献（順不同）

『富士ゼロックス20年の歩み』（富士ゼロックス）
『富士ゼロックスの歴史』（富士ゼロックス）
『リアル・チェンジ・リーダー』（ジョン・R・カッツェンバック・マッキンゼー高業績経営研究グループ訳・講談社）
『藤岡和賀夫全仕事［2］』（藤岡和賀夫・PHP）
『あっプロデューサー』（藤岡和賀夫・求龍堂）
『私には夢がある』（藤岡和賀夫・PHP）
『日米諮問委員会報告』（日米諮問委員会一九八四年九月）
『藁のハンドル』（ヘンリー・フォード・竹村健一訳・中央公論新社）
『重役養成計画』（城山三郎・角川書店）
『富士ゼロックス変身への躍動』（石山順也・日本能率協会）
『富士ゼロックスの奇跡』（吉原秀樹・東洋経済新報社）
『イノベーターは死なず』（チャールズ・エリス・鹿毛雄二、房子訳・日本経済新聞出版社）
『戦後日本経済と経済同友会』（岡崎哲二、菅山真次、西沢保、米倉誠一郎・岩波書店）
『比類なき営業力』（浜上敏康・実業之日本社）
『ジョブズはなぜ、「石ころ」から成功者になれたのか』（桑原晃弥・経済界）
『起源のインターネット』（喜多千草・青土社）
『日本は悪くない　悪いのはアメリカだ』（下村治・文藝春秋）
『リーダーになる極意』（古野庸一・PHP）

『日本のフロンティアは日本のなかにある』（河合隼雄監修・講談社）
『熱狂する社員』（デビッド・シロタ、A・ミスキンド、マイケル・アーウィン・メルツァー・スカイライト・コンサルティング訳・英治出版）
『私の履歴書経済人16』（日本経済新聞社）
『ザ・ドキュメント・カンパニーの新たな挑戦』（高田哲夫・日経BP企画）
『MBAのための日本経営史』（鈴木良隆、橋野知子、白鳥桂士・有斐閣）
『ビジネスと倫理』（水村典弘・文眞堂）
『ポケット社史　富士ゼロックス』（経済界）
『富士ゼロックスの倫理・コンプライアンス監査』（吉田邦雄・東洋経済新報社）
『イノベーションの知恵』（野中郁次郎、勝見明・日経BP社）
『流れを経営する』（野中郁次郎、遠山亮子、平田透・東洋経済新報社）
『7つの習慣』（スティーブン・R・コヴィー・ジェームズ・スキナー、川西茂訳・キングベアー出版）
『マネジメント』（P・F・ドラッカー・上田惇生編訳・ダイヤモンド社）
『もし高校野球の女子マネージャーがドラッカーの「マネジメント」を読んだら』（岩崎夏海・ダイヤモンド社）
『ダライ・ラマのビジネス入門』（ダライ・ラマ14世、L・V・D・ムイゼンバーグ・岩木貴子訳・マガジンハウス）
『代販事業　創業からの歩み』（富士ゼロックス営業本部）
『経済同友会夏季セミナー要旨』（一九九九年、二〇〇〇年、二〇〇一年、二〇〇二年）
『自らのリーダーシップを考える』（経済同友会）
『第15回企業白書　「市場の進化」と社会的責任経営』（経済同友会）

◉小林陽太郎氏年譜

１９３３年　ロンドンに生まれる
１９５６年（23歳）慶應義塾大学経済学部卒業
１９５８年（25歳）ペンシルベニア大学ウォートンスクール修了　富士写真フイルム入社
１９６３年（30歳）富士ゼロックスに転じる
１９６６年（33歳）企画部長　東南アジアで事業を開始
１９６８年（35歳）取締役企画部長
１９７０年（37歳）取締役販売本部長　ビューティフルキャンペーンを展開
１９７２年（39歳）常務取締役営業本部長（代表取締役）
１９７６年（43歳）取締役副社長（代表取締役）　全社的に品質管理（ＴＱＣ）を推進
１９７８年（44歳）代表取締役社長
１９８０年（47歳）デミング賞実施賞受賞
１９８６年（53歳）経済団体連合会国際企業委員会委員長（５月〜88年５月）
１９８７年（54歳）米国ゼロックス・コーポレーション取締役就任
１９８８年（55歳）ニューワークウェイ開始　経済団体連合会日本ＥＦＴＡ委員会委員長（５月〜93年）

１９９０年（57歳）臨時行政改革推進審議会（第３次行革審）委員（10月～93年11月）
１９９２年（59歳）代表取締役会長
１９９４年（61歳）日米経済協議会会長（６月～97年７月）
１９９７年（64歳）大学審議会委員（10月～01年１月）
１９９８年（65歳）日本アスペン研究所設立に伴い、会長に就任（４月～）
１９９９年（66歳）デミング賞本賞受賞　経済同友会代表幹事就任（４月～03年４月）「市場主義宣言を超えて」を発表　日本電信電話株式会社取締役（７月～）
２０００年（67歳）三極委員会アジア太平洋委員会委員長（４月～）
２００２年（69歳）世界経済フォーラム（ダボス会議）２００２年次総会共同議長
２００３年（70歳）経済同友会代表幹事として第15回企業白書『「市場の進化」と社会的責任経営』を発表　国際大学理事長（５月～）　ソニー株式会社取締役（６月～）　新日中友好21世紀委員会日本側座長（10月～08年12月）
２００４年（71歳）取締役会長
２００６年（73歳）相談役最高顧問
２００９年（75歳）退任

◉著者略歴

樺島弘文(かばしま ひろふみ)

1956年、札幌市生まれ。東京農工大学卒業。1988年プレジデント社に入社。ビジネス誌「プレジデント」の編集長、出版部長などを務める。2002年退職して、家族で栃木県那須郡馬頭町(現那珂川町)に移住し、田舎暮らしを始める。現在、文筆家として、人物論、企業論などを執筆。インタビューした社長は100名を超える。著書には、田舎暮らしのエッセイ『会社を辞めて田舎へGO!』(飛鳥新社)、『馬頭のカバちゃん』(日経BP社)がある。

小林陽太郎

「性善説」の経営者

2012年4月17日　第1刷発行

◉著　者　樺島弘文

◉発行者　長坂嘉昭

◉発行所　株式会社プレジデント社

〒102-8641　東京都千代田区平河町2-16-1

電話：編集(03)3237-3732

販売(03)3237-3731

◉装　丁　竹内雄二

◉カバー撮影　海田 悠

◉編　集　桂木栄一・今井道子

◉印刷・製本　凸版印刷株式会社

ISBN978-4-8334-2006-8

Printed in Japan